国家社会科学基金特别委托项目"中国社会法系列研究"
（18@ZH023）成果之二

中国社会法系列研究之二

郑功成 等 ◎ 著

社会保险法及实践研究

人民出版社

责任编辑：洪　琼

图书在版编目（CIP）数据

社会保险法及实践研究 / 郑功成 等著 . — 北京：人民出版社，2020.7
ISBN 978 - 7 - 01 - 022246 - 2

I. ①社… II. ①郑… III. ①社会保险法 - 研究 - 中国 IV. ① D922.554

中国版本图书馆 CIP 数据核字（2020）第 111646 号

社会保险法及实践研究
SHEHUIBAOXIANFA JI SHIJIAN YANJIU

郑功成　等 著

人民出版社 出版发行
（100706　北京市东城区隆福寺街 99 号）

中煤（北京）印务有限公司印刷　新华书店经销

2020 年 7 月第 1 版　2020 年 7 月北京第 1 次印刷
开本：710 毫米 × 1000 毫米 1/16　印张：16.75
字数：260 千字

ISBN 978 - 7 - 01 - 022246 - 2　定价：62.00 元

邮购地址 100706　北京市东城区隆福寺街 99 号
人民东方图书销售中心　电话（010）65250042　65289539

总　序

华建敏

很高兴看到在郑功成同志主持下，由中国社会保障学会 20 多位专家学者组成的课题组完成的"中国社会法研究系列"之《社会法总论》《社会保险法及实践研究》《社会救助立法研究》即将由人民出版社公开出版。据了解，后续还会有多本有关社会法专题研究的著作陆续问世，而此前课题组曾向全国人大常委会及社会建设委员会与有关主管部门提供了一系列有关社会法体系建设、社会救助立法、社会保险法修订等专题的研究报告，并公开发表了数十篇相关立法与修法研究的学术论文。这是我国首次有组织地针对社会领域法制建设开展大规模研究的一项重大理论建设工程，不仅能够加快弥补我国理论学术界长期以来对社会领域法制建设关注不足、研究不够的短板，而且可以为我国社会法体系建设以及多部法律的制定与完善提供重要的参考，具有重大的理论价值与实践意义。

社会法作为中国特色社会主义法律体系七大部门之一，是促进社会公平正义的重要法律部门。社会法的本义就是人民的社会权利法、国家的民生保障法和社会的公平共享法。健全社会领域的法律制度，既是保障包括基本人权在内的各项人民权利的现实需要，也是完善中国特色社会主义法律体系的内在要求，是将党和国家民生保障政策和社会治理体系予以制度化并确保其沿着法治化轨道健康持续发展的必要举措。

我国社会领域的法制建设，从新中国成立之初制定工会法、劳动保险条例等开篇，经过 20 世纪 90 年代以来特别是进入本世纪后历届全国人大常委会的努力，已取得了很大成就，形成了由劳动就业立法、社会保障立法、特殊群体权益维护立法和社会治理立法等四大板块组成的基本框架，包括劳动法、劳动合同法、就业促进法、社会保险法、军人保险法、慈善法、老年人权益保障法、妇女权益保障法、未成年人保护法、残疾人保障法等一系列立法，为保障人民的社会权利和实施社会治理提供了基本的法律依据。但总体而言，我国社会领域法制建设滞后于民生诉求全面升级和社会建设与发展需要的局面并未根本改变，社会福利、医疗保障、社会组织等重要领域迄今仍处于立法空白或主要依据行政法规与政策性文件实施的阶段，已经制定的部分法律或法规亦存在不完全适应时代发展要求、可操作性不强的现象。在民生保障制度改革全面推进、社会治理现代化成为新时代的内在要求的背景下，社会领域法制建设滞后的现状必然直接影响到改革举措的成熟和制度定型，甚至构成深化改革的法律障碍。因此，加快社会法建设步伐以补齐中国特色社会主义法律体系的短板势在必行。

从发达国家的发展实践来看，民生保障制度与社会治理体系的建设大都呈现出立法先行、以法定制、依法实施的惯例。社会法部门作为民生保障与社会治理的法律依据，根本在于赋权明责、立规守序，关键在于顺应时代发展进步要求和人民呼声，为全面落实人民的社会权利、促进社会公正和维护整个社会的有序运行提供有效的、完备的法律保障。按照这一要求，我国的社会法体系建设还任重道远。

众所周知，欧洲是社会法的发源地。德国俾斯麦政权时期所制定的医疗、工伤、养老等社会保险立法，是现代社会法的开端。1975 年，德国制定出世界上第一部《社会法典》，从而完成了社会法体系建设法典化的进程，之后多次修订完善，其内容包括社会保险法、社会照顾法、社会救助法、社会促进法、社会补偿法等实体性内容，以及设置专门的社会法院和纠纷解决的法律制度。法国也编纂了自己的《社会保障法典》。二战后日本出台一系列劳动就业、社会保险、社会福利相关法律，形成了完整的社会法体系。这些国家的做法经验值得我们充分关注、总结并参考。

中国特色社会主义已经进入新时代，我国社会主要矛盾已经转化为人民日益增长的美好生活需要和不平衡不充分的发展之间的矛盾，我们即将全面建成小康社会，并开启全面建设社会主义现代化国家的新征程。在这样一个历史阶段，必须以习近平新时代中国特色社会主义思想为指导，在社会法的基本原则、基本理念、调整方式、发展方向等重大理论问题上进一步取得共识，对中国特色社会法体系蓝图进行科学的理论描绘，对社会法关键领域的制度设计和实施提出兼具科学性和可行性的思考建议，充分挖掘和发挥中国特色社会主义的理论资源和制度优势，形成中国特色、中国气派的社会法理论体系和制度体系，更好地服务于国家长治久安和人民安居乐业。

基于现实，我国社会法体系建设的核心任务是社会领域的骨干性、支架性法律的制定与修改。要加快制定社会救助法、社会福利法、社会补偿法、医疗保障法、退役军人保障法、社会组织法等基本法与各种专门法律，及时修订社会保险法及与老年人、儿童、妇女、残疾人等特定群体相关的权益维护法律。在社会法体系建设的过程中，还要把握好以下几个问题：一是深刻认识中国特有国情。我国国情最大的特点就是要解决好14亿人口的生计，解决好近9亿劳动力人口的就业，还要解决好2亿多流动人口的管理和服务。这样的社会背景，是世界上其他任何一个国家在搞社会法立法时都从未遇到过的。二是注重提高立法质量。坚持科学立法、民主立法、依法立法。遵循经济社会发展客观规律，用好立法后评估等工作机制，及时反思和总结立法中的不足，确保立法与时俱进，立改废释并举。三是确保法律实施效果和可操作性。社会法与人民切身利益息息相关，立法要站在道德的高地上，每一部法律首先必须是"良法""善法"；要体现平等公正和以人为本，充分尊重社会公民的权利；要保持宽严适度，方便人民群众运用法律维护自身权益。四是在强调全国统一性的同时，也要把握照顾不同区域的差异性，避免"一刀切"带来的负面效果。五是处理好社会法立法与社会政策的关系。多年来，党和政府通过制订和实施社会政策，在社会领域做了大量卓有成效的工作。对于那些实践证明行之有效的社会政策，要抓住时机，将其上升为法律，以在更大范围内更加有效地发挥其积极的引领作用。

"中国社会法研究系列"正是在新时代的背景下所展开的重大战略课题，是数十位来自社会领域的专家学者经过长期的追踪研究、广泛的国际交流以及多次深入研讨形成的集体智慧结晶。系列图书内容几乎涵盖我国社会法体系建设的主体内容和未来发展的各个方面。我相信，这一成果必将为我国社会法体系建设及相关法律的制定、修改与实施、司法审判等提供重要的理论储备，并对与之相关的经济社会转型和长远发展产生深远影响。

目前，退役军人保障法、社会救助法等重要立法已列为第十三届全国人大常委会的优先立法项目，相关主管部门亦在积极推动相关立法的进程。可以预期，我国社会法体系建设的步伐必将全面提速。我期待，中国社会保障学会和相关领域的专家学者们在既有成果的基础上，再接再厉，为我国的社会法建设做出更大贡献！

是为序。

2020 年 7 月 2 日

目　录

上篇　社会保险法立法前的探讨

图表、专栏目录

前　言

郑功成

　　社会保险制度是现代社会保障体系的主体构成部分，其中的养老保险、医疗保险更是关乎全民切身利益，其发展实践不仅在很大程度上决定着人民群众的社会权益，而且事实上直接影响着用人单位与劳动者的利益分配关系，并对整个经济社会发展产生深刻影响。自 1883—1889 年间德国首创现代社会保险制度起，这一制度便被众多国家所仿效，发达国家的社会保险制度早已健全，发展中国家也在积极推动自己的社会保险制度建设，中国无疑是当今世界在社会保险改革与发展进程中迅速取得卓越成效的典型国家之一。

　　在我国社会保险改革与制度建设进程中，2010 年 10 月全国人大常委会制定并于 2011 年 7 月 1 日实施的《中华人民共和国社会保险法》（以下简称《社会保险法》），无疑具有特别重大的意义。这部法律不仅为整个社会保险制度提供了基本的依据，也为中国特色社会保障体系确立了以权利义务相结合为特征的社会保险制度为主体的总体架构。

　　在 2006—2007 年间，主管部门开始起草社会保险法律草案，社会各界寄予厚望，但政府部门之间、学界、工商界都存在着重大分歧，法律起草陷入瓶颈。作为全国人大常委会的组成人员，笔者自 2003 年起多次领衔提出加快制定《社会保险法》的立法议案，但法律草案需要由主管部门起草并经国务院常务会议审议通过后才能提交到全国人大常委会，因此，2007 年 4 月笔者向当时的国务院领导同志就社会保险制度及立法中的若干重大问题提交了自己的书面看法，时任国务院总理温家宝同志给予了高度重视并作出重要批示；2007年12月，社会保险法草案首次进入全国人大常委会审议，笔者应邀为全国人大常委会全体组成人员作了题为《社会保险制度建设与社会保险立法》的专题讲座，时任全国人大常委会委员长吴邦国同志主持了这次讲座。从2007年12月至2010年10月，其间经历了2008年美国次贷危机引发的世界经济危机并对我国经济发展造成不利影响，进而使得社会保险立法面临着更加复杂的形势，但在中央的高度重视下，经跨四个年头、历四次审议，《社会保险法》终于获得通过。

《社会保险法》实施以来，我国社会保险制度发展很快。医疗保险制度已经覆盖了97%以上的人口，基本养老保险制度惠及了所有老年人，其他各项社会保险制度也在不断发展之中，我国成为当今世界社会保险快速发展的典范，这样的成就当然与社会保险立法密切相关。然而，这部法律的制定因受到渐进改革的局限性及已形成的路径依赖和当时复杂形势的影响，不可避免地留下了诸多不足，这些不足日益成为我国社会保险改革与制度建设的不利因素，并事实上影响着社会保险制度的发展。因此，修订《社会保险法》和加快整个社会保险领域的法制建设已经具有必要性、重要性与紧迫性。

根据张春贤副委员长的指示和全国人大社会建设委员会领导的要求，为全面了解《社会保险法》的实施情况，"中国社会法系列研究"课题组成员在长期追踪我国社会保险改革与制度建设实践的基础上，于2019年深入多个省区市开展《社会保险法》实施情况的专题调研，同时先后组织召开了5次专题研讨会，形成了9个专题调研报告。这些调研报告提交全国人大社会建设委员会后，被印成《简报》[（第十三届）第115—123期]呈报全国人大常委会领导同志和相关专门委员会、国务院相关部委参考。

本书以上述9个专题调研报告为基础，并将另外有关养老保险制度评估、医疗保障制度改革的文稿收入其中（本书第三至第十三章），同时还将笔者2007年报送国务院领导同志的立法研究报告和2010年在全国人大常委会第三十一次会议上作的专题讲座收入进来（本书第一、第二章），以为读者提供一点当时的立法背景材料。

各章作者如下：

第一章　郑功成（中国社会保障学会会长　中国人民大学教授）

第二章　郑功成（中国社会保障学会会长　中国人民大学教授）

第三章　郑功成（中国社会保障学会会长　中国人民大学教授）

第四章　何文炯（中国社会保障学会副会长　浙江大学教授）

第五章　华　颖（中国社会保障学会青年委员会委员

　　　　　　　　中国社会科学院人口与劳动经济研究所助理研究员）

第六章　林　义（中国社会保障学会副会长　西南财经大学教授）

第七章　鲁　全（中国社会保障学会秘书长　中国人民大学副教授）

第八章　华　颖（中国社会保障学会青年委员会委员

　　　　　　　　中国社会科学院人口与劳动经济研究所助理研究员）

　　　　郑功成（中国社会保障学会会长　中国人民大学教授）

第九章　申曙光（中国社会保障学会副会长　中山大学教授）

第十章　郑功成（中国社会保障学会会长　中国人民大学教授）

第十一章　乔庆梅（中国社会保障学会理事　中国人民大学副教授）

第十二章　杨思斌（中国社会保障学会理事　中国劳动关系学院教授）

　　　　　俞贺楠（中国社会保障学会青年委员会委员

　　　　　　　　　中国劳动社会保障科学研究院副研究员）

第十三章　陈诚诚（中国社会保障学会青年委员会委员

　　　　　　　　　北京信息科技大学讲师）

在各位作者完成初稿后，由郑功成统稿、定稿。

在本书付梓之际，衷心感谢第十届全国人大常委会副委员长、原国务委员兼国务院秘书长、中国社会保障学会名誉会长华建敏同志对中国社会法系列研究的高度重视与支持，并为系列图书撰写总序。他在担任国务院、全国人大常委会领导时曾直接推动我国的社会法制建设，那一时期我国制定了一批重要的劳动就业、社会保障法律法规，近几年间又多次召开小型的社会法制建设专家会议，其深刻的见解对本系列研究具有很强的指导意义。

感谢全国哲学社会科学工作领导小组通过国家社会科学基金特别委托项目"中国社会法系列研究"（18@ZH023）的形式所给予的资助！

感谢人力资源和社会保障部养老保险司、国家医疗保障局规划财务和法规司以及黑龙江、吉林、广东、浙江、四川、重庆、贵州、上海等省市人力资源和社会保障厅局、医疗保障局等为调研活动的顺利开展所提供的方便与帮助！

感谢课题组各位成员积极参与调研并按期提供自己的研究成果！

期望我国的社会保险制度能够在加快深化改革步伐的同时强化法制建设，而抓紧修订已经不能适应时代发展要求的《社会保险法》并制定养老保险、医疗保障（险）等专门法律显然是促使制度走向成熟、定型的必要举措！

2020 年 7 月 3 日于北京

上篇 社会保险法立法前的探讨

第一章　关于社会保险制度改革与立法中若干问题的看法 [1]

伴随着社会保险立法步伐的加快,社会保险改革与制度建设也步入了制度必须理性地进入定型、稳定、持续发展阶段。这一时期特别需要中央理性判断、审慎决策,一旦决策就须果敢推进,并承担起制度选择的责任。基于对国家负责的精神,我提出如下一些看法。

一、社会保险制度模式的理性选择：权利义务相结合、劳资分责、政府担保、自成体系、自我发展

社会保险制度是工业化的产物,该制度创立以来,权利义务相结合就是一条基本准则,突出的是劳资分责、政府担保、自成系统、自我发展的特色,只有少数国家以普惠性的福利国家制度安排替代。在各国的制度实践中,德国无疑最有发言权,因为它不仅是这一制度的创始国,而且一百多年来走得相当平稳,其遵循的就是上述准则与特色,甚至选择了劳资双方自治管理方式,政府扮演社会保险担保人角色并承担着有限的监督责任,政府的人力财力物力用于

---

[1] 本章为郑功成 2007 年 4 月 8 日报中央领导同志之建议。

救助低收入家庭与增进国民的其他公共福利。

我认为，对我国而言，在相当长时期内还不可能建成普惠性、高度公平的福利国，德国的实践经验最具借鉴价值。因此，选择我国社会保险制度模式时，应当确立这样一些最基本的要素，即：权利义务相结合，劳资分担责任，国家财政担保，主管部门行政监管，社会保险自成系统、自我平衡、自我发展。这是符合我国国情也是符合这一制度本质的合理取向。因此，我一直不赞同国家财政因过度介入社会保险制度而步入社会保险制度前台来扮演直接责任者的角色，更无法认同税务机关直接介入社会保险制度，而是主张劳动保障部门必须承担起构建、推进社会保险制度自成系统、自我平衡、自我发展的重大责任。

二、社会保险制度覆盖范围的理性选择：稳妥起步、分层规范、渐次扩展、严格实施

社会保险的适用范围是制度建设中必须明确的一个基本问题，它决定制度的具体目标指向，不仅需要考虑到需求，同时还要充分考虑到实施的可能。立法规范的社会保险覆盖面是一个必须执行的底线，违者即犯法，犯法必惩处，责任者可获刑事处分。因此，法律确定的门槛必须审慎，过窄不利于保障广大劳动者的权益，过宽则可能因无法保证法律实施而造成制度缺损。

在社会保险制度覆盖范围方面，现行立法草案中的法定覆盖范围过宽，不易做到，如个体工商户全国有2000多万户，法律制定后肯定有相当一部分无法参保或者不会参保，与其届时遭遇巨大麻烦，不如先适当收缩覆盖范围，过分强制将影响就业。在此情形下，我主张社会保险的适用范围应当稳妥起步、分层规范、渐次扩展、严格实施。即通过立法明确规定法人组织具有合法劳动关系的劳动者为必须参保范围，包括个体工商户、自由职业者等可以授权国务院通过相应的法规或者政策加以规范，欢迎其参保但不是法定的义务。具体而言，我建议将

法定覆盖范围限于企业、事业单位、社会团体、民办非企业单位及其职工，其他劳动者可以相对灵活地授权国务院根据情形作出合适的规定，以避免这些群体因不能依法参保而出现犯法者众而难以收拾的被动局面。等条件成熟时再行修法将全体劳动者均纳入社会保险范围是可行的。因此，覆盖范围不宜求一步到位，因为客观上不可能一步到位，留出口子由国务院来规定比较妥当。

三、社会保险监督管理的理性选择：集权监督、垂直管理、决策问责、良性运行

监督管理体制是与直接责任的承担不可分割的，谁监督管理谁承担责任是确保社会保险制度良性运行与持续发展的基本原则。基于社会保险制度自成系统并为全国统一的劳动力市场服务的内在要求和借鉴国外经验，理性的社会保险监督管理体制应当是：一个主管部门（我国目前是劳动保障行政部门）集权承担行政监督职责，社会保险事务管理机构或者经办机构承担社会保险具体事务的直接管理职责并采取垂直管理体制，行政集权监督与集中垂直管理是社会保险制度问责制的必要条件，也是实现社会保险制度自成系统、自我平衡、自我发展的内在要求。

我认为，社会保险立法中应当进一步明确劳动保障部门对社会保险事务集权行使监督权力与职责，这一职责不宜由其他部门来分割或者分享。只有通过法律赋予主管部门足够的集权管理职责与权威，才能实行行政问责制，才能确保社会保险制度良性运行。在我国以往的社会保障改革中，一个深刻的教训，就是多个部门参与管理一个制度造成的失误甚至是重大失误却找不到承担责任者，"摸着石头过河"年代随意剥夺或者分割主管部门职责与权力的做法并不是真正的科学决策与科学管理，而是无序决策与无序管理。因此，社会保险制度的建设一定要让劳动保障部真正切实承担起自己的职责，其他部门可以提出

意见甚至可以监督，但不宜代替主管部门或者分割主管部门的权责。国家财政承担对社会保险制度的担保责任并适应分担筹资责任，绝对不是构成其直接介入社会保险事务的充足理由。

基于社会保险制度是为劳动者及劳动者的自由流动服务的，建设一个全国统一的社会保险制度是必然的取向。因此，将社会保险业务的经办（包括资金统集、管理与待遇发放等）管理职责与权力集中于社会保险经办机构比分散在多个机构要好。选择社会保险经办机构垂直管理比现在的属地管理模式要好。在社会保险制度暂时还不能全国统一的背景下，建议国家先行将基本养老保险统一起来，即在法律审议过程中尽快研究基本养老保险全国统筹的方案，对养老保险业务先行垂直管理，中央政府充当这一基本制度的担保人，这是真正维护劳动者权益并解决现行制度运行中诸多难题的治本之计。以国家现有的财力，完全可以承担得起基本养老保险制度走向全国统筹、费率统一、管理责任集中、基金集中投资所需要的成本。因此，中央宜下决心对社会保险管理体制做进一步的明确，并在国务院"三定"方案的基础上加以改进上升到法律规范的层面。

社会保险应当在与国家财政保持距离的条件下实行单独预算制度，这是保障这一制度自成体系、自我平衡、自我发展的重要条件与标志。赞同向人大常委会报告并接受其监督，同时还应当增加工会与雇主组织的监督，因为劳资双方才是社会保险制度的真正责任主体与权利义务主体。

四、社会保险费征缴体制的理性选择：服从制度、经办负责、自成系统、统一征收

社会保险费的征收体制是社会保险立法中的一个不能回避的问题。理性的社会保险费征缴体制只服从于理性选择的社会保险制度模式与追求目标，并真正体现社会保险自成系统、自我平衡、自我发展的根本原则，因此，现行法律

草案中规定社会保险费由社会保险经办机构统一征收，是符合这一制度的内在要求的，也是理性的。

首先，社会保险制度普遍要求体现权利义务相结合原则，费改税完全不符合当代世界社会保险制度的发展取向，更与我国现行社会保险制度模式不兼容，因此，不能以费改税作为确定征收体制的依据。

其次，国家财政要与社会保险制度保持距离，只扮演担保人角色，以便能够更为超脱地建设社会救助制度与促进各项公共福利事业的发展，并维护社会保险制度自成系统地努力追求自我平衡、自我发展。目前国家财政对社会保险的补贴责任不能作为财政直接介入社会保险制度并承担直接责任的依据，因为它只是对历史欠账负责，根本不是对新制度负责。我们的制度设计要避免财政介入劳资分责的社会保险制度中。因此，我对财政、税务部门如此积极地介入社会保险事务表示完全不理解。

再次，税务部门因与企业劳动就业状况无关，又不可能跟踪劳动者终身，还与应当权利义务相结合的待遇发放存在着部门分割的距离，实在不宜也不可能真正承担起社会保险费的征收职责。目前税务部门征收社会保险费应当看成是一种代征行为，其申明的可以加强社保费的征缴力度不仅是不真实的，也是有违法治精神的错误理由，因为如果同一义务不尊重经办机构而只认税务机构，表明他尊重的不是社会保险制度而是畏惧税务部门滥用权力的非正常权威，这恰恰是需要消除的色彩。同时，税务部门征收社保费与扩大征缴面并无实质关系，因为征缴面完全服从于社会保险的覆盖面，而覆盖面是由立法明确规范的，不是部门可以自由伸缩的。况且，社会保险制度走向全国统一是必然的，社会保险经办机构可以且必然要伴随制度统一而走向统一，但税务机构却不可能因社会保险统筹层次的改变而改变。因此，让税务部门退出社会保险费征收应当是一种明智的选择，国家不仅不宜让税务部门征收社保费，而且应当尽快明确统一到社会保险经办机构，以减少制度的运行与协调成本，防止损害社会保险制度的完整性与自我发展。在这件事上，不能再有含糊，否则，成本将迅速增加，制度将会被进一步扭曲。

此外，还应当准确把握与正确理解社会保险制度中的收支两条线。收支两条线的本义，不是社会保险制度的管理及运行要由两个甚至三个部门来分割，而在于将社会保险费的收缴与社会保险待遇的支付明确分开，它与强调缴费与待遇相结合、相对应并不存在任何矛盾。征收强调的是义务主体必须承担法定的缴费义务，支出实现的是通过依法支付劳动者社会保险待遇来确保劳动者的社会保险权益，收支两条线的真正目的是明晰社会保险中责任主体的权利与义务，而不应当被机械地理解成分割社会保险制度的统一性与完整性。我认为，由社会保险系统中的不同机构分别承担征缴与待遇发放的职责，不仅同样能够实现收支两条线，而且能够及时保持信息沟通，确保缴费与待遇的密切对应关系。因此，税务部门退出征收社会保险费才是确保社会保险事业良性发展的重要前提条件。

五、企业年金等补充保障的理性选择：企业自主、政策 支持、行政监督、市场运作

企业年金等补充保险，从本质上讲属于企业或用人单位自主权限范围的员工福利安排，它应当服务企业发展战略与劳动力市场的竞争需要，从而应当由企业自主建立，政府只需给予支持，行政部门可以承担也可以不承担监督责任，通过市场化运作。因此，建议立法中规定从简，我认为只需要列出原则性、宣示性条款，不宜进行具体规范，介入太深。

六、立法中的其他问题：不乱授权、不乱担责

在立法草案中，还有一些不足需要注意：

1.关于社会保险事务管理机构可以行使扣押参保单位财物的权力，我认为

并不妥当。因为它不仅会损害人民法院的强制权，更增加了社会保险事务管理部门的事务。在法治社会里，应当通过法院统一行使此类违法处置权。立法中只宜写明社会保险事务管理机构可以提请人民法院强制执行。

2. 维护社会保险权利义务相结合的性质，取消所谓国家对困难人群、低收入人群给予社会保险补贴等规定，因为社会保险应当且必须贯彻劳资分责原则并让劳动者承担缴费义务，对困难群体只宜通过社会救助来解决。只有真正从制度上厘清社会救助与社会保险的边界，才能使两种制度安排合理有序组合，并形成完整的社会安全网。（作者注：现行制度中即是通过社会救助制度帮助低收入困难群体代缴医疗保险费等而不是直接由社会保险制度来解决。）

3. 农民的养老保险与合作医疗等暂时还不宜直接纳入社会保险立法范围，它可以另行规定或者授权国务院另行规定。这是因为农村发展很不平衡，情况复杂，立法并不可能解决农民的社会保险问题。与其不能解决问题，不如待以后条件成熟时再行立法。

4. 社会保险基金的管理与监督问题，应当明确社会保险经办机构的直接管理责任和社会保障行政部门的直接监督责任。尽管立法中还可以明确审计、工会、监察等部门可以对社会保险基金管理行使监督权，但社会保险基金的管理与监督处置权还是应当集中由经办机构与主管机关集中行使，这是确保制度健康良性运行及实行问责制的基本要求。因此，我认为无论是从效率、成本还是责任划分等方面出发，多部门组成一个所谓的监督委员会，绝对不如让主管部门切实承担起监督责任。赞同社会保险实行单独预算制度，以与财政保持距离并努力追求自我平衡、自我发展，同时也可以将国家财政的补贴置于明处。

5. 个人账户、社会保险关系接续等问题不宜在立法中定死，可以作出原则性规定，授权国务院制度相应的法规来规范为宜。

深切期望着我国社会保障改革与制度建设的步伐迈得更加稳健、更加理性、更加快捷、更加符合国家利益和人民期望、更加符合社会保障制度自身的发展规律。一个能够解除百姓诸种生活后顾之忧的安全网将在促使全体国民共享国家发展成果的同时，造就一个安全、和谐、文明的强大祖国！

专栏 1—1　关于本报告的说明

这是作者于 2007 年 4 月 8 日报送国务院领导同志的有关社会保险制度选择与立法问题看法的专题报告。当时的背景是对社会保险制度选择与立法众说纷纭，有关部门在起草《社会保险法》草案的过程中面临制度选择的巨大分歧。为推动加快社会保险立法步伐并理性选择我国的社会保险制度安排，作者将自己当时的思考形成本建议稿，较为系统地阐明了自己的看法。

在给领导同志的信中，作者如实报告了自己的想法。认为我国社会保障改革与制度建设已处于一个十分关键的时期，这就是制度必须理性地进入定型、稳定、持续发展阶段，尽管中央英明，但仍然充满着忧虑，非常担心出现因决策失误而留下严重后遗症的现象。某些非理性决策所造成的问题已让国家及相关群体承受着很大的代价，社会保障改革与制度建设确实不能再有失误了。进而建议中央深入研究、理性决策、果速推进，保证在推进社保制度建设的同时不留后遗症。

这一报告得到了时任国务院总理温家宝同志的高度重视，并作出了十分重要的批示，明确指出建议很有见地。要求我国的社保改革和制度建设，应该从实际出发，统筹兼顾，瞻前顾后，审慎决策，循序渐进，逐步做到定型、稳定、可持续。相关部门认真贯彻落实温家宝同志的重要批示精神，使之对当时的社会保险立法起到了推动作用。其中的一些主张在 2010 年 10 月制定的《社会保险法》及此后出台的相关政策中得到了体现，一些主张未被采纳，还有一些主张在法律中因部门意见分歧过大而采取了妥协的方案。

这份报告限于当时的背景和条件有其局限性，但作为立法前的思考，纳入本书仍有其参考价值。

第二章　社会保险制度建设与社会保险立法 [1]

社会保险是由国家立法规范，面向最重要的社会群体——劳动者建立的一种强制性社会保障制度，它突出以劳动权利为基础，实行权利义务相结合并由雇主与劳动者缴费形成各项社会保险基金，以解除劳动者在养老、疾病医疗、职业伤害、失业等方面的后顾之忧为目标，是促使劳资关系和谐和维护劳动者福利权益的根本性制度保障，它不仅事关全体劳动者的切身利益，而且对国家与社会能否持续、健康、文明发展直接产生着重大而深刻的影响。作为举国上下都十分关注并事关基本民生的重大制度安排，第十届全国人大常委会第三十一次会议首次审议了社会保险法草案，标志着我国社会保险制度建设开始由试点阶段进入制度定型发展阶段。

社会保险制度起源于德国。德国于1883—1889年间先后颁布的有关工人的疾病医疗保险、工伤保险、老年残障保险等法律，不仅为当时较为落后的德国建立完整的社会保险制度奠定了基础，也为世界上其他国家建立自己的社会保险制度提供了示范；它的产生不仅被看成是现代社会保障制度得以确立的标志，而且是资本主义社会摆脱野蛮而逐渐进入文明发展阶段的分界线。自社会保险制度创立以来，世界上170多个国家或地区先后建立了自己的社会保险制

---

① 本章为郑功成在第十届全国人大常委会第三十一次会议闭幕式上的专题讲座，2007年12月29日。曾分上、下两部分发表于2008年1月7日、2008年1月14日的《光明日报》，《新华文摘》2008年第11期转载，全文可见中国人大网 www.npc.gov.cn。

度。纵观当代世界，可以发现这样一种现象，即凡是社会保险制度健全的国家，劳动者的诸多后顾之忧都得到了有效解除，劳资关系也必定由相互对立走向妥协与合作，社会因此而步入和谐；凡是想获得健康、持续、文明发展的国家或地区，都必定高度重视社会保险制度的建设。因此，社会保险制度的健全与否，客观上代表着一个国家或地区的社会文明进步水准与社会和谐程度。

在国际上，尽管各国社会保障体系结构并不完全一致，如福利国家以财政为支撑，建立的是无所不包的全民福利制度；德、法等多数工业化国家建立的是以缴费型社会保险为主体的全民保险制度；一些发展中国家则多是有限的残补型保障制度，但无论是福利国家、保险型国家还是残补型国家，社会保险均是各国社会保障体系中的主体内容。因此，社会保险在整个社会保障制度中占有着特别重要的地位。然而，现实中人们也很容易把社会保险与社会保障、保险等词相混淆，它们其实是内涵不同的概念。在我国，社会保障是一个包含了社会保险、社会救助、社会福利、军人保障及补充保障等各种福利性保障措施在内的统称，它与西方国家的大社会福利概念基本相当；而保险通常是指商业保险，即商业性保险公司在保险市场通过交易行为获得的业务来源，它与社会保险有着根本的区别。

在我国的社会保障体系中，社会救助是维护底线公平的基础性保障制度，它由财政负责供款，面向低收入或贫困阶层，负责为符合条件者提供生活救助、灾害救助及其他专项救助，是政府责无旁贷的职责与任务。社会保险是面向劳动者的基本保障制度，它建立在劳资分责、政府支持的基础上，负责解除劳动者在养老、医疗、工伤、失业等方面的后顾之忧。社会福利主要面向特定群体提供福利津贴、福利设施与社会服务，是需要政府主导、社会参与的保障系统，如老年人福利包括老年津贴、老年设施、老年服务等，残疾人福利包括残疾人津贴、康复、特殊教育等。军人保障是一个专门面向军人的综合保障系统，它由国家财政承担供款之责。补充保障则是借助市场机制和社会力量举办的保障性项目，它弥补法定的基本保障之不足，通常包括职业福利、商业保险、慈善事业、社会互助等，如属于职业福利范畴的企业年金在许多国家就构成为社会保险的重要补充。由此可见，社会保障是一个由多个系统与项目组成的体系，不同的社会保障系统或项目承担着不同的社会保障责任，解决的是不同的民生与社会问题，也有着不同的财政来源、制度结构及运行机制。建立社会保障制度不仅要符合各国国情及所处的时代，而且要尊重社会保障制度的客观发展规律。国内外的实践表明，不适应国情或者不适应时代的社会保障制度安排，解决不好其应当解决的社会问题；不尊重社会保障制度客观规律的社会保障制度安排，必然让国家与相关群体付出巨大的代价。因此，以规律为由不顾国情和以国情为由扭曲规律，都是社会保障制度发展中应当避免的片面取向。

长期处于社会主义初级阶段、地区发展差距与城乡差距较大等构成了我国的基本国情，它客观上制约了我国在相当长的时期内不可能走财政税收支撑的全民福利道路；而经济持续发展、社会主义性质、执政党的自觉追求、城乡居民的呼声，又决定了我国更不可能选择残补型的社会保障制度。因此，适合中国的社会保障体系，其实只能是借鉴德国等国的经验，以缴费型社会保险为主体，同时迅速巩固面向困难群体的社会救助制度、适时发展各项福利事业。这就决定了社会保险制度的建设对于我国社会保障体系的建设至关重要。

一、社会保险制度的结构与功能

从各国社会保险制度安排的发展实践来看，它一般包括养老保险、医疗保险、工伤保险、失业保险、生育保险等内容。其中，养老保险与医疗保险无疑是最为重要的两个项目，前者为退出劳动领域的老年人提供收入来源，是老年人晚年生活的经济保障，一些国家的养老保险还包括遗属待遇、残障待遇；后者解除的是劳动者的疾病医疗后顾之忧，一些国家的医疗保险惠及其家属，有的发展到了覆盖全民的健康保险。工伤保险是一项较为特殊的社会保险项目，它其实建立在雇主赔偿的法律基础之上，各国的工伤保险都以雇主缴费、受保人不缴费为典型特征，是雇主对劳动者所遭受到的工作伤害与职业病承担赔偿责任的具体体现，它在立法实践中通常奉行无过失原则，对雇主实行严格责任。失业保险保障的是劳动者的失业风险，其功能在过去主要是救济失业工人的生活，自20世纪下半叶以后，大多数国家的失业保险实际上已经转化成为就业保障机制，即促进就业、预防失业的功能与救济失业工人的功能并重，这一制度安排也因此而具有了更为积极的效应。生育保险是基于保护女性劳动者权益而设立的一项社会保险制度，但它并非总是独立的制度安排，在一些国家被纳入医疗保险制度，在发达国家则多数演变成为普惠型的生育津贴，即生育津贴构成了妇女、儿童福利的重要组成部分，非职业妇女也能够平等享有生育津贴。

在社会保险制度的发展中，还有两点需要特别指出：一是护理保险正在成为具有普遍意义的新型项目，它自1994年、2000年先后在德国、日本建立以来，引起许多国家尤其是老年型国家的高度重视，因为人口老龄化尤其是高龄化时代的到来，老年人对生活照料与医疗护理的需求急剧扩张，护理保险也就日益成为劳动者需要的社会保险制度安排。我国虽然暂时还不可能建立护理保险制度，但现在开始研究并适时通过相应的制度安排来满足老年人的护理需要，以确保老年人的生活质量，显然具有现实意义。二是补充保险客观上已经成为社会保险制度的必要补充，是多层次社会保障体系的具体体现，因为社会保险只能为劳动者提供基本保障。如各国法定养老金的替代率多在50%以下，我国现行的基本养老保险制度设计的替代率也是60%以下，这意味着老年人仅靠基本养老金将难以保证晚年生活质量，这在客观上决定了需要建立企业年金等补充保险制度，以弥补法定社会保险制度的不足。有鉴于此，多数国家都大力扶持企业年金等补充保险的发展。

近一百多年来，社会保险制度的创立与发展，不仅促使资本主义社会由野蛮时代进入文明时代，而且促使西方世界在消除劳资之间激烈对抗的同时而先后步入持续繁荣与和谐时期，这主要是因为社会保险饱含着天然的社会主义因素，其功能无可替代。客观而论，社会保险制度的功能主要有：

第一，调节劳资双方的利益关系。劳资之间的利益分歧是客观存在的，资本主义发展史上劳资矛盾恶化甚至激烈对抗就是直接由于雇主不顾劳动者起码权益而唯利是图的必然结果，如劳动者只要年老、疾病、工伤等就会丧失收入来源，面临生存危机。通过建立社会保险制度，雇主必须承担起为劳动者参与各项社会保险缴费的法定义务，劳动者则可以通过参加社会保险来实现自己的权益。这种制度安排实际上照顾到了劳动者在特定情形下的诸多利益诉求，不仅是对劳资双方利益分配关系的有力调节，而且也是对整个社会公平与效率关系的有力调节。

第二，解除劳动者后顾之忧，增进劳动者福利。无论哪一种社会保险项目，客观上都是在解除劳动者的后顾之忧和增进劳动者的福利，让劳动者老有所养、病有所医、工伤有补偿、失业有救助。因此，社会保险制度的建立，是劳动者福利权益实现的直接表现；社会保险制度的发展，则是劳动者福利权益的发展。

第三，维护社会稳定，促进社会和谐。由于社会保险有效地解除了劳动者的后顾之忧，劳资关系便由对抗走向妥协与合作。工业化国家早期尖锐对立的劳资关系与风起云涌的工人运动，因社会保险制度的确立而被化解。劳资关系的和谐与稳定，必然带来整个社会关系的和谐与稳定。因此，社会保险制度通过化解劳资对抗而直接促进并维系着整个社会的和谐发展。

第四，促进经济社会持续、健康、文明发展。一方面，社会保险因化解了劳资对立而让双方有了更多的、更直接的共同利益，劳资双赢构成了国家经济社会持续、健康发展的基础；另一方面，社会保险在维护劳动者福利权益的同时，有效地增强了劳动者的安全感与安全预期，同时还维护了劳动者的尊严，促进了男女平等，从而对社会文明的发展具有很强的牵引与促进作用。

第五，在互助共济中促进并维护着社会公平。社会保险依据的是大数法则，是参保人共同参与，并在雇主分担缴费义务与政府财政支持的条件下，相互分担风险，如年轻人为老年人做贡献，健康者为疾患者做贡献，就业者为失业者做贡献，安全者为工伤者做贡献，谁都是这一制度的贡献者，谁都有可能成为这一制度的受益者。正是这种互助共济的功能，不仅在很大程度上化解了劳动者个人的生活风险，而且通过对参保人的收入补偿来保障其生活，促进并实现着社会公平，而社会保险制度的强制性特征又有效地避免了雇主与劳动者的逆向选择，确保了这一制度覆盖对象的公平权益。

此外，由于社会保险制度与收入关联，雇主与劳动者的缴费都与工资挂钩，养老金等待遇亦与劳动者的工资挂钩，从而在劳资之间、劳动者之间乃至于在全体国民之间具有较强的收入再分配功能。

二、社会保险应当遵循的基本原则

从各国社会保险制度的发展实践来看，其具体内容虽然在各国之间存在一些差异，但在制度建设中却普遍在立法中体现出如下基本原则：

1. 强制性原则。立法先行、强制实施，是各国社会保险制度的共同特征，各国的社会保险制度都是在立法规范的条件下，借助行政与司法等公权来强制实施，覆盖范围内的雇主与劳动者，以及政府均必须依法承担自己的义务，雇主与劳动者均没有自由选择是否参保及缴费多少等权力。这种强制性保证了社会保险制度的公平性与互助共济性。

2. 公平性原则。各国社会保险都是维护劳动者权益、实现劳资利益与国民福利合理配置的重大制度安排，它因覆盖全体劳动者并能够惠及其家属而维护了人在发展过程中的公平。因此，在社会保险制度中，强调打破各种身份限制，公平地对待每个劳动者并确保其实现相应的社会保险权益。但各国社会保险制度的建设过程，其实是一个从不公平到公平渐进发展的进程，它通常都是从产业工人开始，然后再逐渐覆盖到农民及自由职业者。

3. 责任分担原则。社会保险制度强调责任分担，劳资双方分担缴费义务以及政府参与分担一定责任是各国社会保险制度通行的规则。在绝大多数建立社会保险制度的国家或地区，劳资双方通常各分担 50%的缴费责任。政府在社会保险制度中，事实上承担着财政支持、行政监督与公共服务等三种责任。其中，政府的财政责任又包括两个方面：一是作为雇主为其工作人员参加社会保险承担缴费义务；二是作为政府采取补贴社会保险支出或者分担社会保险缴费，以及提供管理及运行经费等方式来承担公共财政惠及全民的责任。责任分担是社会保险制度得以持续发展的基本条件。

4. 权利义务相结合。社会保险制度强调参保人权利与义务相结合，不参保当然不能享受社会保险待遇，不缴费也通常不能享受社会保险待遇，因为社会保险基金是全体参保人的共同财产，只有履行了相应的义务才能享受相应的权益。坚持参保人个人权利义务相结合原则，正是缴费型社会保险制度有别于纳税型全民福利制度的重要区别，它要求全体参保人均有清晰的缴费记录与待遇给付对应关系，这构成了社会保险管理与经办中的实质内容。

5. 与经济发展水平相适应原则。社会保险是一种与收入关联的再分配手段，它必然要建立在相应的经济发展水平之上。一方面，工业化程度愈高，对社会保险的需求愈大，产业结构与就业结构的发展变化及其创造的经济发展水平，直接影响着社会保险制度的建设；另一方面，社会保险制度的实施，无一例外地需要有相应的财力支撑，制度建设中需要考虑到劳动者的客观需要，还要考虑到劳资双方的缴费承受能力，以及国家财政可能承受的扶持力度。当然，在我国现阶段，强调与经济发展水平相适应，应当是持续高速增长三十年的国民经济发展水平，而不能将我国的经济发展水平固化在十年前、二十年前甚至在改革开放初期的水平上。将经济增长成果逐渐通过社会保险等相关制度安排直接转化为国民福利，应当成为我国经济社会发展和构建社会主义和谐社会的重要取向。

6. 自成系统、自我发展、自我平衡原则。各国社会保险制度（只要未演变成全民福利）通常都自成系统，它受政府主管部门监督，在接受政府财政支持的同时又与政府财政保持距离，通过专门的社会保险经办机构，追求自我发展、自我平衡。坚持自成系统、自我发展、自我平衡原则，就是为了持续落实劳资双方分担直接责任、落实参保人权利义务相结合、保持制度理性发展并避免成为政府负担。当然，养老保险因人口老龄化冲击与老年人分享国家发展成果的需要，各国政府多给予相应的补贴，但这并不改变社会保险制度自成系统、自我发展和追求自我平衡的本质属性。

社会保险法实质上是劳动者的权益法、福利法，立法中应当充分体现出国家建立这一制度的根本目的是确立全体劳动者的福利权益。因此，社会保险法是真正专门维护劳动者权益并增进劳动者福利的法律。

三、我国社会保险改革与制度建设的成就

回顾我国社会保险制度改革二十多年所走过的历程，尤其是 1998 年以来，通过上一届政府推进"两个确保"、"三条保障线"，政府（主要是中央政府）开始承担社会保险制度改革的相应成本，社会保险管理体制得到了一定程度的理顺，离退休人员的养老金与下岗职工基本生活保障金得到了保障，社会保险的社会化服务取得了重大进展。因此，近十年是我国社会保险制度改革最有成效的十年。这种成就主要体现在以下几个方面：

1.劳动者依靠国家与单位的保险观念转变为接受责任分担。计划经济时代的劳动保险实际上是单位包办的单位保险，国有单位的长生不死、劳动者的铁饭碗和生老病死靠单位是三位一体的，单位几乎承担着保障职工及其家属基本生活的全部责任，这种单一责任主体的形成，不可避免地在人们的观念中打上单纯依靠单位提供各种保险待遇的烙印。社会保险制度改革以来，个人缴费成为新制度存在与发展的现实条件，劳动者与单位分担缴费的义务，再加上政

府补贴，责任分担的意识逐渐强化并被人们普遍接受，这应当是改革的首要成就。

2. 单位化的劳动保险制度基本实现了向社会化的社会保险制度转型。原有的劳动保险制度是单位包办、封闭运行的制度安排，经过二十多年的变革，现在已转变为由独立于企事业单位之外的公营机构经办、劳资分责、政府监管、社会化运行的社会保险制度。

3. 较好地化解了我国经济改革中的风险，维护了社会的基本稳定与国民经济的持续高速增长。假如没有养老保险制度改革，越来越多的劳动者退休后将因企业的倒闭、破产、兼并或者效益不良而领不到养老金；没有失业保险，每年数以百万计的失业工人将面临收入完全中断的风险；等等。因此，尽管国家付出的直接成本不多，但这一制度起到的作用却特别巨大。政府对社会保险的投入，可以说是效益最大的投入。

此外，我国在基本养老保险制度中选择社会统筹与个人账户相结合模式，为世界养老保险制度变革提供了一种新鲜方案，从而部分地实现了制度创新。

四、我国社会保险改革与制度建设的教训

在充分肯定我国社会保险制度改革取得巨大成就的同时，有必要客观地总结并吸取以往改革中的失误与教训，因失误往往导致国家与相关群体付出巨大代价，在社会保险制度进入由法律规范的定型阶段尤其需要吸取。

第一，效率优先的价值取向与建制理念，扭曲了社会保险制度追求社会公平正义的本质。无论是作为国有企业改革的配套措施，还是作为市场经济的支柱之一，都显著地让社会保险制度在改革中打上了效率优先的烙印，它不仅造成了社会保险覆盖面窄、负担不均等现象，而且过分夸大了个人责任，忽略了社会保险制度是为了解除劳动者后顾之忧的这一根本目标。如基本养老保险因

一度实行差额拨缴而导致数以百万计的退休人员不能按时足额领到自己的养老金，医疗保险改革中因只考虑限制参保人的疾病医疗消费而放大了看病贵等问题。因此，应当高度重视消除效率取向对全面发挥社会保险制度客观功能的妨碍与限制，恢复社会保险化解劳资矛盾、增进劳动者福利、维护社会公平、促进社会和谐的合理价值取向与建制理念。

第二，制度分割、部门分割的格局，损害了社会保险制度的完整性与系统性。社会保险制度既是为解除劳动者后顾之忧和维护社会公平服务的，也是为统一劳动力市场直接服务的，任何对这一制度的完整性与系统性的分割都将损害其功能。然而，以往改革中因制度分割、部门分割导致的不良后果确实较为严重。这一制度的纵向分割，造成了地方利益固化并形成地区之间的壁垒；这一制度的横向分割，造成了不同社会群体分割格局的固化，对社会分裂产生着推波助澜的负面作用；这一制度监管体制的分割，既使部门利益日益固化，更使制度的完整性与系统性遭到破坏。如 1984 年决定将集体企业职工养老保险与国有企业职工养老保险分割，并将集体企业职工养老保险交由中国人民保险公司经办，导致了现阶段数以十万计的集体企业退休人员无处领养老金的现象。多部门平等参与社会保险改革中的制度设计，不仅无法找到制度变革失误的责任承担者，而且直接衍生了并不正常的部门利益，进一步恶化了社会保险制度改革的环境。如基本养老保险改革因多部门强势介入与干预，形成了方案多样化与行业分散统筹的格局，虽然经过上一届政府的强力整合，但不良后遗症依然存在。制度分割、部门分割的教训可以说是异常深刻，在社会保险立法中应当对此保持警惕。

第三，监管体制中的职责紊乱，损害了社会保险制度的健康运行与可持续发展。社会保险制度是一个独立的系统，它在各国普遍呈现出集权监督、集中管理的特色，即在监督方面由主管部门集中行使行政监督权，再加上司法监督与社会监督，能够保证社会保险制度的正常运行；在管理方面，则通常由社会保险经办机构承担着对社会保险制度正常运行与持续发展的直接管理责任，这种管理责任并不存在被分割的现象。然而，在我国，一方面，是由于社会保险处于地方统筹层次，地方党政领导对社会保险事务均有着直接的监管权，这种分散管理格局其实是社会保险运行容易失控的重要原因；另一方面，在政府职能部门中，非主管部门的强势介入往往直接导致行政监管职责的紊乱，既直接削弱了主管部门的监督权威与管理机构的管理效率，也直接影响了对主管部门及经办机构的问责，使社会保险制度的可持续发展很容易丧失理性及长远规划。一些地方将收支两条线简单地理解成多部门监管与多头经办，实际上割断了社会保险参保人权利义务的密切对应关系，已经埋下了记账不清的巨大政治风险。因此，部门职责的紊乱与管理机构责权利的分割，是社会保险制度运行中出现失范现象的根本原因。

第四，财政责任的模糊，损害着新制度的健康成长。一是历史责任与现实责任不清晰，迄今为止，既缺乏准确测算旧制度下对中老年职工的养老金责任，也无法准确测算新制度的未来负担水准。二是政府财政对社会保险应当承担的责任模糊，其应当承担的雇主缴费责任因机关事业单位养老保险改革不同步而未履行，其应当承担的因制度转轨而出现的中老年职工养老金历史欠账亦未有明晰的测量与合理的承担责任规划，其应当承担的确保社会保险运行的公共财政责任还未能够全部承担，如社会保险信息系统建设严重滞后的格局就构成了这一制度良性运行的重大制约因素。三是中央政府与地方政府的责任划分仍然模糊，迄今缺乏明确的、合理的责任分担依据。四是用人单位、劳动者、政府三方之间的责任分担缺乏正常的标准，各地责任分担比重及缴费费率差异较大，客观上对经济社会发展所需要的公平环境造成了损害。如果不能够清晰地界定责任主体各方的筹资责任和政府财政在社会保险制度中的责任，社会保险制度就很难获得正常、健康、持续的发展。

客观而论，以往社会保险改革中有些失误是由于"摸着石头过河"年代不可避免的，有些失误则是不正常的部门干扰与不负责任的人为因素造成的。以往的教训，为我国社会保险立法与制度定型提供了很好的借鉴材料，值得引起高度重视。

五、通过立法促使社会保险制度进入定型、稳定、持续发展阶段

从现阶段国家发展的客观需要、城乡居民的普遍呼声及社会保险领域中存在的问题出发，我国社会保险改革与制度建设确实需要尽快通过立法规范来进入定型、稳定、可持续的发展阶段。从各国社会保险立法实践来看，立法需要重点关注的问题包括：

1. 立法宗旨要突出维护劳动者福利权益、解除劳动者后顾之忧、促进社会公平与社会和谐。尽管社会保险制度创建初期具有被动性，但它也是通过解除劳动者的后顾之忧来实现调和劳资矛盾的政治目标的。第二次世界大战以后，世界各国建立社会保险制度不仅由被动应对工人阶级的反抗变为主动积极解除劳动者的后顾之忧，而且增进了社会公平与促使劳动者福利增长的色彩。因此，社会保险法实质上是劳动者的权益法、福利法，立法中应当充分体现出国家建立这一制度的根本目的是确立全体劳动者的福利权益。因此，社会保险法是真正专门维护劳动者权益并增进劳动者福利的法律。

2. 需要充分体现出社会保险制度的公平性与强制性。立法实践应当以促进并实现劳动者福利权益的社会公平为出发点，即使条件不成熟，也应当以缩小现实中的不公平为出发点。因此，立法中必须明确相应的法律强制手段，包括赋予社会保险经办机构、监管机构与司法机关必要的强制权，这是确保社会保险制度良性运行与可持续发展的基本保证。

3. 要妥善解决社会保险制度适用范围或者覆盖面的问题。由选择性制度安排到普惠性制度，由受雇劳动者到自由职业者、自我雇用者等，是各国社会保险制度发展的必然。因此，在各国社会保险制度建设过程中，一开始往往并非是覆盖全体劳动者的普惠性制度安排，而是面向受雇的产业工人的一种选择性制度安排，然后才会进一步放宽准入标准。一旦法律明确规范，覆盖范围内的

用人单位与劳动者便必须参加，并依法缴纳社会保险费。因此，如何根据实际情况合理确定适用范围，是社会保险立法中应当解决的问题。

4. 要明确合理的责任分担机制。让用人单位与劳动者承担起法定的缴费义务，不仅是社会保险制度存在与发展的决定性因素，而且也是劳动者享受社会保险权益的前提条件。同时，社会保险作为当代社会满足劳动者乃至其家属福利需求的重大制度安排，亦要求政府承担起相应的财政责任，这种责任不仅是指直接分担社会保险缴费或者补贴支出的责任，而且也包括作为机关事业单位工作人员的雇主而应当承担的雇主缴费责任、对社会保险制度运行应当承担的公共财政责任，以及对我国社会保险制度转型带来的中老年职工的历史责任。

5. 要明确责任主体各方的权利与义务。社会保险立法不能用含糊的语言界定这一制度责任主体的权利与义务。对雇主或者用人单位而言，法律必须明确其为职工参加社会保险的强制性义务，同时亦获得解除或者减免其对劳动者相应的经济补偿的权益。对劳动者而言，除工伤保险外，法律不仅应当明确规定其参保并缴纳社会保险费的义务，同时应当赋予其享受各项社会保险待遇的法定权益。此外，法律同样应当明确政府对社会保险制度所负有的财政责任与行政责任。

6. 要构建起真正权威、高效的社会保险监督体制。在各国社会保险制度实践中，赋予主管部门切实的监督权力，同时按照问责制的要求来促使其承担相应的法律责任，是社会保险立法中必备的内容。社会保险监督权与社会保险管理及实施权通常是分离的，即对社会保险制度运行的监督权，通常专属政府行政主管部门，其他行政部门则只需按照各自的法定职责履行责任；而社会保险事务的具体管理与实施权，通常被赋予给专门的社会保险经办机构。从世界各国的经验来看，集权监督较分散监督更有效率，也更有力度，因为采取集权监督不仅是实行社会保险监管问责制的内在要求，也是让主管部门真正承担起对这一制度理性、持续发展的直接责任的前提条件。但为了制衡监督部门的权力，往往要求社会保险制度同时接受社会监督，包括工会等社会团体的监督。

7. 要强化社会保险经办机构并规范其职责，以确保社会保险制度的正常运行与可持续发展。社会保险经办机构肩负着保障社会保险制度良性运行并落实劳动者社会保险权益的直接责任，没有一个健全的社会保险经办机构，不可能有健康、持续发展的社会保险制度。因此，法律必须强化对社会保险经办机构的规范，一方面应当确保经办机构对整个社会保险制度运行进行管理与实施的权力不被分割，另一方面必须同时明确其法律责任，以及接受监督机构监督和社会监督的义务。而在赋予社会保险经办机构足够的权利并推行问责制的同时，构建现代化的社会保险信息系统，建立一支专业化的经办队伍，是社会保险经办机构承担并完成其使命的基本条件。

8.要妥善解决社会保险基金监管与投资问题。我国在基本养老保险、医疗保险等制度中选择了社会统筹与个人账户相结合的模式，它是一种板块结构型部分积累模式，基金积累及其规模的持续扩大便成为社会保险制度运行中的必然现象，而要维护社会保险基金的安全亦成为这一制度健康、持续发展的重要内容。在基金安全方面，实际上包括两个方面的风险：一是基金贬值的风险，贬值造成的是劳动者权益的损失，也是基金制的失败；二是基金管理中的风险，包括被挪用、贪污等。因此，在社会保险立法中，不仅要明确社会保险基金管理的安全性原则与相应的规避措施，而且要明确通过投资来实现基金的保值与增值。

9.要妥善解决好企业年金等补充保险的发展问题。尽管企业年金等补充保险不是强制性保险，不属于社会保险立法直接规范的范畴，但各国在社会保险制度建设中，同时高度关注并重视企业年金等补充保险却是一个客观事实。大多数国家通常会在立法中原则确定企业年金等补充保险的发展空间与税收优惠等政策，并将这些政策措施与社会保险制度紧密地结合起来，以便能够更好地解除劳动者的后顾之忧。

10.我国的社会保险改革还在进行之中，各地区发展的不平衡与社会保险制度建设的步伐不一，决定了我国社会保险立法还不可能一步到位地走向完善，一些具体问题还难以在目前的立法中加以明确。对此，有必要通过授权中央政府制定相应的法规进行调控，以后再行修正完善，这将是一个理性的选择。

总之，我国的社会保险改革与制度建设，急切需要通过社会保险立法来规范，但现阶段指望制定一部完美的社会保险法律显然并不现实。在尽可能地制定一部较好的社会保险法律的同时，加快社会保险改革步伐及相关法规建设，仍然是确立这一制度并使之不断走向完善的重要条件。

专栏 2—1　吴邦国主持全国十届人大常委会第三十次专题讲座

新华社北京 12 月 29 日电　十届全国人大常委会 29 日上午在北京人民大会堂举行第三十次专题讲座，讲座的题目是《社会保险制度建设与社会保险立法》。吴邦国委员长主持讲座。

十届全国人大常委会第三十一次会议对社会保险法草案进行了首次审议。为便于常委会组成人员更好地审议这部法律案，常委会特地安排了这次专题讲座。

此次讲座的主讲人是全国人大常委会委员、中国人民大学教授、中国社会保障发展战略研究项目组组长郑功成。他从社会保险与社会保障、社会保险改革回顾、通过立法确立社会保险制度等方面作了讲解。

郑功成说，社会保险是由国家立法规范，面向最重要的社会群体——劳动者建立的一种强制性社会保障制度。它以劳动权利为基础，实行权利义务相结合并由雇主与劳动者缴费形成各项社会保险基金，以解除劳动者在养老、疾病医疗、职业伤害、失业等方面的后顾之忧为目标，是促使劳资关系和谐、维护劳动者福利权益的根本性制度保障。在我国，社会保障是一个包含了社会保险、社会救助、社会福利、军人保障及补充保障等各种福利性保障措施在内的统称。

郑功成说，改革开放以来，我国社会保险制度改革成就有目共睹：劳动者依靠国家与单位的保险观念转变为接受责任分担；单位化的劳动保险制度基本实现了向社会化的社会保险制度转型；较好地化解了我国经济改革中的风险，维护了社会的基本稳定与国民经济持续高速增长；部分实现了社会保险制度的创新。

郑功成说，我国的社会保险改革与制度建设，急切需要通过社会保险立法来规范。从各国社会保险立法实践来看，立法需要重点关注十个问题，包括：立法宗旨要突出维护劳动者福利权益、解除劳动者后顾之忧、促进社会公平与社会和谐，要充分体现出社会保险制度的公平性与强制性；要妥善解决社会保险制度适用范围或者覆盖面的问题；要明确合理的责任分担机制；要明确责任主体各方的权利与义务；要赋予并规范社会保险经办机构相应的责任与权力，同时明确其应当承担的法律责任；要妥善解决社会保险制度实践中的基金监管与投资问题；要妥善解决好企业年金等补充保险的发展问题；要为社会保险改革与这一制度的进一步完善留出相应的空间。

副委员长王兆国、李铁映、司马义·艾买提、何鲁丽、丁石孙、成思危、许嘉璐、蒋正华、顾秀莲、盛华仁、路甬祥、乌云其木格、韩启德等听取了讲座。

（中央政府门户网站，www.gov.cn，2007年12月29日，来源：新华社）

下篇　社会保险法实施后的研究

第三章　社会保险法及其实践总体评估 ^①

社会保险是现代社会保障体系的主体构成部分和异常重要的民生保障制度安排，关乎社会成员的养老、医疗、工伤、失业、生育与护理权益，是解除人民群众后顾之忧并预防贫困的长久制度保障。自社会保险制度1883—1889年在德国诞生起，其遵循的就是多方分担责任和权利义务相结合的原则，形成了立法先行、以法定制、依法实施的基本规则，立法构成了确立社会保险制度的前提条件，通过法律确立制度，再以法律为依据实施，是社会保险制度的内在要求，也是国际通行的惯例。

我国的社会保险经过近20多年的改革，从计划经济时期的免费型单位保障制走向多方筹资的缴费型社会保险制，目前已经实现了制度变革的整体转型，实践证明是适合市场经济和符合社会发展需要的正确选择，事实上已经取得了巨大成效。然而，在破旧立新的渐进改革中，社会保险的法制建设却严重滞后，2010年由全国人大常委会制定、2011年7月正式实施的《社会保险法》受当时条件的影响具有明显的局限性，实践中主要依靠政策性文件实施的现状正在影响着新的制度走向成熟、定型，甚至在一定程度构成了深化改革的法律障碍。因此，加快社会保险法制建设势在必行。

---

① 本章曾发表于《探索》2020年第3期，纳入本书时做了进一步充实。

一、社会保险法及配套法规与重要政策梳理

我国的社会保险制度包括养老保险、医疗保险、失业保险、工伤保险、生育保险制度，以及 2016 年开始启动的长期护理保险试点，它构成了我国社会保障制度体系的主体。表 3—1 梳理了社会保险制度现行法律法规与重要政策性文件，这是我国社会保险制度实践的基本依据。

表 3—1　中国社会保险法律法规及重要政策性文件清单

序	时间	名称	内容	制定机关
1	2010.10	社会保险法（2018 修订）	综合	全国人大常委会
2	2011.06	实施《中华人民共和国社会保险法》若干规定	综合	人社部—部门规章
3	2012.04	军人保险法	军人保险	全国人大常委会
4	1999.01	社会保险费征缴暂行条例	社保费	国务院—法规
5	1999.03	社会保险费征缴监督检查办法	社保费	劳动保障部—部门规章
6	2003.02	社会保险稽核办法	社保费	劳动保障部—部门规章
7	2019.04	降低社会保险费率综合方案	社保费	国务院办公厅—政策性文件
8	1991.06	关于企业职工养老保险制度改革的决定	养老保险	国务院—政策性文件
9	1995.03	关于深化企业职工养老保险制度改革的通知	养老保险	国务院—政策性文件
10	1997.07	关于建立统一的企业职工基本养老保险制度的决定	养老保险	国务院—政策性文件
11	1998.08	关于实行企业职工基本养老保险省级统筹和行业统筹移交地方管理有关问题的通知	养老保险	国务院—政策性文件
12	2005.12	关于完善企业职工基本养老保险制度的决定	养老保险	国务院—政策性文件

序	时间	名称	内容	制定机关
13	2009.09	关于开展新型农村社会养老保险试点的指导意见	养老保险	国务院—政策性文件
14	2011.06	关于开展城镇居民社会养老保险试点的指导意见	养老保险	国务院—政策性文件
15	2014.02	关于建立统一的城乡居民基本养老保险制度的意见	养老保险	国务院—政策性文件
16	2015.01	关于机关事业单位工作人员养老保险制度改革的决定	养老保险	国务院—政策性文件
17	2018.05	关于建立企业职工基本养老保险基金中央调剂制度的通知	养老保险	国务院—政策性文件
18	1998.12	关于建立城镇职工基本医疗保险制度的决定	职工医保	国务院—政策性文件
19	2003.01	转发卫生部　财政部　农业部关于建立新型农村合作医疗制度意见的通知	居民医保	国务院办公厅—政策性文件
20	2011.05	关于进一步推进医疗保险付费方式改革的意见	医疗保险	人社部—政策性文件
21	2012.8	关于开展城乡居民大病保险工作的指导意见	居民大病保险	国家发改委、卫生部、财政部、人社部—政策性文件
22	2012.11	关于开展基本医疗保险付费总额控制的意见	医疗保险	人社部、财政部、卫生部—政策性文件
23	2014.08	关于进一步加强基本医疗保险医疗服务监管的意见	医疗保险	人社保—政策性文件
24	2014.11	关于进一步做好基本医疗保险异地就医医疗费用结算工作的指导意见	医疗保险	人社保、财政部、国家卫计委—政策性文件
25	2015.04	转发民政部等部门关于进一步完善医疗救助制度　全面开展重特大疾病医疗救助工作意见的通知	医疗救助	国务院办公厅—政策性文件
26	2015.07	关于全面实施城乡居民大病保险的意见	居民大病保险	国务院办公厅—政策性文件
27	2016.01	关于整合城乡居民基本医疗保险制度的意见	居民医保	国务院—政策性文件

序	时间	名称	内容	制定机关
28	2016.11	关于开展基本医疗保险付费总额控制的意见	医疗保险	人社保、财政部、卫生部—政策性文件
29	2016.12	关于加强基本医疗保险基金预算管理 发挥医疗保险基金控费作用的意见	医疗保险	财政部、人社保、国家卫计委—政策性文件
30	2016.12	关于做好基本医疗保险跨省异地就医住院医疗费用直接结算工作的通知	医疗保险	人社保、财政部—政策性文件
31	2017.01	生育保险和职工基本医疗保险合并实施试点方案	生育保险与职工医保合并	国务院办公厅—政策性文件
32	2017.04	关于将商业健康保险个人所得税试点政策推广到全国范围实施的通知	商业医保	财政部、税务总局、保监会—政策性文件
33	2017.06	关于进一步深化基本医疗保险支付方式改革的指导意见	医疗保险	国务院办公厅—政策性文件
34	2019.02	关于做好2019年医疗保障基金监管工作的通知	医疗保障	国家医保局—政策性文件
35	2019.03	关于全面推进生育保险和职工基本医疗保险合并实施的意见	生育保险与医疗保险合并	国务院办公厅—政策性文件
36	2019.04	关于做好2019年城乡居民基本医疗保障工作的通知	居民医保	国家医保局、财政部—政策性文件
37	2019.08	国家基本医疗保险、工伤保险和生育保险药品目录	医疗保险等	国家医保局、人社部—政策性文件
38	2010.12	工伤保险条例	工伤保险	国务院—法规
39	2013.04	工伤康复服务项目（试行）（修订版）工伤康复服务规范（试行）（修订版）	工伤保险	人社部—部门规章
40	2014.04	工伤职工劳动能力鉴定管理办法	工伤保险	人社部—部门规章
41	2015.07	关于调整工伤保险费率政策的通知	工伤保险	人社部、财政部—政策性文件

序	时间	名称	内容	制定机关
42	2016.02	工伤保险辅助器具配置管理办法	工伤保险	人社部、民政部、国家卫计委—部门规章
43	2017.06	关于工伤保险基金省级统筹的指导意见	工伤保险	人社部、财政部—政策性文件
44	2017.07	关于工伤保险待遇调整和确定机制的指导意见	工伤保险	人社部—政策性文件
45	2017.08	工伤预防费使用管理暂行办法	工伤保险	人社部、财政部、国家卫计委、国家安监总局—部门规章
46	1998.12	失业保险条例	失业保险	国务院—法规
47	2000.10	失业保险金申领发放办法	失业保险	劳动保障部—规章
48	2014.11	关于失业保险支持企业稳定岗位有关问题的通知	失业保险	人社部、财政部、国家发改委、工信部—政策性文件
49	2017.05	关于失业保险支持参保职工提升职业技能有关问题的通知	失业保险	人社部、财政部—政策性文件
50	2016.06	关于开展长期护理保险制度试点的指导意见	护理保险	人社部—政策性文件
51	2015.03	机关事业单位职业年金办法	补充保险—职业年金	国务院办公厅—政策性文件
52	2017.06	关于加快发展商业养老保险的若干意见	补充保险—商业养老保险	国务院办公厅—政策性文件
53	2017.12	企业年金办法	补充保险—企业年金	人社部、财政部—部门规章
54	2016.02	全国社会保障基金条例	社保基金	国务院—法规
55	2010.01	关于试行社会保险基金预算的意见	社保基金	国务院—政策性文件
56	2015.08	基本养老保险基金投资管理办法	社保基金	国务院—政策性文件
57	2017.11	划转部分国有资本充实社保基金实施方案	社保基金	国务院—政策性文件

序	时间	名称	内容	制定机关
58	1999.10	关于社会保险经办机构经费保障等问题的通知	社保经办	财政部、劳动保障部—政策性文件
59	2006.02	关于印发加强社会保险经办能力建设意见的通知	社保经办	劳动保障部—政策性文件
60	2007.01	社会保险经办机构内部控制暂行办法	社保经办	劳动保障部—部门规章
61	2012.04	关于商业保险机构参与新型农村合作医疗经办服务的指导意见	社保经办	卫生部、保监会、财政部、国务院医改办—政策性文件
62	2014.03	关于印发城乡居民基本养老保险经办规程的通知	社保经办	人社部—政策性文件
63	2015.03	机关事业单位工作人员基本养老保险经办规程	社保经办	人社部—部门规章
64	2017.12	关于进一步健全社会保险经办服务标准化体系的意见	社保经办	人社部—政策性文件
65	2019.06	关于印发医疗保障标准化工作指导意见的通知	医保经办	国家医保局—政策性文件

说明：本表由作者整理。

通过表3—1的梳理，可以发现，我国社会保险制度的具体实践主要不是依据社会保险法律，而是依靠大量的政策性文件为依据加以实施，这与几乎所有国家的社会保险制度均以相应的法律为依据形成鲜明的反差，表明我国社会保险法制化程度不高。造成社会保险法制建设滞后的原因是多方面的，但主要是因为制度变革的渐进性、全面性。一方面，经济改革导致了传统的劳动保险制度难以为继，但又不可能采取休克疗法，只能伴随渐进的经济改革逐步推进。因此，无论是养老保险、医疗保险还是工伤保险、失业保险以及正在试点中的护理保险，都经历过单项局部试验再到总结经验逐步推广的过程，渐进改革中的不成熟必然带来制度变革的不成熟并会形成相应的路径依赖。另一方面，我国的社会保险制度改革是全面而深刻的制度变革，即传统的劳动保险制度整体转型为现行的社会保险制度，必然要打破旧有的法制规范，但因新制度是在艰辛探索中逐步确立起来的，很难遵循立法先行、以法定制、依法实施的普遍规则，合理的策略只能是先破后立、边破边立，制度变革的表现形态则是传统的劳动保险制度与新型的社会保险制度双轨并行，在相当长的时期内此消彼长并最终实现整体转型。实践证明，这种策略适合中国的国情，它避免了社会保险制度深刻变革带来的巨大社会风险，同时较好地维护了劳动者的现实权益。因此，社会保险法制建设滞后有其历史必然性与合理性，但新旧制度转型的过渡时期过长则易损害新制度的公信力，亦无法给全体人民带来清晰、理性、稳定的安全预期，在国家进入全面建设现代化强国和全面依法治国的新时代背景下，这种局面需要尽快改变。

二、社会保险制度的发展成就与存在的问题

（一）社会保险制度的主要发展成就

尽管社会保险法制建设严重滞后，我国的社会保险制度改革还是取得了很大的成就，实现了从传统的免费型单位保障制到缴费型社会保险制、从单一责任主体到多方分担责任、从只覆盖城镇劳动者到覆盖全民、从单一层次走向多层次化的重大转变。以 2010 年 10 月全国人大常委会制定《社会保险法》为主要标志，我国社会保险制度取得的成就主要表现在以下四个方面：

1.《社会保险法》明确了我国的社会保障体系是以权利义务相结合的社会保险制度为主体的制度体系。在国际上，社会保障制度模式大体可以分为几种：一是起源于德国，以责任分担、权利义务相结合的社会保险制度为主体的制度体系，大多数国家采取这种模式；二是起源于英国，建立在国家财政负责基础之上的福利国家模式，北欧国家与英联邦国家属于这种模式；三是以美国为代表的混合制模式，其政府负责或主导的福利制度与市场提供的保障及发达的社会慈善事业构成了三足并举模式；四是其他。如新加坡主要是

公积金制度。在我国社会保障制度变革的过程中，既没有延续建立在传统社会主义公有制基础之上并纳入高度集中的计划体制的国家——单位（或集体）保障制，也没有简单地照搬其他国家的模式，而是在借鉴他国经验的基础上试图走出一条中国特色的社会保障道路。2010 年制定的《社会保险法》的重大贡献，是明确了面向全民的医疗保险、面向所有适龄人口的养老保险制度目标，这两项制度的普惠性，客观上决定了中国特色的社会保障制度体系是以权利义务相结合的社会保险制度为主体的体系结构。因此，我国的社会保障制度更多地借鉴了现代社会保障制度起源国——德国的经验，但在具体实践中却又吸收了福利国家（如为城乡居民提供普惠性、均等化的养老金）与美国等国家（如居民大病保险由商业保险公司经办、职工医保个人账户等）的一些做法。《社会保险法》的这种规制，对我国整个社会保障制度建设与发展具有非常重大的意义。

2.以《社会保险法》为基本依据的法制体系框架基本成形。表 3—1 罗列的清单，揭示了我国社会保险法制体系框架的轮廓已经形成，这就是以《社会保险法》为基本依据，辅之以《军人保险法》和《社会保险费征缴暂行条例》《失业保险条例》《工伤保险条例》《全国社会保障基金条例》等法规，以及国务院、国务院办公厅和人社部、国家医保局、财政部等主管部门发布的一系列政策性文件或部门规章，它们为我国社会保险制度的运行与发展提供了依据。不过，现行社会保险法制又主要是以各种政策性文件为具体依据，其中最为重要的养老保险、医疗保险迄今尚未制定专门的行政法规，基本依靠政策性文件来实施；不仅如此，由于各项制度始终处于地方统筹状态（主要是市、县级统筹层次），一些省级立法机关还制定过地方性社会保险法规，从省到县一级出台的地方政策性文件更是五花八门。换言之，在我国社会保险制度具体实践中，还有许多是由地方性政策规制的，这一事实充分反映了我国的社会保险法制建设相当落后，进而表明改革开放以来逐渐建立起来的社会保险制度远未成熟，迄今仍然处于政策主导下的试验性改革阶段。

3.社会保险制度快速发展，成为惠及全民的制度安排。尽管法制化程度不高，但在党和政府的高度重视下，我国社会保险制度还是得到了快速发展。据统计，截至 2019 年底，全国参加基本养老保险的人数达 96748 万人（含离退休人员与城乡居民中领取养老金待遇者，下同），其中，城镇职工参保人数为 43482 万人，城乡居民参保人数为 53266 万人，养老保险制度实现了制度全覆盖；参加失业保险人数为 20543 万人；参加工伤保险人数为 25474 万人。① 全口径基本医疗保险参保人数 135436 万人，参保覆盖面稳定达 97%。其中参加职工基本医疗保险人数 32926 万人，参加城乡居民基本医疗保险人数 102510 万人；在参加职工基本医疗保险人员中，在职职工 24231 万人，退休人员 8695 万人；全民医保的目标基本实现。参加生育保险的职工为 21432 万人。② 这一组数据表明，基本养老保险、基本医疗保险已经成为全民共享国家发展成果的基本制度安排，这是我国社会保险制度发展取得的巨大成就。

4. 总体上表现为财务状况良好，能够实现可持续发展。当前，各项社会保险制度均处于地区分割统筹状态，但社会保险制度是国家层级的制度安排，因此，评估这一制度的财务状况应当以全国总体情况为基本依据，而不能以个别地区的收支状况为依据。人力资源和社会保障部主管的养老保险、失业保险、工伤保险三项社会保险 2014—2018 年的基金收支情况可见图 3—1。

截至 2019 年底，人力资源和社会保障部主管的全国基本养老保险基金累计结存额达 62338 亿元，失业保险基金累计结存额达 5749 亿元，工伤保险基金累计结存 1783 亿元；③ 国家医疗保障局主管的全国基本医保基金累计结存 26912 亿元，其中职工基本医保基金累计结存 21850 亿元（含统筹基金累计结存 13573.79 亿元、个人账户累计结存 8277 亿元），城乡居民基本医疗保险基金累计结存年末累计结存 5062 亿元；生育保险基金累计结存额为累计结存 619

---

① 《2019 年人力资源和社会保障统计快报数据》，人力资源和社会保障部网站，2020 年 1 月 21 日，http://www.mohrss.gov.cn/SYrlzyhshbzb/zwgk/szrs/tjsj/202001/t20200121_356806.html。

② 《2019 年医疗保障事业发展统计快报》，国家医疗保障局网站，2020 年 3 月 30 日，http://www.nhsa.gov.cn/art/2020/3/30/art_7_2930.html。

③ 根据人力资源和社会保障部"2018 年度人力资源和社会保障事业发展统计公报"中的 2018 年末数加"2019 年人力资源和社会保障统计快报数据"中的收支差额获得。

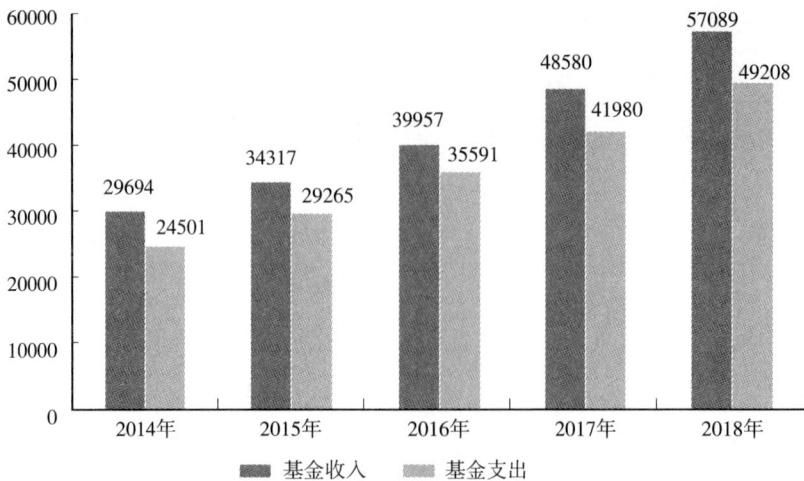

图3—1 2014—2018年养老保险、失业保险、工伤保险基金收支总额情况

资料来源：据人力资源和社会保障事业发展统计公报。

亿元。① 这一组数据表明五大保险项目的财务状况是良好的，也是可持续的，其中失业保险、工伤保险、基本医疗保险还表现为基金结余偏多。当前的问题是各项保险制度处于地区分割统筹状态，不同地区呈现出基金余缺并存并走向两极分化，即总量结余在不断增长，实质上是部分地区结存越来越多且存在基金贬值现象，一些地区出现收不抵支且造成财政负担日益沉重现象。因此，加快制度整合步伐和提高统筹层次是必由之路。

（二）社会保险法制建设面临的主要问题

伴随党的十八大以来社会保险改革与发展情况变化，特别是近年来机关事业单位养老保险改革、城乡居民医疗保险制度整合、社会保险管理体制发生重大变化等，社会保险法制建设滞后的不良效应也日益显现，客观上已经成为严

---

① 《2019 年医疗保障事业发展统计快报》，国家医疗保障局网站，2020 年 3 月 30 日，http://www.nhsa.gov.cn/art/2020/3/30/art_7_2930.html。

重影响深化改革并可能导致这一制度体系难以走向成熟、定型的障碍。目前存在的问题主要有：

1. 各项社会保险制度实践仍主要依靠中央与地方行政系统的政策性文件规范。从多个省市调查获得的情况来看，我国的养老保险、医疗保险主要依靠国务院及其主管部门的政策性文件推进改革与发展实践，失业保险、工伤保险虽有较为完整的行政法规，但同样需要不时发布政策性文件来应对现实中的问题。2020 年 1 月新冠肺炎疫情暴发后，人力资源和社会保障部、国家医疗保障局、财政部等陆续发布多项新的政策性文件用于应对抗击疫情期间的社会保险问题，再次证明了现行社会保险法制的不健全，这些政策性文件有许多是"打补丁"的方式，再加上由于中央层级政策性文件规范不足或明确由省级自决一些事项，从而还需要地方出台政策，"一事一议""急事特议""叠床架屋"的做法并不罕见，导致了本应当全国统一的社会保险制度安排变成了各地不一，直接损害了社会保险制度的统一性，进而抑制了社会保险制度功能的全面充分有效发挥。

2. 《社会保险法》因历史局限性存在着缺陷与不足，已经不能适应社会保险制度发展实践。一方面，现行法律规制跟不上社会保险制度改革与发展的步伐。例如，《社会保险法》第 20—22 条规定农村养老保险、城镇居民养老保险，这两项制度实际上早已合并，法律中的概念都不存在了；再如城乡居民基本医疗保险在许多地方已经统一，2016 年 1 月国务院发布整合城乡居民医保制度的政策性文件后，绝大多数省市区已将两种制度并轨，2020 年将全面完成城乡医保制度整合的任务，但在《社会保险法》中仍然是城乡分割，第 24 条保留的新型农村合作医疗早已成为历史概念；机关事业单位养老保险制度已经于 2015 年建立，但在《社会保险法》中却仍然是授权国务院决定；还有工伤保险、失业保险均无积极预防功能，制度功能受到了损害，目前正在修正相关条例就面临着《社会保险法》这一上位法存在空白的问题；还有建立护理保险属于应对人口老龄化的合理举措，2016 年主管部门在全国 15 个城市启动了试点，但法律中并无相应的原则规范，导致了实践中的莫衷一是，对建立这一制度极为不利，等等。另一方面，现行法律中还有一些规定与日益明朗的改革发展取向相悖。如社会保险基金存入财政专户，这与社会保险基金单独预算并需要投资运营的改革取向相悖，也与新的预算法明确要求减少财政专户、统归国库的宗旨相悖；所谓进城务工的农村居民、征地农民的社会保险规定，与城乡统筹和制度一体化进程相悖；最低缴费满十五年可领取足额的养老金之规定系当年对老一代退休人员历史性贡献的补偿性规制，但因写入《社会保险法》而被看成了永久性规制，亦与延迟退休年龄和必须提高最低缴费年限的政策取向相悖，更会直接危及社会养老保险制度的可持续发展；退休人员不缴纳医疗保险费之规，亦是当年考虑到退休人员的历史性贡献与缴费能力而作出的规制，但法律的规制却将这一不恰当的政策永久性延续下去，不仅造成代际不公，而且直接损害着这一制度的可持续发展；还有法律中规定养老金待遇可以分段计算，但现实政策却是通过养老保险关系的地区转移而在退休地计发养老金，等等。所有这些，均表明现行立法不仅不能引领社会保险制度改革与发展，而且事实上构成了深化社会保险改革与发展的法律障碍。

3.法律中的一些规定尚未真正得到贯彻落实，执法不严成了影响制度正常发展的现实问题。例如，《社会保险法》明确社会保险费实行统一征收的规定，但实践中却是社会保险经办机构和税务机构都是征收主体，虽然 2018 年国务院机构改革后已经明确由税务机构统一征收，但因法律规制不足，企业普遍担心征缴政策有变，认为社保征缴机构转换这一改革事件对企业价值造成了负面冲击，统一征缴的机构改革目标仍未实现；[①]《社会保险法》规定基本养老保险基金全国统筹、其他社会保险项目实行省级统筹，迄今仍未见明确的实现时间表；社会保险基金预算制还未真正落实，目前做的是简单的地区数据汇总，从而使各级人大及其常委会无法有效监督；养老金正常调整机制还未真正建立；社会保险信息公开披露机制还未得到确立，参保人的知情权和监督权也就无

---

① 沈永建、梁方志、蒋德权、王亮亮：《社会保险征缴机构转换改革、企业养老支出与企业价值》，《中国工业经济》2020 年第 2 期。

法得到保证；社会保险监督委员会作为法律规定的一项重要内容，并未得到尊重，其作用同样尚未发挥。特别是对社会保险领域中的违法行为制裁不力，各种骗取养老金、医保基金等行为很少受到刑事惩治，法律的威慑力大打折扣。这些现象表明，现行法律规定不仅需要尽快完善，更需要有相应的法律条文与监督机制来保证法律的贯彻实施。

4. 国家层级的法律法规与政策性文件规定过于原则，让地方无法具体操作。例如，建立多层次养老保险体系是《社会保险法》明确的目标，但因缺乏具体的规制，迄今仍然是基本养老保险一层独大；①《社会保险法》规定，个人可以监督单位缴费情况，但现实却是连按照何种标准缴费都缺乏知情权；对制度改革前参加工作的国有单位职工工龄"视同缴费"是《社会保险法》的重要规定，关系到曾在国有企业、机关事业单位工作者和在军队服役者的基本社会保险权益，但"视同缴费"的对象、标准及其与待遇挂钩等如何操作，资金来源于何处，均缺乏统一的具体规定，各地出台的政策存在差异性，已经隐含着巨大的社会风险；政府对养老保险等承担兜底责任是否无限，以及如何在中央与地方之间进行分责，均缺乏明确的法律规定；职工医保中的个人账户已经被诟病多年，如何处理却在法律中被完全回避了，但深化改革需要有明确的法律规制；养老保险统账结合之结构比例缺乏明确规定，故而还在不时引发重大分歧，存在着以个人利己主义弱化社会保险制度互助共济本色的风险。还有现在用医保基金购买商业性的医疗或健康保险，还允许商业保险公司在经办城乡居民的大病保险业务中赢利，这种做法显然违背了现行法律的原则规定；而社会保险缴费基数各地不一，严重地损害了这一制度的筹资公平性，也损害了全国范围内法定劳动成本应当公平的铁的法则，拖欠社会保险费的现象仍然存在；护理保险在许多国家已经成为应对老龄化的重要制度安排，在德国、日本等国甚至成为仅次于养老保险、医疗保险的主要项目，但我国还只有 2016 年 6 月

---

① 　郑功成：《多层次社会保障体系建设：现状评估与政策思路》，《社会保障评论》2019 年第 1 期。林义：《中国多层次养老保险的制度创新与路径优化》，《社会保障评论》2017 年第 3 期。

人力资源和社会保障部发布的"关于开展长期护理保险制度试点的指导意见"，致使试点城市出台的方案五花八门。①

社会保险法制建设严重滞后带来的效应就是社会保险制度质量不高，进而衍生出各种问题。包括养老保险、医疗保险在内均存在着筹资不公、待遇不公等一系列问题。② 以覆盖面为例，追求覆盖全民是发达国家早已实现的目标，也是全球社会保障发展的总趋势，③ 我国虽然初步实现了全民医保、所有老年人均能够领取养老金的目标，但仍有一部分城乡居民未参加基本养老保险与基本医疗保险，在参保者之中，大多选择水平偏低的居民养老与医疗保险。以筹资为例，德国创建社会保险制度时就确立了劳资缴费各半的规则并为大多数国家所采用，我国却是用人单位负担重，个人负担轻，致使企业成本过大，影响竞争力。以养老保险为例，由于待遇计发办法各省不一，导致同类人群因不在同一地区或者不同年份退休，待遇水平也相差较大；居民养老保险因缺乏必要的法律规制，筹资水平低、待遇水平低，关键是参保主体属于自愿参保且绝大多数均选择最低缴费档次，每年缴纳 100 元的养老保险费只具有象征意义。以医疗保险为例，在居民医保中分离出了大病保险，它寄生在基本医疗保险上，却又要求交由商业保险公司经办，导致纷争不断。④ 还有现行法律法规规制与社会保险制度互助共济规律相悖，直接影响到了社会保险制度的健康持续发展。如养老保险个人账户的设置就违背了参保人互助共济的基本规则，不符合国际潮流。⑤

---

① 曹信邦：《中国长期护理保险制度构建的理论逻辑和现实路径》，《社会保障评论》2018 年第 4 期。

② 郑功成：《中国养老金：制度变革、问题清单与高质量发展》，《社会保障评论》2020 年第 1 期。

③ 华颖：《全球社会保障的最新动态与未来展望》，《社会保障评论》2018 年第 2 期。

④ 乔石、李祝用：《大病保险的性质与法律适用问题研究》，《北京航空航天大学学报（社会科学版）》2018 年第 6 期。

⑤ 杨俊：《个人账户养老保险制度管理的"账户化"研究——以新加坡、智利和瑞典为借鉴》，《社会保障评论》2018 年第 3 期。李青宜：《养老金政策的演变历程：国际劳工组织和世界银行观点的对立与共识》，《社会保障评论》2019 年第 4 期。

综上所述，我国的社会保险法制建设还处于相当粗糙、低层次水平上，存在着深刻的时代局限性。法律制度的不完善，是当时改革实践尚不成熟和无法形成高度共识的结果，也为推进改革朝着正确方向发展埋下了隐患。

三、加快社会保险法制建设的基本思路

在全面推进依法治国和加快促使社会保障体系走向成熟、定型的时代背景下，急切需要按照良法善治的标准来推进我国社会保险制度的法制建设。我国社会保险法制建设必须科学设定目标并做好顶层设计，而抓紧修订现行的社会保险法和相关法规迫在眉睫，强化社会保险法治意识并严格执法构成了促使社会保险制度早日步入法制化轨道的必要条件。

（一）科学设定社会保险法制建设目标和"两步走"战略

一方面，由于社会保险制度不仅关乎人民的基本权利，而且关乎国家认同与国家的统一性，必须建立在健全的法制化轨道上。另一方面，社会保险制度建立在多方分担责任的财政基础之上，政府与用人单位、参保人等一起构成了这一制度的权利与义务主体，如果对社会保险制度也像其他制度一样按照《立法法》规定采取行政法规甚至部门规章来规制，必然导致责任主体之间的利益失衡，最终会形成筹资责任日益向政府财政倾斜的局面，导致制度不可持续。以往的社会保险特别是养老保险、医疗保险实践已经证明了这一点，即政府权力越大，承担的财政责任越重，这种正相关关系恰恰是由于现行社会保险制度主要依靠行政主导的结果，这显然不利于社会保险制度健康持续发展。因此，社会保险制度对法制化程度应当有更高的要求，即各项社会保险制度应当全面法律化。为此，需要科学设定我国社会保险法制建设的目标并做好顶层设计：

1.明确社会保险法制体系建设目标：一部基本法+若干部专门法。社会保险制度作为我国社会保障体系的主体构成部分，由多项具体制度安排组成。其中，养老保险、医疗保障等还必须以多层次化为发展目标，各项保险制度安排均有其客观规律，不仅主体各方的权利义务关系有别，而且具体实施或经办过程也不一样。因此，它需要的不是一部法律来规制，而是应当由多部法律分别规制的一个法律体系。理想的方案是以现行的《社会保险法》为母法即基本法、综合法，同时根据不同保险项目的需要分别制定《养老保险法》《医疗保障（险）法》《失业保险法》《工伤保险法》《护理保险法》等多部专门法律，最终走向法典化。这种取向与现行的《劳动法》及其《劳动合同法》《就业促进法》《劳动争议调解仲裁法》等若干专门法律组成劳动法体系一样，既能够使各项社会保险制度从依靠行政法规或规章与政策性文件规制上升到法律规制，也能够使各项具体的专门社会保险法律在基本法、综合法的基本原则、基本要求规制下更加翔实地规制各项制度及其运行，为各项社会保险制度的健康持续发展提供具体的法律依据。这是符合全面依法治国内在要求的取向，也是符合德国等许多发达国家社会保险制度立法惯例的取向。

2.立足现实分两步走：从一法多条例到多法并行。鉴于制定法律要受多种因素的影响，我国可以根据国家现代化进程，以2035年全面建成中国特色社会保险法律体系为目标，分两步走：（1）从现在起到2025年完成"一法+多条例"建设任务。包括：一是根据社会保险制度的客观规律与发展需要，尽快修订完善现行的《社会保险法》，使之能够为整个社会保险制度提供共同准则和基本依据；二是完成各项专门制度安排的法规建设任务。包括尽快修订完善现行的《失业保险条例》《工伤保险条例》《全国社会保障基金条例》，并在政策性文件的基础上，加快制定《养老保险条例》《医疗保障（险）条例》《护理保险条例》《社会保险基金监督条例》等多部行政法规，全面满足社会保险制度发展实践的需要，让社会保险制度走上初级法制化轨道；三是基本取消政策性文件，将依靠政策性文件实施社会保险的现象彻底送进历史。（2）从2026年到2035年完成多法并行的目标任务，即进一步完善社会保险基本法、综合法，同时将所有的社会保险行政法规全部上升到法律化层次，并完成法典化。这是中国特色社会保险制度全面走向成熟的客观标志，也是社会保险领域全面走向法制化、现代化的客观标志。

（二）抓紧修订完善《社会保险法》

鉴于《社会保险法》已经影响到社会保险制度的发展，加快修订法律应当成为国家立法机关与政府各主管部门的紧迫任务。修订《社会保险法》的基本思路包括：

1.必须坚持社会保险制度的统一性。社会保险制度自德国 1883—1889 年创立以来，一个非常重要的使命就是通过这一制度的实施来增进国家认同，从而实质上决定了它必须是国家层级的统一制度安排。我国现实中的社会保险制度却因地区分割统筹和各种政策性文件过于粗放或灵活而从国家利益在一定程度上沦为了地方利益。因此，修订《社会保险法》必须更加明确坚持各项社会保险制度的统一性，以为各项制度在全国范围内不折不扣地得到全面贯彻落实提供统一的法律依据，不能再让社会保险制度在地区分割与群体分割的状态下发展。

2.重建社会保险制度框架。包括将生育保险全面并入医疗保险制度，同时将护理保险纳入制度体系框架进行相应的法律规制，同时更加明确养老保险、医疗保险制度的多层次化。

3.明确社会保险制度的管理体制与经办机制。根据 2018 年国务院机构改革形成的新的管理体制，在法律中明确界定人力资源和社会保障部门、医疗保障部门、税务部门、财政部门等的各自职责，赋予相应的权力并实行严格问责。同时，按照管办分离的原则，进一步明确规范社会保险制度的经办机构性质、设置与运行的依据，包括分别设置养老保险、医疗保险的经办机构并对其运行作出法律规范，为社会保险制度的经办提供可供操作的依据。

4.明确主体各方的责任。包括：政府对社会保险的财政责任，包括将兜底责任转化成为按一定比例分担缴费或支出责任，明确中央与地方财政的责任分担比例等，以为各级政府提供清晰、稳定的预期；调整用人单位与参保者个人的筹资责任分担比重，由筹资责任失衡向双方均衡承担筹资责任迈进。

5. 强化各项制度的积极功能。包括：增进工伤保险、失业保险的预防功能等，在强调公平的前提下强化养老保险制度的激励功能，同时强化对社会保险制度的法律监督，让主体各方履行法定义务。

6. 进一步强化监督，确保基金安全、高效。包括进一步明确各级尤其是全国与省级人大及其常委会对社会保险制度及基金的监督职责，明确社会保险行政部门对各项制度的日常运行与基金收支的监督职责，明确司法机关对社会保险制度运行中的违法行为的监督职责，明确信息披露机制并接受社会监督等。

（三）抓紧完善社会保险行政法规

基于《社会保险法》只能担当基本法、综合法的角色，短期内又无法制定各项专门的社会保险法，而各项社会保险制度实践又迫切需要有相对权威的法律依据，适宜的取向应当是加快社会保险行政法规制定步伐，包括加快修订现行法规和尽快出台新的法规。

1. 抓紧修订完善《失业保险条例》《工伤保险条例》《社会保险费征缴暂行条例》《全国社会保障基金条例》。从现行法规来看，主要缺陷在于规制偏严、相对消极，影响了相关制度积极功能的全面发挥，因此，修订上述法规需要立足于赋予制度积极功能。（1）失业保险制度。应当扩大覆盖面，将进城务工的农民工和职业农民纳入其中，同时建立反经济周期操作的稳定机制，充分发挥失业保险在经济危机期的全部功能。在继续维护失业者的收入补偿职能的同时，应当强化对促进就业和提升劳动者技能的规范，允许失业保险基金在支出结构上进行合理调整，可以将现行一些灵活性的政策纳入法规变成稳定的制度安排，如对在特殊时期（如 2020 年防控新冠肺炎疫情期间）稳定就业岗位的用人单位返回失业保险缴费或补贴，合理安排职业技能培训基金，助力劳动者不断提升劳动技能，还需要与国家安排的就业再就业资金建立联动机制，力求综合效能不断提升。（2）工伤保险制度。在确保对因工伤或职业病致死、致残者依法补偿以及对工伤或职业病患者给予医疗保障的同时，应当增强工伤保险制度对安全事故与职业病的预防功能和对工伤致残者的康复服务，这样才能全面发挥出工伤保险制度的积极功能。（3）社会保险费征缴。应当进一步明确税务机关统一征收各项社会保险费的法定职责，并规范税务机关征收社会保险费的行为，同时明确用人单位、参保者个人的缴费义务及相应的法律责任，以及社会保险费收取后的预算管理与支出规范。（4）社会保障基金。在社会保障基金规制方面，应当明确将社会保险基金结余及其投资活动纳入其中，以实现社会保险基金保值增值。如果能够在上述方面加以完善，上述法规不仅能够促使这些制度安排发挥出更好的效果，而且亦为今后顺利地制定相关的专门法律奠定坚实的基础。

2. 抓紧制定《养老保险条例》《医疗保险条例》《护理保险条例》等。养老保险、医疗保险是最重要的社会保险制度安排，也是现代社会保障制度合格率中的主干项目，根据德国、日本等国的经验，护理保险也将伴随老龄化高峰时代的到来而成为日益重要的社会保险制度安排，因此，这三大制度急切需要制定相应的行政法规。（1）养老保险制度。需要在法规中明确基本养老保险的建制目标、不同制度安排的覆盖范围、权利义务关系、待遇计发，以及养老保险经办机制等，并对多层次养老金体系提供基本规制。（2）医疗保险制度。需要在法规中明确医疗保险制度的框架和覆盖全民、公平普惠的目标，并以强制参保替代自愿参保，确保全民参保；同时，还需要明确基本医疗保险中的权利义务关系，明确医保经办机制及其运行规范，明确医保经办机构与医疗服务、医药方的关系及处理规范，明确多层次医保体系建设的目标与要求等。（3）护理保险制度。需要明确建制目标、筹资方式、权利义务关系、经办管理、受益条件评估、待遇给付等内容。如果制定了上述行政法规，将意味着这三大制度走向成熟，也为制定专门的相关法律奠定了坚实的基础。

（四）强化法治意识，严格依法办事

良法善治是社会保险制度法治化的根本要求，但法治化还需要以牢固树立法治意识和依法办事为条件。在社会保险领域，现实中表现出来的恰恰是这两者均不足。

以法治意识为例，在筹资方面，法律规定必须参保的用人单位与参保人可能因多种原因不参保或者少参保（一个单位中让部分人参保），或者采取多种用工制来规避法律规定的法定义务，一些参保了的用人单位可能拖欠社会保险费或者尽可能少缴费；在待遇给付方面，地方出台的政策措施五花八门，骗领养老金、医患合谋骗取医保基金等现象不乏罕见；这表明了法治意识极弱。在依法办事方面，一些地方社保部门将缴费基数变成了可以据需设定的"橡皮泥"，有的地方政府以保护企业为名允许变通政策，对于社会保险领域的违法犯罪现象缺乏有力的司法制裁，致使这一领域违法者虽众而受到刑法制裁的案例却少，社会保险制度的严肃性与法律刚性在实践中变成了弹性制。所有这些，均揭示了我国还缺乏社会保险法治意识，而要真正实现社会保险制度法治化，除了不断完善法律法规体系，还必须将牢固树立法治意识和严格依法办事作为重要内容。

在这方面，特别需要普及社会保险法律法规与重大政策，让用人单位和参保人明了自己的法定义务和法定权益，同时严格依法办事的程序，特别是司法机关要到位。我国《刑法》第二百六十六条对"诈骗罪"有明确规定，即"诈骗公私财物，数额较大的，处三年以下有期徒刑、拘役或者管制，并处或者单处罚金；数额巨大或者有其他严重情节的，处三年以上十年以下有期徒刑，并处罚金；数额特别巨大或者有其他特别严重情节的，处十年以上有期徒刑或者无期徒刑，并处罚金或者没收财产。"2014 年 4 月 24 日，第十二届全国人大常委会第八次会议通过的《关于〈中华人民共和国刑法〉第二百六十六条的解释》又进一步明确，"以欺诈、伪造证明材料或者其他手段骗取养老、医疗、工伤、失业、生育等社会保险金或者其他社会保障待遇的，属于刑法第二百六十六条

规定的诈骗公私财物的行为。"刑法的上述规制，应当为打击社会保险领域中的违法犯罪行为提供了明确的法律依据。只有依法惩治社会保险领域中的违法犯罪行为，才能守住这一制度正常运行的底线，进而使这一关乎国民基本人权和维系国家长治久安的重大制度安排实现健康持续发展。

第四章　社会保险费征缴法制规范及实践 ①

　　社会保险费是社会保险基金的主要来源，社会保险费征缴是社会保险事业的重要组成部分。然而，我国现行社会保险费征缴规则存在一些缺陷，尤其是征收主体一直不明确、各地不统一，在一定程度上影响着社会保险制度的运行。直到 2018 年 3 月，国务院机构改革方案明确把社会保险费征收职能交给税务部门，才结束了长达 20 多年的纷争。在征收职责实现平稳转移之后，需要尽快修改相关法规，以建立更加科学合理的社会保险费征缴规则。为此，笔者重温了我国现行社会保险费征缴的一系列法律法规，阅读了相关文献，并与近 30 位在社会保险部门及其经办机构、医疗保障部门及其经办机构、税务部门和财政部门从事实际工作的专业人士分别进行了深入讨论，在了解现实情况的基础上，进行了思考。

一、社会保险费征缴法规的现实困境

　　为加强和规范社会保险费征缴工作，国务院于 1999 年 1 月颁布了《社

---

① 本章部分内容曾发表于《探索》2020 年第 3 期。

保险费征缴暂行条例》（以下简称"《征缴条例》"），社会保险行政部门还制定了两个与之配套的部门规章：《社会保险费征缴监督检查办法》（劳动和社会保障部 1999 年 3 月颁布）和《社会保险稽核办法》（劳动和社会保障部 2003 年 2 月颁布）。2010 年 10 月，国家颁布《社会保险法》（2018 年 12 月修订），对社会保险费征缴有专章规定，这就使得各地的社会保险费征缴行为有了基本的遵循。《社会保险法》比《征缴条例》立法层次更高，调整范围更宽，其权威性更强。于是，这"一法一条例二办法"构成了我国的社会保险费征缴法规体系。这一体系为社会保险费征缴实践提供了法律依据，有力地保障了社会保险待遇给付的需要，保障了参保者的社会保险权益，保障了社会保险制度的正常运行，为经济发展和社会进步作出了重要贡献。同时，应该看到，我国现行社会保险征缴法规还存在一些缺陷，实践中产生了诸多矛盾和问题，影响着社会保险征缴行为的规范性和征缴规则的严肃性，从而影响着社会保险制度的持续健康运行。此等状况，与国家治理现代化的要求不相适应。

（一）某些规定不明确

尽管现行法规就社会保险费征缴主体和征缴过程诸环节做了相应的规定，但实践中依然有难以执行、难以操作之处，这与法规规定不明确有关。

一是社会保险征收主体不统一。根据《征缴条例》，社会保险费可以由税务机关征收，也可以由社会保险经办机构征收，具体由各省份自行确定。尽管《社会保险法》第五十九条规定"社会保险费实行统一征收，实施步骤和具体办法由国务院规定"，但此处"统一征收"的含义不清晰，尤其是征收主体究竟是谁，一直不明确。实践中，各省份根据本地的情况，自行作出选择。有的地区由社会保险经办机构负责征收，有的地区则由地税部门负责征收（其中部分是税务代征），从全国总体看，在较长一个时期内，这两类做法大约各占一半。由此就引出了税务部门与社会保险部门之间长期的争执。

直到 2018 年 3 月，国务院才正式明确社会保险费征收职责由税务部门承担，于是原先由社会保险经办机构负责征收社会保险费的地区开始逐步移交，但又由于企业关于社会保险费负担过重的呼声很高，他们担心由税务部门征收后，社会保险费的缴费负担更重，因而各地此项职能移交的速度很慢。而且，2018 年之后，医疗保障行政部门单设，因而个别地区出现了第三个社会保险费征收主体——基本医疗保险经办机构。根据有关部门提供的信息，目前全国社会保险费征收主体的情况大体如下：（1）城乡居民基本医疗保险、城乡居民基本养老保险、机关事业单位养老保险这三个项目的社会保险费征收职责已经移交给税务部门，但社会保险费征收所需要的基础数据，多数还是由社会保险经办机构或基本医疗保险经办机构先核定，再传给税务部门。（2）企业及其他用人单位的职工社会保险项目的社会保险费征收职责，有 21 个省级单位（含厦门这类计划单列市）已经全部移交完成，但多数地方社会保险费征收所需要的基础数据核定工作，仍然由社会保险经办机构或基本医疗保险经办机构承担；其他 15 个省级单位仍由社会保险经办机构负责征收，个别地方是基本医疗保险经办机构负责征收。对此，各地反映强烈，普遍希望尽早统一社会保险费征收主体，明确各方职责。

二是社会保险费征缴标准不明确。尽管法律规定参保者及其用人单位应当按时足额缴纳社会保险费，税务部门或社会保险经办机构有权征收社会保险费，而且《社会保险费征缴监督检查办法》和《社会保险稽核办法》还制定了监督、检查和稽核办法，但事实上，各地社会保险费征收的标准差异很大，因而各地的社会保险费负担也有较大差异。这里，既有部分地区没有按照规则行事的因素，也有征缴标准不明确的因素。其一，用人单位的缴费基数有两种办法确定，直接导致各地缴费基数不同。现行法规规定，参保职工个人缴费基数，在社会平均工资的 60%—300% 之间按照本人工资据实确定，但用人单位的缴费基数可以是本单位参保职工缴费工资之和，也可以是本单位工资总额，即有"单基数"与"双基数"之分。显然，用这两种办法所确定的缴费基数会有较大的差异。其二，工资的算法不明确。无论是用人单位缴费，还是参保职工个人缴费，其缴费基数均以工资为基础，但长期以来，有关方面一直没有关于工资计算的清晰口径和明确方法 ①，因而实践中出现了诸多混乱。

三是名义费率统一，实际费率各异。较长一个时期内，有关部门对于社会保险各项目的费率实行严格管制，因而各地费率基本一致。但由于各地的缴费基数不同，因而实际费率也就不同。更严重的是，一些地区大幅度缩小缴费基数，而且缩小的程度差异很大，因而实际费率与名义费率差距很大，有关部门严管的费率实际上是失效的。

（二）某些规定已经滞后

关于社会保险费征缴的法规内容，绝大多数是 20 年前形成的。即便是现行社会保险法，也已经实施近 10 年了。然而，这些年来，我国社会保险事业迅猛发展，而且社会保险制度运行的环境也发生了深刻变化。相形之下，现行社会保险费征缴法规就显得滞后了。

一是关于社会保险费征收主体及其行为规范。经历了长期的争论，国务院终于明确税务部门为社会保险费征收主体。尽管此前已经近一半的省份早已由税务部门征收，而且近年来又有许多省份开始移交，但还没有全面完成。更重要的是，法律法规没有就此相应修改。例如，现行《征缴条例》第五条规定"国务院劳动保障行政部门负责全国的社会保险费征缴管理和监督检查工作。县级以上地方各级人民政府劳动保障行政部门负责本行政区域内的社会保险费征缴管理和监督检查工作"。还有，《社会保险费征缴监督检查办法》和《社会保险稽核办法》这两个配套规则，其设置均以社会保险经办机构为社会保险费征缴主体为基础。这些规则，显然已经不能适应税务部门作为征收主体这一基本现实。因此，需要以税务部门为社会保险费征收主体来设计一套新的具体规则。

---

① 何文炯等：《职工平均工资的困惑——兼论基本养老保险制度的完善》，《统计研究》2004 年第 11 期。

二是关于社会保险缴费主体的规定。最近 20 多年，我国社会保险制度改革取得重大进展，不仅实现了制度模式的转型，而且把社会保险权益由工薪劳动者权益扩展为全体国民的权益，即每一个中国人，甚至是满足一定条件的外籍人士，均可依法参加社会保险。而社会保险是一种缴费型的社会保障项目，需要参保者按照规定缴纳社会保险费，才能享受社会保险待遇。这是一个伟大的历史性转变，但现行社会保险费征缴法规却没有充分体现。事实上，现行法规关于社会保险费的征缴主要涉及工薪劳动者，法律明确的缴费主体是三个：参保的用人单位；用人单位中的参保职工；无雇工的个体工商户、未在用人单位参加社会保险的非全日制从业人员以及其他灵活就业人员。法律仅规定了这三类缴费主体的权利和义务，这就意味着其他社会成员不是社会保险制度所保障的对象。

（三）某些规定未能落实

由于多种原因，现行社会保险费征缴法规的某些规定，在实施过程中没有真正落实，某些违法违规行为未能得到及时而有效的纠正。这就使得有法必依、违法必究的原则未能得到有效贯彻。比较典型的有以下几项。

1. 部门之间基础信息沟通不畅。《社会保险法》第五十七条规定，市场监督管理部门、民政部门、机构编制管理机关和公安部门应当及时向社会保险经办机构提供用人单位的成立、终止和人口出生、死亡以及户口登记、迁移、注销等相关信息。但是，根据笔者的调查，此条规定目前只有个别地区能够基本做到，多数地区只能部分做到，还有部分地区基本没做到。因此，还有不少地方未能实现部门之间的数据共享或信息无障碍传输，直接影响着参保登记速度、效率和质量。

2. 部分用人单位未能及时办理社会保险相关事宜。一是信息变动报告不及时。《社会保险法》第五十七条规定，如果用人单位的社会保险登记事项发生变更或者用人单位依法终止，则应在规定的时间内办理变更或者注销社会保险登记。但事实上，少数用人单位未能及时履行此项义务，尤其是注销的欠费参保单位很少主动到社会保险经办机构申请变更或注销。二是为职工办理社会保险事宜不及时。《社会保险法》第五十八条规定，用人单位必须在规定时间内为其职工办理社会保险登记，否则由社会保险经办机构核定其应当缴纳的社会保险费。但部分用人单位并不照此办理。有的不与全部就业人员签订劳动合同，有的大量使用实习生，有的故意设置较长的试用期。各地普遍反映用人单位申报数与实际就业人数之间存在较大差异。

3. 社会保险费未能及时足额缴纳和征收。《社会保险法》第六十条规定，用人单位应当自行申报、按时足额缴纳社会保险费，非因不可抗力等法定事由不得缓缴、减免。第六十一条规定，社会保险费征收机构应当依法按时足额征收社会保险费。第六十二条和第六十三条还就自行申报不及时、未按时足额缴纳和欠缴社会保险费等行为的处理作了规定。《征缴条例》对此还有更具体的规定。但事实上，各地普遍反映实际征收得到的社会保险费数额明显低于应收数额，致使社会保险费实际入库数量巨额减少，同时造成社会保险名义费率虚高。当然，不同的地区和同一地区的不同用人单位，其所申报缴费基数的真实程度也不同，这是影响地区之间、用人单位之间公平竞争的重要因素①。此外，近几年中央同意降低社会保险费率②，部分地区还宣布降低社会保险缴费基数，甚至明确宣布"不清缴"，即免除欠缴的社会保险费。这就使得社会保险费征缴法规失去了应有的严肃性。

4. 社会保险征缴信息公布不到位。《征缴条例》第十七条规定，缴费单位应当每年向本单位职工公布全年社会保险费缴纳情况，接受职工监督。社会保险经办机构应当定期向社会公告社会保险费征收情况，接受社会监督。但许多地区、许多单位没有做到位。绝大多数地方和用人单位，参保职工对本单位社会保险缴费情况不了解，有的甚至对自己的缴费情况也不知晓。近些年，个人缴

---

① 何文炯：《中国社会保障：从快速扩展到高质量发展》，《中国人口科学》2019 年第 1 期。

② 《国务院办公厅关于印发降低社会保险费率综合方案的通知》（国办发〔2019〕13 号），中国政府网，2019 年 6 月 17 日。

费情况逐渐透明，职工工资单中有这一内容。至于社会保险经办机构向全社会的公告，更没有具体的规则，公布哪些数据？多长时间公布一次？都不明确。

5.社会保险费征收机构的监督检查稽核未能全面有效实施。《征缴条例》和《社会保险费征缴监督检查办法》、《社会保险稽核办法》均明确规定，社会保险行政部门、税务部门和社会保险经办机构具有监督检查稽核的职责，但实际执行不到位。全国各地普遍反映社会保险缴费基数不实，实际采用的缴费基数均低于应计缴费基数。由于税务部门一直没有全国统一的社会保险费监督检查稽核办法，在税务部门负责征收的地区，社会保险行政部门及其经办机构无法进行社会保险费监督检查稽核。即便是社会保险经办机构承担征收职责的地区，由于前些年社会保险基金状况良好，虽明知社会保险基金未来收支平衡困难，但在企业强烈要求降低缴费的呼声之中，社会保险费监督检查稽核的工作实际是放松了。

二、社会保险费征缴规则设计的若干问题

社会保险费征缴是社会保险制度运行的重要组成部分，因而学界对此一直有许多研究。这一领域的研究文献很多，大体上可以分为三类。第一类是关于社会保险费征收主体的讨论。由于国务院长期未能明确社会保险费征收主体，实践中有许多矛盾，例如，原先由社会保险部门制定的关于社会保险费征缴监督检查和稽核的一些规则无法实施，有些地方因未来趋势不明而对社会保险费征收缺乏长远打算，等等。对此，学界予以密切关注，但观点分歧较大，有的认为应当由社会保险经办机构负责征收①，有的则认为应当由税务部门征

---

① 郑功成：《中国社会保障制度改革的新思考》，《社会保障研究（北京）》2007年第1期；鲁全：《中国养老保险费征收体制研究》，《山东社会科学》2011年第7期。

收①，也有一些学者进行了社会保险费由两类机构征收的成本比较分析②，还有的学者就此进行了部门行为的分析③。此外，还有一些学者认为社会保险费应该"费改税"④。第二类是关于社会保险费征缴技术方法的讨论。他们基于现行的法规，就实践中出现的问题进行讨论，有的讨论稽核方法⑤，有的讨论征缴稽核管理⑥，有的分析实践中出现的问题⑦。但总的来看，此类研究主要是社会保险经办机构的专业人士所作，且最近10多年文献数量在减少。这可能与前些年社会保险基金运行状况好转有关，也与征收主体不确定有关。第三类是近年来在国务院明确征收主体之后，对社会保险费征缴工作转移和衔接方面的探讨。⑧毫无疑问，这些研究对于我国社会保险费征缴体制改革和法制建设都起到了积极的作用。

然而，社会保险费征缴法制的完善，还有很多工作要做，还有很多问题需要深入研究。事实上，经过20多年的发展，无论学界还是业界，对社会保险制度的机理和功能有了更深入的理解。同时，社会保险制度运行的经济社会环境，也发生了深刻的变化。在国家治理现代化的进程中，政府职能转变，行政治理机制创新，现代信息技术广泛运用，社会保险费征缴的体制机制和具体方

---

① 王延中：《中国社会保障发展报告（社会保险征费体制改革2018年版）》（社会保障绿皮书），社会科学文献出版社2018年版，第1—44页；郑春荣等：《我国社会保险费的征管机构选择——基于地税部门行政成本的视角》，《财经研究》2014年第7期。

② 彭雪梅等：《征收机构是否会影响社会保险费的征收效果——基于社保经办与地方税务征收效果的实证研究》，《管理世界》2015年第5期。

③ 刘军强：《资源、激励与部门利益：中国社会保险征缴体制的纵贯研究（1999—2008）》，《中国社会科学》2011年第3期。

④ 谢旭人：《坚定不移深化财税体制改革》，《求是》2010年第7期；高培勇：《社会保险费应变"费"为"税"》，《经济》2012年第12期；邓子基、杨志宏：《中国社会保障费改税的几个基本问题》，《江西财经大学学报》2011年第3期。

⑤ 赵晓雁：《社会保险稽核工作的重点及方法》，《职业》2007年第23期。

⑥ 高智玲：《加强社会保险稽核管理的对策与建议》，《经济视野》2014年第7期。

⑦ 刘择：《社会保险稽核工作存在的问题与对策研究》，《社会保障研究（武汉）》2009年第6期；陆江华：《社会保险征缴稽核工作遇到的问题及几点建议》，《中国外资》2013年第3期。

⑧ 黄家强：《社保费税式征缴转换中的权责交接与制度接洽》，《税务与经济》2019年第5期。

式都必须与时俱进。从社会保险费征缴的要件出发，结合当前的现实需要，针对现行法规的缺陷，至少需要厘清以下几个问题。

（一）社会保险费缴费主体：工薪劳动者，还是全体参保者？

社会保险费征缴，必须明确征收主体和缴费主体。多年来，关于社会保险费征收主体的讨论有很多，2018 年 3 月，中央对此已经有了明确的结论，即把社会保险费征收职能交给税务部门[1]，因而关于征收主体问题，这里就不必再讨论了。然而，现行《社会保险法》没有明确社会保险费征收机构是哪一个，《征缴条例》则规定税务部门和社会保险经办机构之间由各省份自行决定二者选一。因此，法规修改时可以明确地写上社会保险费征收机构是税务部门。但是，关于缴费的主体，则有讨论之必要。

无论是《社会保险法》，还是《征缴条例》，现行法规都规定社会保险费的缴费主体主要有：用人单位及其职工，无雇工的个体工商户、未在用人单位参加社会保险的非全日制从业人员以及其他灵活就业人员，这里不包括农民和城镇非就业人员。这就意味着，立法者在潜意识里认为社会保险的保障对象是劳动者，而且这个劳动群体不包括农民。这里明显地存留着历史的痕迹：长期以来我国农民的社会保障权益缺损。事实上，从 1951 年开始实行的劳动保险制度仅覆盖企业职工，农民与此项制度无关。20 世纪 90 年代开始逐步形成的新型社会保险制度，其覆盖范围也主要是企业，而没有考虑农民，甚至在相当长的一段时间有关部门对农民工是否可以参加职工社会保险还存有疑虑。进入 21 世纪以来，我国社会保险事业有新的重大进展，农民和城镇非就业人员的基本医疗保险制度和基本养老金制度先后逐步建立，这就意味着，社会保险权益开始由工薪劳动者权益逐步扩展为国民权益。由此可见，现行法规已经滞后，必须进行修改。既然社会保险的若干项目已经扩展到全体国民，那么社会

---

[1] 《国务院机构改革方案》，新华网，2018 年 3 月 13 日。

保险费的缴费主体就应该扩展到全部用人单位和全体参保人员。从现行制度安排看，工薪劳动者及其用人单位是强制参保的，其他社会成员是自愿参保的，因而社会保险的缴费主体就应该分为这样两类：一是强制参保的用人单位及其职工；二是自愿参保的社会成员，包括部分项目的未成年参保者。①

（二）参加社会保险：申请，还是登记？

现行《社会保险法》第五十七条规定"用人单位应当在规定的时间内向当地社会保险经办机构申请办理社会保险登记"，第五十八条规定"用人单位应当在规定的时间内为其职工向社会保险经办机构申请办理社会保险登记"，第五十八条规定"自愿参加社会保险的灵活就业人员应当向社会保险经办机构申请办理社会保险登记"。这里的三处均用"申请"这个词。《征缴条例》也有类似的规定。这与社会保险的基本原理和立法精神不符。事实上，参加社会保险是用人单位及其职工的权利，也是一种义务；对于灵活就业人员、农民和其他各类社会成员而言，参加社会保险都是一种权利。因此，社会成员行使这种法定权利和履行这种法定义务，是不需要某个机构批准的。当然，他们在这一过程中，有义务据实提供相关的信息。所以，参加社会保险只需要"登记、确认"，而不需要"申请、批准"。事实上，从这些年来社会保险经办机构所从事的实际工作来看，他们是在为参保的用人单位和参保者个人提供服务，而没有行使与"申请"一词相对应的"批准"、"同意"之类的权力。因此，《社会保险法》和相关法规修订时，应当去掉"申请"二字。值得指出的是，这一修改建议中蕴含着一种理念，那就是要真正确立起国民的社会保险权益，无论制度规定是强制参保，还是自愿参保，任何组织、任何机构、任何个人都无权剥夺国民的这种基本权利，政府部门及其经办机构的职责是提供社会保险登记服务，而且要努力追求准确和便捷，因为这是一项基本公共服务。

---

① 骆为祥：《中国成年人医疗保险未参保状况及影响因素研究》，《社会保障评论》2019年第1期。

此外，根据国务院 2018 年机构改革方案，社会保险登记依然属于社会保险经办机构的职责。在税务部门承担社会保险费征收职责之后，从减少环节、简化流程、方便群众、降低制度运行成本的角度看，此项职能也可以由税务部门承担。而且，税务部门对用人单位及其职工基本信息，尤其是对参保者个人经济收入信息的把握能力较强，因而在比对和核定参保信息方面具有更明显的优势。但是，从社会保障部门所承担的社会保险业务主管职责看，需要从整体上把握社会保险制度运行的各主要环节，包括参保登记。这也许是目前部门职责分工的一种考虑。

（三）社会保险缴费基数：统一规定，还是各地自定？

社会保险费征缴标准是社会保险费征缴的要件之一，其核心指标是缴费基数（即费基）和缴费比率（即费率）。但现行《社会保险法》没有就此作出任何规定。《征缴条例》第三条则说"社会保险费的费基、费率依照有关法律、行政法规和国务院的规定执行"，但事实上国务院及有关部门一直没有颁布过明确而具体的规则，这是一个重要缺陷。多年来，各地的社会保险缴费标准不同，因而作为劳动力基础成本的社会保险费各地也有较大差异。而且，各地社会保险缴费基数普遍不实，有的地区以社会平均工资或在岗职工平均工资为基础计算，有的以当地最低工资标准为基础计算，有的甚至还在此基础上打折确定缴费基数，因而绝大多数地区的缴费基数明显低于按制度规定的应计缴费基数。根据作者近 20 年来持续的关注，许多地区用人单位的实际缴费基数为应计缴费基数的 60% 左右，甚至更低[1]。造成这种状况的原因，除了部分地区未按征缴规则行事外，确定缴费基数的方法不明确、不统一是重要因素。事实上，如果把缴费基数做实并严格执行有关部门规定的费率，则绝大多数用人单

---

[1] 何文炯：《中国社会保障：从快速扩展到高质量发展》，《中国人口科学》2019 年第 1 期；何文炯：《社会保险需要把握两个适度》，《中国社会保障》2008 年第 11 期。

位无法承受这样的缴费负担。为了执行有关部门规定的费率，许多地区想方设法缩小缴费基数的规模。而现行法规没有就缴费基数的具体确定方式予以明确，这就给各地缩小缴费基数规模提供了机会。

社会保险缴费基数没有统一的确定方法，不仅造成地区之间的社会保险征缴标准不同，而且在同一地区的社会保险不同项目之间的缴费基数也不同。近年来，社会保险部门正在逐步统一职工基本养老保险的缴费基数确定方法，但其他项目如职工基本医疗保险、工伤保险、生育保险和失业保险的缴费基数，都还没有统一的确定方法。缴费基数的确定方法不统一，使得有关部门制定的社会保险费征缴监督检查和稽核规则都缺乏科学的基础；关于地区之间的缴费负担之轻重，也缺乏科学的评判依据。更为严重的是，那些缩小缴费基数的做法，实际上是有组织的缴费基数瞒报行为，但却一直没有得到纠正，这就严重损害了社会保险法规的严肃性，败坏着社会保障领域的诚信风尚。因此，在《社会保险法》及相关规则修订时，应当把社会保险缴费基数的确定方法统一起来，由各地遵照执行。

（四）社会保险费率：固定不变，还是适时调整？

社会保险费率是影响社会保险征缴量的另一个重要因素。从过去 20 多年的情况看，有关部门对费率的管理一直是严格的。但是，由于缴费基数不真实，导致这种管理变得无效。社会保险名义费率大大高于实际费率，严重误导了决策者和社会各界。之所以出现这种情况，主要是对社会保险基金理论缺乏应有的认识。

事实上，任何一个社会保险项目，在制度进入运行状态之后，其所筹集的资金量决定于其待遇水平。待遇确定之后，其所需要的筹资量也就随之确定，这就是社会保险基金管理的"以支定收"原则。[①] 通常情况下，社会保险资金

---

① 何文炯：《"以收定支"与"以支定收"》，《中国社会保障》2017 年第 3 期。

主要来源于社会保险费收入及其投资回报，还有国家财政的适当投入。财政投入规则或投入量一旦确定，则需要筹集的社会保险费总量也就确定了。对于某一用人单位或某一参保人而言，某一时期的社会保险缴费量决定于缴费基数和费率，即社会保险费 = 缴费基数 × 费率。在社会保险制度实际运行过程中，参保人群规模和结构、基本风险及其损失规律、社会保险相关服务成本、社会保险待遇等因素可能发生变化，由此必然要求社会保险筹资相应增减。如果这种变化可以通过财政投入来解决，则社会保险费征收量可以基本不变；如果财政投入基本不变，则就需要改变社会保险费的征收量。此时，可以用于调整的是两个变量：缴费基数或费率。然而，缴费基数与参保人的工薪收入相联系，其确定规则是明确的、长期稳定的，因而一般采用调整费率的方法，这是国际上通行的做法。事实上，税收征缴也是如此，税基确定方法稳定不变，而税率可以适时调整。

因此，在今后社会保险费征缴规则修订时，要改变原先的思路，变基数可调为基数固定，变费率固定为费率可调。

三、完善社会保险费征缴法规的若干建议

社会保险制度是国家治理体系的重要组成部分，社会保险费征缴是社会保险制度运行的基础性环节，并对宏观经济运行和各微观个体行为都有重要影响，因而要从国家治理体系和治理能力现代化的高度，完善社会保险费征缴法律制度，适时修改《社会保险法》中相关条款，并在此基础上修订《征缴条例》，即以《社会保险法》为该条例的上位法，修改完善之。使社会保险费征缴规则更加科学合理并保持长期稳定，让参保者和用人单位有更清晰、更稳定的预期，使各相关主体的征缴行为更加规范，从而促进社会保险制度永续健康运行，为国家长治久安作出应有的贡献。

（一）明确社会保险费征收机构及其职责

现行《社会保险法》第五十九条规定"社会保险费实行统一征收，实施步骤和具体办法由国务院规定"，并在第六十条出现了"社会保险费征收机构"这一词汇。当时没有明确社会保险费征收机构是哪一个，实际承担征收职责的是各地税务部门或社会保险经办机构，这与《征缴条例》所规定的情形一样。现在国务院已经明确把社会保险费征缴的职能划转给税务部门。因此，在《社会保险法》及社会保险费征缴规则修订时，可以将税务部门作为社会保险费征收机构载明于法律条款，同时进一步明确税务部门作为社会保险费征收机构的具体职责，以及税务部门与社会保险部门及其经办机构的分工合作机制。此外，还要明确社会保险费缓缴、减征的权限，明晰补缴、清缴的规则，赋予税务部门足够的处罚权，并重申社会保险费征收不受干扰这一规则。在此基础上，明确全国各地的社会保险各险种，无论是用人单位缴费还是参保者个人缴费，均由税务部门征收，使"统一征收"的原则真正落到实处。当然，税务部门也需要承担相应的责任。

（二）扩展社会保险缴费主体

现行《社会保险法》和《征缴条例》列明的社会保险缴费者主要是用人单位和非农劳动者，这样的规定已经滞后于现实，更不能适应未来的发展趋势。事实上，随着时代的进步，社会保险已经被确认为国民的一项基本权益，也就是说，社会保险制度的覆盖范围是全部用人单位和全体国民，于是社会保险的缴费者应当是所有用人单位和参加社会保险的全体社会成员。因此，必须修改《社会保险法》和《征缴条例》相关条款，明确社会保险缴费主体是用人单位及其职工和其他参保人员，同时明确其相应的权利和义务，包括及时办理社会保险登记、据实提供相关信息、及时缴纳社会保险费、获取自己的参保权益信息、享受社会保险待遇及相关服务等。

（三）增加社会保险费征缴标准的规定

现行《社会保险法》和《征缴条例》都没有就社会保险缴费基数及其确定方法和费率适用方法作出明确规定，因而在社会保险费征缴实践中出现形形色色的不规范行为，直接影响到社会保险基金收支平衡，影响到社会保险制度的严肃性，影响到社会诚实守信风尚的形成。此等状况，与国家治理现代化的要求不相适应，必须尽快改变。因此，要在《社会保险法》及社会保险费征缴规则修订时增加关于社会保险缴费基数及其确定方法的规定。一般地说，社会保险缴费基数以参保者的收入为基础确定。但是，我国现行的个人收入计算体系还不够完善，用人单位的工资总额和某一地区的平均工资计算方法都存在缺陷，这就给社会保险缴费基数核定带来了困难。对于工薪劳动者及其用人单位而言，关键是要进一步明晰工资的含义、计算口径及统计规则，提出关于工资统计的统一而简便易行的计算方法，为准确核定用人单位及其职工的社会保险缴费基数奠定基础。[1] 与此同时，要明确由各统筹地区按照以支定收的原则，确定和适时调整本地区社会保险各险种的费率。当然，对于全国统筹的项目，显然是由全国统一厘定费率；对于需要执行调剂金政策的，则在费率厘定时需要增加调剂金这一因素。至于工薪劳动者之外的社会成员自愿参加社会保险，其社会保险缴费基数可以采用自行申报的办法。某些社会保险项目的现行制度，采用社会保险费定额制，暂时不涉及缴费基数这一指标。从未来发展趋势看，社会保险费征缴需要注意经济形态、就业方式和劳动关系的变化，并注意劳动者收入来源的多渠道性，充分利用税务部门对社会成员收入信息把握的优势，设计更加科学合理而有效的社会保险缴费基数确定方法。

---

[1]　何文炯等：《职工平均工资的困惑——兼论基本养老保险制度的完善》，《统计研究》2004 年第 11 期。

（四）完善社会保险费确定机制和欠费清缴机制设计

社会保险费无法按时足额征收，已经是多年的常态，应当尽快改变。这既是保障社会保险基金收支平衡的需要，也是规范社会保险征缴行为、增强法规严肃性的需要。为此，需要在《社会保险法》和社会保险费征缴规则修改相关政策设计时予以充分注意。一是遵循中共十九大"保障适度"的原则，按照多层次社会保障体系建设的思路①，合理制定社会保险各项目的保障待遇水平并形成正常的待遇调整机制②，由此按照以支定收的原则确定社会保险筹资的适度水平，在明确财政责任的同时，使得用人单位的社会保险费负担处于适宜的水平。二是重申社会保险费"非因不可抗力等法定事由不得缓缴、减免"，保留《社会保险法》和《征缴条例》中关于用人单位如实申报社会保险参保人数、工资和缴费基数，按时足额缴纳社会保险费等义务的规定，保留关于社会保险费欠缴处理的基本原则和方法，健全清缴、追收机制，并增强执法和处罚力度。三是在征收主体变动过程中，列出社会保险费欠缴清单，厘清主体职责，并提出妥善处理方案③，既充分注意到用人单位的特殊困难，又维护法律法规的严肃性。四是健全社会保险费征缴信息公开机制，包括用人单位向参保者和职工公开本单位社会保险缴费情况，也包括税务部门向全社会公开本地区社会保险费征收情况，以接受社会监督。五是营造诚实守信、依法办事的良好氛围。把保障劳动者社会保险权益、保护企业健康发展与依法征收社会保险费有机结合起来，增强用人单位缴纳社会保险费的自觉性和规范性。

---

①　郑功成：《多层次社会保障体系建设：现状评估与政策思路》，《社会保障评论》2019年第1期。

②　穆怀中：《社会保障的生存公平与劳动公平——"保障适度"的两维度标准》，《社会保障评论》2019年第2期；何文炯：《论中国社会保障资源优化配置》，《社会保障评论》2018年第4期。

③　黄家强：《社保费税式征缴转换中的权责交接与制度接洽》，《税务与经济》2019年第5期。

（五）社会保险费征缴顺应治理数字化趋势

随着现代信息技术的发展，尤其是大数据、云计算的广泛应用，我们已经进入了数字化时代，经济活动、社会事务、百姓生活、公共管理概莫能外。作为国家治理现代化进程的重要方面，治理数字化已经成为从中央到地方各级行政管理部门和公共服务机构的重要目标，社会保险费征缴必须顺应这一潮流 ①，因而《社会保险法》和社会保险费征缴规则相关内容需要修改。现行法规的相关规定，基本上是基于传统的信息载体、传统的信息传输方式、传统的认定和审核方式，要求用人单位和自愿参保者到社会保险经办窗口办理，并填写纸质文件。随着现代信息技术的进步和普遍使用，无论是社会保险登记、社会保险费缴纳，还是社会保险参保及相关权益的信息比对与查询，都可以通过网上平台、自助机、手机 App 等多种方式来实现，因此，《社会保险法》和社会保险费征缴规则需要根据这一趋势修改相应的规则。事实上，许多地方已经在这方面进行了有益的探索，并取得了颇为满意的成效。为此，需要解决诸多体制性障碍，关键是打破行政部门的藩篱，实现社会保险费征缴相关信息共享，重点是明确要求各级政府的市场监管部门、民政部门、机构编制管理机关和公安部门无条件提供相关信息。只有这样，才能提高效率，方便群众，实现"最多跑一次"，甚至一次也不跑。

（六）为社会保险制度深化改革预留空间

现行《社会保险法》和相关法规关于社会保险费征缴的规定，很大程度上是基于现行社会保险制度安排。在充分肯定社会保险领域所取得重大成就的同时，我们应当看到现行社会保险制度存在的诸多缺陷 ②。从整个社会保险体系

---

① 丹尼尔·布尔：《数字化时代的德国福利国家：主要挑战与发展之道》，《社会保障评论》2019年第 2 期。

② 郑功成：《中国养老金：制度变革、问题清单与高质量发展》，《社会保障评论》2020 年第 1 期。

看，公平性严重不足，运行效率低下：人群分等、制度分设、待遇悬殊，基本保障不足与基本保障过度并存，补充性保障发展缓慢，多层次社会保障体系尚未形成。从社会保险制度设计看，某些项目制度定位不明确、不适当，相关主体权责不清晰，保障待遇确定和调整机制不合理，筹资机制不健全，社会保险基金运行效率低下。因此，现行社会保险制度无法定型，必须深化改革。因而在修订社会保险费征缴相关法规时，应当注意到下一步即将实施的社会保险制度改革，例如：若干社会保险项目（险种）可能的制度整合，社会保险强制参保的项目（险种）和保障对象是否需要扩大，参保者个人缴费比重是否需要提高，某些社会保险项目是否要从等额缴费制转变为比例缴费制。还有，与社会保险最低缴费年限相联系的保费补缴和延长缴费。诸如此类的改革举措，都需要在《社会保险法》和社会保险费征缴规则修订时预留空间。

第五章　社会保险经办法制规范及实践

　　社会保险经办机制是指依法具体负责社会保险制度实施的机构及其运行方式，涉及从参保登记、筹资、基金管理到支付等一系列具体环节和参保者法定社会保险待遇的落实，从而事实上决定着社会保险制度的实践效果，对整个社会保险制度的发展具有重大影响。中国的社会保险制度建设已进入快车道，社会保险制度的具体实施始终有赖于社会保险经办机制。若经办机制不良，即使制度趋向定型完善，在实践中也可能异化；反之，若经办机制合理高效，则有利于社会保险制度的理性改革发展并最终成熟定型。因此，建立适合国情的社会保险经办机制具有重要性和紧迫性。

　　本章在简要回顾社会保险经办机制发展变迁的基础上，根据文献研究和2019年7月以来对吉林、贵州、四川、重庆、浙江、上海等省市的专题调研形成。

一、经办机制变迁：从单位（集体）经办转向社会化经办

　　新中国成立以来，社会保险的经办机制经历了劳动保险由单位（集体）经办到社会保险制度社会化经办的发展历程。在计划体制下，城镇建立的是劳动保险制度，它作为单位保障制的重要内容，也由各个机关事业单位和企业具体

管理和组织实施；农村没有养老保险制度，合作医疗制度作为农村集体经济的民生保障重要内容，亦由农村生产大队、生产小队负责具体经办。在筹资方面，企业劳动保险费用纳入企业经营成本并属于企业财务，机关事业单位的公费医疗经费由国家财政拨付，农村合作医疗经费来源于集体经济组织；同时，所有社会成员均归属于各个单位或集体，并不需要经过参保登记等程序就能自然享受相应的社会保险待遇，城镇居民以劳动者所在单位为依托自动纳入劳动保险并惠及其家属，分属不同社队的农村居民亦是自动纳入。因此，计划经济时代的劳动保险与合作医疗经办面向的是本单位或集体的成员，不存在专门的参保登记和单独筹资等，基本只涉及简单的待遇发放或报销问题。进入改革开放时期后，伴随经济体制的转型，社会保障逐渐成为独立于企事业单位与农村集体经济组织之外的社会化运行的系统，社会保险经办也走向了社会化。近20多年来，独立于企事业单位与农村集体组织之外的社会保险经办系统逐步建立。

在社会保险经办社会化的进程中，经办的业务内容亦发生了重大变化：

1. 从传统的劳动保险与合作医疗自动纳入保障范围转变为现行社会保险制度先登记参保后受益，这使参保登记成为社会保险经办的起始点和重要内容。与计划体制下劳动保险、公费医疗与合作医疗强调社会成员的单位或集体归属并通过身份确认来享受不同的保障待遇相比，现行社会保险制度强调参保人权利和义务相结合，参保登记不仅是缴费义务主体履行义务的前提，也是参保人享受社会保险待遇的前提条件，从而也成了社会保险经办的第一个环节。

2. 保险筹资从单一主体负责转变为多方分担，这使得社会保险筹资与基金管理成为社会保险经办的重要内容。计划体制下，劳动保险、公费医疗与合作医疗的支付分别从属于企业财务、财政预算与集体经济组织核算，保险待遇支付虽是专项支出，却属于组织内部事务；在现行制度下，社会保险基金来源于用人单位与参保人缴费及财政补贴等，从附属于单位或集体财务变成了社会公共基金，社会保险经办机构亦成为需要承担各项社会保险基金收支平衡重大责任的利益主体。

3.社会保险经办服务从分散服务转变为集中统一服务，这使得社会保险经办成为社会化公益事业。计划体制下，劳动保险、公费医疗与农村合作医疗制度属于单位或集体保障制的内容，社会保险经办只是为本单位或集体中的成员分散地提供待遇发放与费用报销服务，并不构成一个独立的系统；在现行制度下，社会保险经办转向去单位或集体烙印的社会化，经办机构需要面向所在区域内的所有参保单位与参保人，从而成为一个独立的社会系统。

4.社会保险服务对象从固定的单位（集体）人变为高流动性的社会人，这使得业务经办必须适应人口的高流动性与人户分离等现象，可谓从经办熟人业务转向陌生人业务。计划体制下，劳动保险、公费医疗与合作医疗经办服务的对象都是本单位或集体的成员，加之这些成员甚少流动，从而是经办稳定性非常强的熟人业务，彼此之间信息充分对称；现行制度下，社会保险经办服务的对象中相当一部分处于流动状态，劳动者不再终身就业于同一单位而是可能经历多次就业单位或工作地点的变动，农村居民也不再是终生固守本乡本村而是进城就业，因此，社会保险经办面临的是陌生人群体，从而需要使用更加复杂的工具与手段。

5.社会保险经办涉及的社会关系复杂化。以医疗保险为例，医疗服务从过去的单向定点转向多点服务，计划体制下城镇单位的劳保医疗、公费医疗经办只需要面向本单位自设或对口本单位的单个医疗服务机构，也不需要考虑医药供应等问题；在现行制度下，由于赋予参保人选择定点医疗服务机构的权利，医药供应亦转向了市场化，医疗保险经办机构就需要同时面向多个定点医院与药店，如何妥善处理医保与医疗、医药系统的关系成为医保经办的重要且复杂的内容。养老保险也是如此，过去退休人员按月从所在单位领取退休金，现在则是通过银行、邮储等渠道发放，从而增加了与银行与邮储等金融机构的关系。

6.社会保险经办对信息化要求显著提高，即从过去的原始手工处理发展为需要发达和智能化的信息系统作为载体。这是社会保险经办机构管理愈加庞杂的各项社会保险业务的内在要求，是处理 14 亿人口的健康与诊疗信息、所有适龄人口的养老保险业务的必要条件，也是全民健康管理的基本依据，而同时科学技术的发展也使其成为了可能。

综上所述，中国的社会保险经办需要充分考虑上述变化，加速进入全国统一、高效发展的新时期。

二、社会保险经办的法律与政策依据

现行社会保险经办的基本法律依据是 2010 年制定、2011 年实施的《中华人民共和国社会保险法》。在这部法律中，总则部分第八条对社会保险经办机构做了原则性规定，第九章（第七十二条至第七十五条）专章规制社会保险经办。其主要内容包括：社会保险经办机构的设置，经费由同级财政按照国家规定予以保障，业务、财务、安全和风险管理制度，社会保险经办机构的基本权利和义务，全国社会保险信息系统。这些规制主要围绕经办机构展开，为社会保险经办提供了基本遵循，但几乎均属原则性规定。

在法规层面，国务院未出台专门的社会保险经办行政法规或政策性文件。国务院颁布了分别规制社会保险费的征缴、工伤保险和失业保险的 3 部行政法规，关于经办的条款散见其中。因此，就社会保险经办机制而言，缺乏完整的法规规范。

作为社会保险（医疗保险除外）主要主管部门的人力资源和社会保障部根据《社会保险法》起草了《社会保险经办管理服务条例（征求意见稿）》，该草案共 8 章 59 条，虽然针对企业职工基本养老保险、机关事业单位工作人员养老保险、城乡居民基本养老保险、工伤保险、失业保险的经办管理和服务作出了进一步的规范，但其在于 2018 年向社会公开征求意见后，至今尚未有下文。因此，主管部门亦未能出台有关社会保险经办的规章，在 2018 年国务院机构改革后，医疗保险归入国家医疗保障局管理，社会保险费划归国家税务局统一征收（事实上还未完成），这使得社会保险经办面临着管理部门分割管理的格局。

此外，人社部出台了一些政策性文件，作为规范社会保险业务经办的具体依据。由于国家层面的法律法规对社会保险经办各环节的内容规定乏可操作性，实践中需要地方自行对社会保险经办业务流程进行补充和细化。在地方层面，一些省市的相关主管部门亦制定了有关社会保险经办的地方性政策文件，内容主要涉及经办事业单位岗位设置结构比例、经办业务管理规程、机构内部控制、经办机构的"五险合一"整合等。然而，基本社会保险及其经办应是全国性而非地方性制度安排，这些地方性政策文件对社会保险经办的法制化和全国统一规范的社会保险经办体系的成熟定型并无实质意义。

表5—1　社会保险经办的现行法律与政策依据

时间	名　称	发布部门	性质
2010.10	社会保险法（2018年修正）	全国人大常委会	法律
2019.3	社会保险费征缴暂行条例（2019修正）	国务院	行政法规
2003.4	工伤保险条例（2010修订）		
1999.1	失业保险条例		
2018.11	社会保险经办管理服务条例（征求意见稿）	人社部	草案
2019.1	人力资源社会保障部　财政部关于进一步加强人力资源社会保障窗口单位经办队伍建设的意见	人社部、财政部	部门政策性文件
2018.2	人力资源社会保障部办公厅关于进一步做好健全社会保险经办服务标准化体系相关工作的通知	人社部	
2017.12	关于进一步健全社会保险经办服务标准化体系的意见	人社部、国家卫生计生委、国家标准委	
2017.1	机关事业单位基本养老保险关系和职业年金转移接续经办规程（暂行）	人社部	

续表

时间	名　称	发布部门	性质
2015.3	全民参保登记经办规程（试行）	人社部	
2015.3	机关事业单位工作人员基本养老保险经办规程	人社部	
2014.3	人力资源和社会保障部关于印发城乡居民基本养老保险经办规程的通知	人社部	
2014.2	人力资源和社会保障部办公厅关于贯彻实施《城乡养老保险制度衔接暂行办法》有关问题的通知[附：城乡养老保险制度衔接经办规程（试行）]	人社部	
2012.4	卫生部、保监会、财政部、国务院深化医药卫生体制改革领导小组办公室关于商业保险机构参与新型农村合作医疗经办服务的指导意见	卫生部、保监会、财政部、国务院深化医药卫生体制改革领导小组	
2012.2	人力资源和社会保障部关于印发工伤保险经办规程的通知	人社部	
2007.9	劳动和社会保障部关于印发城镇居民基本医疗保险经办管理服务工作意见的通知	劳动和社会保障部	部门政策性文件
2007.1	劳动和社会保障部关于印发《社会保险经办机构内部控制暂行办法》的通知	劳动和社会保障部	
2006.9	劳动和社会保障部办公厅关于印发优化失业保险经办业务流程指南的通知	劳动和社会保障部	
2006.2	劳动和社会保障部关于印发加强社会保险经办能力建设意见的通知	劳动和社会保障部	
1999.10	财政部、劳动和社会保障部关于社会保险经办机构经费保障等问题的通知	财政部、劳动和社会保障部	
1999.6	劳动和社会保障部、国家邮政局关于社会保险经办机构委托国家邮政局代发养老金的通知	劳动和社会保障部、国家邮政局	
1999.4	劳动和社会保障部、中国银行关于社会保险经办机构委托中国银行代发养老金的通知	劳动和社会保障部、中国银行	
1999.3	劳动和社会保障部、中国农业银行关于社会保险经办机构委托中国农业银行代发养老金的通知	劳动和社会保障部、中国农业银行	

续表

时间	名　称	发布部门	性质
1997.10	煤炭部关于发布《煤炭企业职工基本养老保险基金财务制度》《煤炭企业职工养老保险基金会计核算办法》《煤炭行业社会保险经办机构财务管理办法》和《煤炭行业社会保险经办机构经费会计核算办法》的通知	煤炭部	部门政策性文件
1996.12	财政部关于印发《企业职工养老保险基金会计核算办法》《企业职工失业保险基金会计核算办法》《社会保险经办机构会计核算办法》的通知	财政部	

综上可见，中国社会保险经办虽然具有最基本的法律遵循，但现行法律规制残缺不全，主要依靠层级偏低的政策性文件规范（见表5—1），难以适应社会保险经办业务的复杂性，也导致实践中社会保险经办机构履职的障碍。人社部等相关主管部门发布的规范性文件有的明显陈旧过时，有的处于频繁调整之中。这种主要依靠规范性文件治理的做法是现阶段具有中国特色的治理手段，但灵活性有余而稳定性不足。

三、社会保险经办的实践效果

中国现行社会保险经办机制是在以往改革发展过程中渐进形成的，其实施效果主要表现在以下几个方面：

1.形成了覆盖全国的社会保险经办网络。近20多年来，独立于企事业单位与农村集体组织之外的社会保险经办系统逐步建立。尽管这一系统迄今仍隶属于相应的行政部门，但已经织就了实施社会保险制度的全国性经办网络，这是中国社会保险制度社会化改革的一项重要成就。社会保险经办机构按行政区划设置。隶属于人社部门的社会保险经办机构从中央到地方分别设立了四级机构，中央一级在人社部下设置有社会保险事业管理中心、中央国家机关养老保险管理中心两个经办机构，前者负责企业职工除医疗保险外的养老、工伤、失业、生育保险业务经办，后者专门负责中央国家机关养老保险业务经办。地方社会保险经办机构设置不统一，有实行五险（四险）合一的，也有按险种分设机构的。最新一轮机构改革后，医疗保险经办从人社部门的经办系统逐渐剥离。目前中央一级尚未设置专门的医保经办机构，各省医保经办机构大体分为省级、市（州）级和县（市、区）三级，各级基本医保经办机构总数为 3000 余家。

2. 基本保障了社会保险制度的实施。在全民社保的目标下，截至 2019 年末，中国社会保障卡持卡人数已超过 13 亿，其中：全口径基本养老保险参保人数为 96748 万人（含参加城镇职工基本养老保险的 43482 万人，参加城乡居民基本养老保险 53266 万人），全口径基本医疗保险参保人数 135436 万人（含参加职工基本医疗保险的 32926 万人、参加城乡居民基本医疗保险 102510 万人），失业保险参保人数为 20543 万人，工伤保险参保人数为 25474 万人，生育保险参保人数为 21432 万人。[①] 这是世界上最大的社会保险网，在参保人数分别达 10 亿和 13 亿的养老保险和医疗保险之外，即便是失业保险、工伤保险、生育保险的参保人数也均在 2 亿多，每一项社会保险的参保人数均相当于多个发达国家参保者的总和。中国的社会保险经办在总体上保证了社会保险制度在全国范围内基本正常运行与发展。

3. 经办机构在超负荷运转的条件下展现出了高效率。近年来，养老、医疗等基本社会保险的覆盖面和基金规模不断扩大，但各地经办机构人数并未明显增长。据估算，社会保险经办机构人均服务的参保人次超过 1 万人。与德国、日本、韩国等国相比，这是以规模很小的经办队伍承担着规模巨大的服务量，这是经办机构工作人员付出超额劳动所取得的。

---

① 数据来源：人力资源和社会保障部《2019 年人力资源和社会保障统计快报数据》、国家医疗保障局《2019 年医疗保障事业发展统计快报》。

4.经办标准化和规范化程度不断提升。人社部等制定的《关于进一步健全社会保险经办服务标准化体系的意见》推动了社会保险经办管理服务的规范化，加快了标准制修订和实施的步伐。2018 年伴随国家医疗保障局成立后加速推进的医保信息化和标准化建设，以及各地创造的经验扩散，全国医保经办系统的规范化程度也在提升，这为统一全国医保经办机制提供了相应的技术支撑。其他社会保险业务经办的信息化水平也在不断提升。

综上所述，在中国社会保险制度尚未成熟、定型和社会保险经办法制尚不健全的条件下，全国社会保险经办机制取得的成就是值得肯定的。

四、实践中存在的问题与原因分析

迄今为止，中国对社会保险经办缺乏系统和具可操作性的法律规制。经办机构的设置缺乏统一的法律与政策规制，经办机构人员配备不足、信息标准化建设仍然滞后，与行政部门及服务方（医疗）的关系亦未完全理顺。概括而言，主要问题包括：

1.经办机构定性不清、设置混乱，缺乏统一标准。从立法层面看，缺乏对社会保险经办机构设置、性质和定位的明确规定，各地社会保险经办机构的名称、属性、隶属关系、具体职能、内部治理、信息系统等方面相差很大，这直接导致社会保险经办机构的管理混乱，影响基本社会保险制度在全国范围内的规范、有序实施。

（1）对社会保险经办定性不清，导致经办机构性质各异，既有行政机构、参公管理的事业单位，也有公益一类事业单位、公益二类事业单位。经办机构的定性不同，带来了职责的差异、工作人员的身份多样，进而对制度的有序运行产生不良影响。

（2）经办机构名称不统一。机构名称中穿插的有"管理""经办""服务"

等不同用语，机构名称收尾则有"中心""管理局""处""办公室"等不一而足。还有部分地区的医保经办机构尚未完成拆分重组，医保经办仍在人社部门设置的社会保险经办机构内。这种状况既影响了社会保险经办系统的统一，也造成了公众认同的困难，进而不利于树立全国统一的社会保险经办形象。

（3）经办机构的内设部门各异。有的按照险种设置内设部门，有的则按照业务流程设置内设部门。在同一统筹区的经办机构的内设部门也存在差异。

2.社会保险费的征缴职能移交不顺。《社会保险法》将社会保险费的征收主体授权给国务院进行规定。根据2018年经全国人大批准的国务院机构改革方案，从2019年起，《国税地税征管体制改革方案》明确规定各项社会保险费交由税务部门统一征收，但至今顺利完成移交的省份并不多。其中既存在技术问题，需打通社会保险经办机构与税务机构之间的壁垒，实现信息平台的互联互通、信息共享，又存在配套法律制度尚未建全的问题。

3.经办管理的体制不顺：经办机构与行政部门关系尚未理顺。从理论层面和典型国家实践来看，社会保险经办机构与社会保险行政部门的关系处理非常重要，需要通过立法加以明确界定。目前中国社会保险经办机构与行政部门的关系还未理顺。现实中，社会保险经办机构隶属于社会保险行政部门（人社部门和医保部门），即经办机构直接受行政部门的管理，其人财物均被纳入所属行政部门统一控制。经办机构实质上构成了行政部门的有机组成部分，并直接服从于行政部门管理，并不能独立履行社会保险之保险人应有的完整职能。这一局面将社会保险责任不当的政府化，不利于责任分担机制的合理确定和制度的可持续，社会保险基金无法与财政保持应有的相对独立，行政机构无法从繁重的日常事务中抽身并强化监督，经办机构也无法独立履责。

4.经办能力的提升缺乏法规政策保障。经办机构承担着制度实施的重大职责，需要具备相应的能力，包括足够的工作人员与运行经费、标准统一的信息系统与设施配备等。但目前经办能力建设缺乏法规政策保障。具体来说，一是受经办机构性质与编制的约束，人员配置普遍不足，并未伴随社会保险的全民覆盖与业务量剧增而正常增长，远超出国际上通常的人均负荷比（参保人次／

经办机构人员数量）。在经办人员总量有限的同时，专业化职业化程度亦低。二是经费来源于财政的现行法律规定具有局限性。按照现行社会保险法，"社会保险经办机构的人员经费和经办社会保险发生的基本运行费用、管理费用，由同级财政按照国家规定予以保障"。这与社会保险运营（管理）费用从社会保险基金中提取的国际惯例不同，激励性较弱、保险财务未能相对独立于政府财政。加之这种方式只能服从于财政负责的编制数，还不符合依据服务对象和服务量多寡来确保适宜数量人力的一般规则。三是信息系统建设滞后。目前尚未建立全国统一的信息化社会保险服务体系，缺乏整体规划和建设规范标准。虽然金保工程建设已取得可观成绩，但主要集中在基本养老保险和医疗保险上，省内统筹尚未完成，数据标准和格式不一致，接口尚未打通，无法实现信息共享。在医疗保障管理体制统一后，职工和居民医疗保险经办业务仍须依托人社部门的信息系统开展。四是社会经办机构对基金的管理和监督缺乏法律依据，导致对社会保险基金安全的维护乏力。

五、社会保险经办机制建设的基本思路 ①

基于社会保险经办机制的重要性和现实中的滞后性，加快法制化建设势在必行。从社会保险治理现代化角度出发，中国社会保险经办的组织体系和运行机制须在充分考虑前述影响因素变化和现实问题的基础上，遵循统一性、独立性、现代化和改革配套化的基本思路进行制度化重构。

1.统一性：确保社会保险制度统一并有序运行的重要条件。强调社会保险经办机制的统一性，是基于维护社会保险制度的统一性和保障在实践中有序运行的需要。实践证明，社会保险制度的发展在很大程度上取决于经办实践，如

---

① 华颖：《完善我国医疗保险经办机制的思路》，《中国医疗保险》2020 年第 5 期。

果经办机制不统一，统一的制度安排可能在实践中被扭曲。例如，经办机构设置不一，上下之间便难以在运行中保持一致性；运行规范不统一，不同地区的差异性也可能导致实施效果的不一致。因此，经办机制的统一性有利于维护社会保险制度的统一性与行动的一致性，这应当是社会保险制度成熟的重要条件。然而，在中国社会保险经办的实践中，经办机构的设置及其运行机制尚未统一。由于渐进改革进程中由地方分散推进的局限性以及对经办机制统筹考虑的欠缺，现在虽然已经织就了覆盖全国的社会保险经办网络，但各地经办机构的名称、属性、隶属关系、具体职责、内部治理、工作人员身份、信息系统等相差很大。例如，在经办机构名称上，社会保险管理局、社会保险管理中心、社会保险经办处等不一而足；机构定性和内部机构设置也相差很大；经办机构的工作人员中，既有参公编制、事业单位编制，还有劳动合同聘用制职工。这种不统一的局面直接影响了社会保险制度在全国范围内的有序实施。有鉴于此，中国亟待强化经办机构的统一性，包括社会保险经办机构的设置、职责、人员编制依据、业务经办流程等均应当有统一的规范。建议国家层级尽快出台统一的政策，自上而下地推进全国社会保险经办机制由分散分割、各行其是走向统一，包括在全国范围内统一社会保险经办机构的名称和部门设置、统一经办机构属性、统一经费来源、统一用工制度、统一经办职责、统一经办业务规程、统一经办信息系统、统一基金筹集与支付方式、统一经办监管、统一考核指标体系及考评机制等，据此健全全国社会保险经办机制，并为其上升到法律规范奠定基础，以确保整个社会保险制度在统一经办的规制下有序运行。

2.独立性：确保经办机构切实承担起社会保险制度的实施责任。从社会保险制度实践的规律来看，非独立的机构不是实施社会保险制度的真正责任主体，因为它只需要对其附属于的行政部门负责而不需要直接对制度负责；只有经办机构具有独立性，才能真正成为社会保险制度的实施主体，并对社会保险制度的实施效果承担责任。在经办机构非独立的情形下，社会保险经办机构只是行政部门的一个组成部分，听命于行政部门，社会保险业务经办实质上成为社会保险行政部门的具体职责；在经办机构具有独立性的情形下，则与行政部门保持着相互独立又对应的关系，行政部门能够从具体经办社会保险业务中抽身出来，扮演制度运行的监督者角色，这将有利于经办机构发挥积极性和自主性。纵观世界，在社会保险制度成熟的国家，社会保险经办机构（即保险人）是依法组织实施具体社会保险业务的独立法人，奉行的是运营管理与行政监督分离的原则，经办机构和行政机构按各自法定职责各司其职、各尽其责。例如，在德、韩、日等典型国家，社会保险经办机构均是非营利性、具有独立法人地位的专业机构，有完善的内部治理结构，其运营（管理）费用从社会保险基金中列支。德国作为社会保险的起源国，由于自治管理文化和历史传承，采取的是统一制度下的多元分散竞争经办模式，由有一定竞争性的、劳资双方（等额）代表自治管理的多元的社会保险经办（养老保险基金、疾病基金）及其协会依法负责组织实施，社会保险相关行政部门则对社会保险制度实践负有监督之责。① 日本仿效的是德国分散经办的传统并形成了强劲的路径依赖。日本的社会保险在多元制度下实施分散型管理，但随着统筹水平的提高和中央政府介入的强化，这种分散性特征有所淡化。韩国则是从原有的分散经办经过实践而发展为集中垄断经办模式，韩国目前的社会保险业务由法定的单一保险人——国民健康保险公团、国民养老保险公团（非营利公共机构）分别依法统一组织实施，韩国保健福利部负监督之责。

中国的现实是，各地各级经办机构均为同级社会保险行政机构的有机组成部分，其人财物均被纳入其所属行政部门统一控制，经办的经费来自政府财政，尚未成为真正意义上的"保险人"和以权利义务为核心的社会保险关系中的责任主体，经办管理和监督不分。这带来了一系列现实困境，包括经办机构无法真正承担制度运行的责任，行政机构无法也从繁重的日常事务中抽身并强化监督。因此，中国有必要借鉴国际经验，在尊重社会保险制度客观规律的条件下，寻求社会保险经办机构独立化的合理路径。适宜的策略是明确社会保险经办机构向独立法人化转变，即让经办机构自成系统、独立运行并全面承担制

---

① 华颖：《德国医疗保险自治管理模式研究》，《社会保障评论》2017 年第 1 期。

度实施的责任，同时接受行政主管部门的监管，真正实现经办管理、监督的分离。可以分三步走：第一步是在现行体制下强化社会保险经办机构自成系统地承担业务经办之责，在提高统筹层次的条件下在统筹区域内实行垂直管理；第二步是相对独立，即成为社会保险行政部门的代管机构，赋予其相应的人、财、物自主管理的职责；第三步是依法成为完全独立的社会法人。为此需要创造如下条件：一是立法规制，明确赋予经办机构组织实施各项社会保险业务的法律地位和权力；二是通过立法明确社会保险经办机构的运行经费从来源财于财政转向从基金中提取，即让国家财政从承担经办机构运行经费的"暗补"方式转为明确以一定比例的形式分担社会保险制度的筹资责任，其中含管理与运行经费，以此使得社会保险制度从过度依赖政府与政府财政真正转变为自成体系的社会保险，也强化社会保险经办机构对社会保险制度运行的职责承担与问责。

3. 现代化：确保社会保险经办机制运行有序并高效。社会保险制度治理现代化的关键之一是经办机制的现代化，即经办机构亟须从经办效能不足走向现代化的高效经办，这应当纳入社会保险经办机制法制化。重点包括：一是加强经办机构的内部治理，包括明确经办机构人员配置的政策依据，消除同一机构多种用工形式的现象，这是建立一支稳定、专业的社会保险经办队伍并确保制度实施的重要条件；二是针对各地信息系统不一的现实，需要将社会保险标准化、信息化作为基础工程优先推进并尽快使之定型，以为社会保险经办规范化提供有效的技术支撑和保障；三是在服务对象众多、人员流动性高和社会保险业务涉及多方利益主体的现实条件下，应当明确借助技术的力量，充分利用大数据、算法模型、人工智能等技术手段，提升业务经办的智能化水平，合理利用社会力量参与经办服务，建立健全在事前、事中与事后均能够发挥作用的社会保险智能监控系统；四是优化经办机构与相关主体的法律关系。如医疗保险经办机构与医疗机构、药品器械生产流通企业之间的协议关系，以经办机构与医疗服务行业、医药行业的集体谈判协商机制逐渐替代现行的"一对一"机制，同时强化费用控制机制和完善激励约束机制等。

4.配套化：支撑社会保险经办机制改革与发展。调研发现，社会保险经办机制改革的难点之一在于其不仅是主管部门的事务，也涉及现行组织与干部管理体制，以及员工录用、薪酬待遇等多方面问题，改革直接涉及人事、财政、行政体制改革及其他综合性改革配套。因此，社会保险经办机制改革的顺利推进，离不开对现行人财物管理体制的相应调整，这构成了社会保险经办机制理性法制化的重要配套条件，法律应当为此提供依据。第一，社会保险经办机构工作人员配置需要有规可循且满足业务经办的需要，机构管理人员的人事权可考虑从由社会保险行政部门任免改为由政府或统筹层级同级组织部门任免，此举不仅可以提升经办机构的规格，还可以为经办机构的独立法人化做准备；第二，调整财政拨款结构，在财政总体负担不增加的条件下，不再单独提供社会保险经办运行经费，而是将此补贴纳入财政对养老保险、医疗保险基金筹资的固定分担比例中，同时赋予经办机构自主依法使用经费的权利，这将极大地增进社会保险经办机构的自主性，提升其积极性。此外，还应当维护社会保险经办机构的资产独立，包括其不动产、固定资产等，均应当明确由经办机构所有并管理。

六、完善社会保险经办法制的建议

作为社会保险制度规范有序运行和健康发展的根本机制保障，中国亟待提高社会保险经办的法制化程度。包括对社会保险法中有关经办的内容进行修订和补充，同时推进社会保险法配套立法，抓紧制定出台相关行政法规。

1.依法明确社会保险经办机构的性质和基本职能。宜通过修订《社会保险法》，明确社会保险经办机构的定位和性质。以法律的形式使之定型非常必要，因为社会保险经办机制不仅是主管部门的事务，也涉及组织与干部管理体制，以及员工录用、薪酬待遇等多个问题。因此，人社部、国家医保局独自出台政策文件的有效性不高，这也是人社部出台了社会保险经办政策性文件草案而无法正式付诸实施的根本原因。借鉴国际经验和结合中国现行做法，目前宜将社会保险经办机构统一定性为隶属于统筹层次社会保险行政部门的法定机构或公益事业单位，由其依法垄断经办辖区内的基本社会保险事务，于后再向独立法人化转变，即建立统一的具有独立法人地位的经办机构并维护其独立运行，让其真正承担社会保险制度运营管理的全部职责，同时接受行政主管部门的监管。这样才能从过度依赖政府与政府财政真正转向社会保险，并在追求财务可持续的前提下更好地为全体参保人服务。

2.依法明确同一社会保险险种经办机制的统一性。从立法的角度出发进行顶层设计，自上而下地推进全国社会保险经办机制由分散分割、各行其是走向统一。对于同一险种，在全国范围内应统一经办机构的名称和部门设置、统一经办机构属性、统一经费来源、统一经办职责、统一经办业务规程、统一经办信息系统、统一基金筹集与支付方式、统一经办监管、统一考核指标体系及考评机制等，据此健全全国社会保险经办机制，确保整个社会保险制度在统一经办的规制下有序运行、健康发展。

3.分开规制养老保险和医疗保险的经办。根据国际经验和不同社会保险项目业务经办的不同要求，应当分别设置不同的经办系统。如社会保险两个最重要的险种是养老保险和医疗保险，这两种制度在资金筹集、基金管理、权益记录、待遇给付及具体业务经办服务方面所遵循的逻辑和具体内容均有区别。比如，养老保险是跨期支付而医疗保险是现收现付；养老保险待遇给付是通过银行社会化发放，而医疗保险的待遇则是通过与医保经办机构签订协议的医疗服务机构实物给付。两者在经办管理中的关键环节有较大的差异，因此，在立法和修法中分开规制其经办机制更为合理。适宜的立法目标是分别制定《养老保险法》《医疗保险法》，在其中不仅明确规章制度，而且明确规制其经办与实施。至于工伤、失业保险可以依循旧例统一纳入养老保险经办系统一并办理，而生育保险、护理保险则宜统一纳入医疗保险经办系统一并办理。

4.依法依规保障经办能力的提升。针对各地经办能力不足并已影响经办业务开展的现状，应当将全面提升经办能力作为优先且重要的事项。一方面，国家层级宜出台按照经办机构服务对象和业务量多寡配备工作人员的政策性文件，统一明确经办机构员工队伍建设的编制依据，统一机构内部的用工制度，建立职业化、专业化的经办队伍。另一方面，宜将社会保险经办信息化、标准化作为基础工程优先推进并尽快定型，以为经办规范化提供有效的技术支撑和保障。

5.依法明确社会保险经办机构与行政主管部门的关系。前已述及，基于对社会保险制度独立负责的原则，社会保险经办机构应当独立法人化，为此，应当修订现行的《社会保险法》或者制定专门的《社会保险经办管理法》，赋予经办机构真正意义上的法人地位。这种定位的关键在于明确社会保险经办机构与行政主管部门的关系，即行政监管部门的角色是裁判者与担保人，在社会保险经办机构出现违法违规现象时能够及时监察并纠正，以确保制度的有序运行和公民的社会保险权益得到充分实现。

第六章　社会保险基金法制规范及实践

我国的社会保险基金主要指用人单位与参保人个人缴费及财政补贴形成并用于各项社会保险待遇的资金,同时也应当包括作为未来应对人口老龄化高峰期支付压力而建立的战略储备基金——全国社会保障基金,前一项由人力资源社会保障部门所属社会保险经办机构负责管理,后一项由全国社会保障基金理事会负责管理,它们构成了支撑社会保险制度发展的物质基础。此外,还有补充性质的企业年金(面向企业职工)、职业年金(面向机关事业单位工作人员),亦会形成相应的基金积累,它们由主办机构或商业机构管理,但接受社会保险主管部门的监管。

对社会保险基金的筹集、管理与支付进行规制是规范社会保险制度的基本法《社会保险法》中的重要内容。自 2011 年《社会保险法》正式实施,再加上国务院与主管部门根据社会保险基金管理需要出台过的一些政策性文件,我国社会保险基金管理有了基本法律与政策依据,总体上维持了基金正常运行与稳健发展的势头,但因制度的部门分割、统筹层次的地区分割,亦存在着不少问题。

本章是在长期跟踪和专题调研的基础上,形成的对社会保险基金和作为战略储备的全国社会保障基金总体情况的反映、评价与建议。

一、社会保险基金管理的法制依据

（一）社会保险基金管理的法律规制要点

为明确社会保险基金权责、理顺基金管理关系，强化基金管理监督，《社会保险法》对基金管理的基本原则和四大环节给予了明确的法律规定。

1. 明确了社保基金的征缴筹集和支付使用。规定了用人单位在基本养老保险、基本医疗保险、失业保险、工伤保险、生育保险（简称"五险"）中的强制缴费责任，职工在养老、医疗保险中的强制缴费责任和在五险中的相关待遇；明确了社会保险基金筹集的多方来源。

2. 明确了社保基金的运营管理。规定基金征缴、稽核、确权登记、经办等相关责任主体及参保个人在基金管理中的权限；明确了基本医疗保险与生育保险合并及基金管理的财务处理；明确了基金管理的统筹层次和保值增值方式。

3. 明确了社保基金的监督追踪。在严监管框架下，就社保基金的多主体监督及其责任作一般性说明；明确影响社保基金安全行为的相关处理。

表6—1 《社会保险法》中基金管理的相关规定

基金管理环节	对应法律板块	法条要点
征缴筹集	一、总则 二—六、具体险种规定 七、社保费征缴 八、社保基金	1. 个人和单位依法缴费（养老医疗：职工"应当参加"；灵活就业"可以参加"） 2. 多渠道筹资（财政补贴、税收）； 3. 战略储备基金
支付使用	一、总则 二—六、具体险种规定 八、社保基金	1. 依法享受待遇； 2. 支付办法； 3. 战略储备基金

续表

基金管理环节	对应法律板块	法条要点
运营管理	一、总则 二—六、具体险种规定 八、社保基金	1. 个人有权查询； 2. 个人有权享受咨询服务； 3. 记账利率； 4. 投资运营； 5. 统筹层次； 6. 制度合并； 7. 战略储备基金
监督追踪	一、总则 七、社保费征缴 八、社保基金 九、社保监督 十一、法律责任	1. 个人有权监督； 2. 严格监管； 3. 鼓励多主体参与监督； 4. 相关职能部门主体责任； 5. 欠缴缓缴的主体责任及处理办法； 6. 战略储备基金

资料来源：根据《社会保险法》整理绘制。

（二）社会保险基金管理的政策体系

由于《社会保险法》的规定比较原则，在社会保险改革与发展实践中，国家从增资扩面、体制机制建设等方面细化了相关法规，并出台了系列政策规范和推进社保基金管理。

1. 拓展基金来源与扩大规模。国家"十三五"规划启动全民参保计划，夯实了社会保险基金筹集的渠道来源。2015年，《关于机关事业单位工作人员养老保险制度改革的决定》打破了企业职工养老保险与机关事业单位退休金制度长期双轨并存的格局，社会化的养老保险基金规模得以扩大。同时，《机关事业单位职业年金办法》（国办发〔2015〕18号）和2017年新颁布的《企业年金办法》明确鼓励企业建立年金，补充养老保险基金发展迈入新阶段。2016年颁布实施《全国社会保障基金条例》，这一法规在明确社保基金作为国家社会保障战略储备基金主体地位的同时，也促进了全国社保基金的筹集与发展，尤其是出台《划转部分国有资本充实社保基金实施方案》后，进一步巩固、扩大了全国社保基金的来源渠道。

2. 强化基金投资运营，促进保值增值。党的十八届三中全会提出"加强社会保险基金投资管理和监督，推进市场化、多元化投资运营"重要原则；2015年《基本养老保险基金投资管理办法》出台，改变了基金长期存于银行的低利率困境，成为这一时期我国社会保险基金投资管理改革的里程碑。全国社会保障基金理事会（以下简称"社保基金会"）开始对各省（区、市）委托管理的基本养老保险基金实行单独管理、集中运营、独立核算。2018年，城乡居民基本养老保险基金的委托投资开始按年分批启动。在补充保险方面，2011年主管部门修订后的《企业年金基金管理办法》及相关配套政策扩大了年金基金的投资范围及市场化投资比例，并丰富了投资产品和资产组合。

3. 优化战略储备基金的治理结构。2016年国务院颁布实施的《全国社会保障基金条例》，全面规范了作为社会保险战略储备基金的全国社保基金的性质、来源、用途、管理运营等重要内容，正式步入有法可依、依法管理的轨道。全国社保基金《境内/外投资管理办法》《重大投资、重大风险评判标准》及《社保基金会章程》等系列文件经过修订后，亦拓展了基金投资范围、优化了基金治理结构，更好地适应了资本市场发展和基金保值增值需要。2018年，《深化党和国家机构改革方案》明确"将社保基金会调整为由财政部管理，不再明确行政级别"，使我国社会保障基金管理向相对灵活的市场化机制和管理制度迈出了重要一步，也是战略储备基金管理机构内部治理体系的进一步完善。

4. 增强基金预算统筹，提高财务能力。2010年《关于试行社会保险基金预算的意见》颁布，社会保险基金预算编制范围由试编初期的5项险种扩大至9项；城乡居民养老保险制度合并、基本医疗与生育保险基金合并管理等社保制度和财务制度的新变化，促使《社会保险基金财务制度》和《社会保险基金会计制度》于2017年完成修订。"金财工程"和"金税工程"的专业化管理平台为社会保险基金预算管理和征缴管理提供了重要的技术支撑。养老保险基金中央调剂制度于2018年7月建立实施，成为社会保险基金统筹管理能力提升的重要标志。

二、社会保险基金发展成效

（一）社会保险基金总体规模不断扩大

党的十八大以来，我国社会保险基金累计结余由 2012 年末的 35804 亿元增至 2018 年的 89776 亿元（见图 6—1）。此外，2018 年末，补充性质的企业年金基金累计结余 14770 亿元，战略储备基金——全国社保基金权益 20574 亿元，分别为 2012 年规模的 3 倍和 2 倍。2019 年末，全国已有 15 个省市职业年金基金启动投资运作。各类社保基金呈现出加速发展、跨越式发展的良好态势。

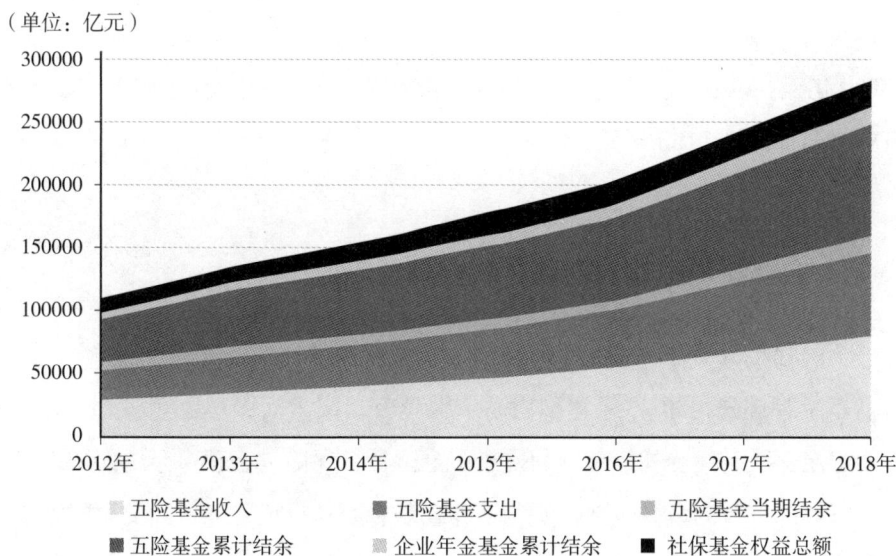

图 6—1　2012—2018 年全国社会保障基金规模增长情况

注：（1）医保基金累计结余包括社会统筹和个人账户部分；（2）工伤保险基金累计结余包括储备基金；
（3）社保基金权益总额包括全国社保基金权益、个人账户基金权益、地方委托资金权益。
资料来源：根据《2012—2018 年度人力资源和社会保障事业发展统计公报》、《2012—2018 年全国社会
保障基金理事会基金年度报告》相关数据整理绘制。

（二）战略储备基金的筹集渠道不断拓宽

作为战略储备基金的全国社保基金由最初单一的中央财政预算拨款，到中央财政拨入彩票公益金、国有股减转持、国有资本划转，资金来源逐步多元化，投资收益逐渐成为基金增量的重要来源。2018 年末，全国社保基金权益18105 亿元，其中累计投资增值 8974 亿元；财政性拨入社保基金资金和股份累计 9152 亿元，其中：中央财政预算拨款 3298 亿元，国有股减转持资金和股份2843 亿元，彩票公益金 3010 亿元。[①]

据全国社会保障基金理事会提供的资料，2006 年该机构开始受托管理 9个省（区、市）做实基本养老保险个人账户中央补助资金，2016 年统一受托管理地方基本养老保险基金结余资金，2017 年承接划转国有资本充实社保基金，已由单一的社保基金发展到目前管理的三大类基金。据相关数据显示，2019 年末，22 个省（区、市）签署基本养老保险基金委托投资合同总金额达10930 亿元；其中，启动城乡居民基本养老保险基金委托投资的 19 个省（区、市）合同金额达 2123 亿元。[②]

（三）基金投资运营能力不断提高

全国社会保障基金理事会作为专业的投资机构，陆续吸收了 40 余家国际著名基金管理公司和 20 余家国内基金管理公司成为社保基金管理人。为保证基本养老保险基金受托管理顺利推进，全国社会保障基金理事会内部增设了养老金管理部、养老金会计部，制定了养老基金委托投资管理合同及投资管理规章制度，完成了养老基金投资管理机构和托管机构的甄选，通过拟定养老基金投资目标和风险管理政策、完善资产配置、产品设计、风险防控等方案不断推

---

① 资料来源：《2018 年全国社会保障基金理事会基金年度报告》。
② 国新办：《人社部 2019 年第四季度新闻发布会》，2020 年 1 月 14 日。

进基金管理的规范化。

据全国社会保障基金理事会统计公报，2018 年末，该机构受托管理的基本养老保险基金权益投资收益额 98.64 亿元，投资收益率 2.56%，其中已实现收益额 145.27 亿元（已实现收益率 3.81%）。基本养老保险基金自 2016 年 12 月受托运营以来，累计投资收益额 186.83 亿元。

全国社会保障基金累计投资收益额 9598.55 亿元，年均投资收益率 7.82%，超过同期通货膨胀率 5.53 个百分点，累计投资收益额大于累计财政净拨入额，在国内外经济形势严峻复杂的情况下，较好地实现了基金的保值增值。[1]

此外，2019 年前三季度，企业年金累计收益达 900.95 亿元，加权平均收益率为 6.03%。[2]

综上所述，整个社会保险基金管理运营的专业化、市场化水平在不断提升。

三、社会保险基金管理实践中存在的问题

（一）基金征缴筹集的法律政策规范滞后于实践发展

1. 对非正规就业领域的征缴规定不足。在依法缴纳的义务下，《社会保险法》对职工的参保强调"应当"，而对灵活就业等群体作"可以参加"的规定，在我国新经济新业态发展迅速，自主创业、自由职业、多重职业等形态增多且占比较大的趋势下，不利于基金有效筹集和全民参保计划的全面实施。

2. 对机关事业单位的强制参保立法不明。《社会保险法》对公务员和参公管理的工作人员社会保险缺乏规定，对事业单位人员参保规定缺失，与机关事

---

[1]　资料来源：《2018 年全国社会保障基金理事会基金年度报告》。

[2]　资料来源：《2019 年三季度全国企业年金基金业务数据摘要》。

业单位已经实行社会养老保险制度并强制参加职业年金的现实不符。相关制度上位法缺失，不利于事业单位分类改革推进，有碍制度公平。

3.对企业年金建立鼓励不足。长期以来基本养老保险基金一层独大，结构固化，如图6—2所示。当前对企业年金扩面引导尚缺法律规定，不利于多层次基金结构的优化。

4.对国有企业责任缺乏明确规定。《社会保险法》在多渠道筹集社保基金中规定了各级政府的经费支持和税收优惠责任，但缺少对国有企业筹资责任的法律规定，与当下划转国有资本充实社保基金、明确国有企业历史责任的改革趋势不符。

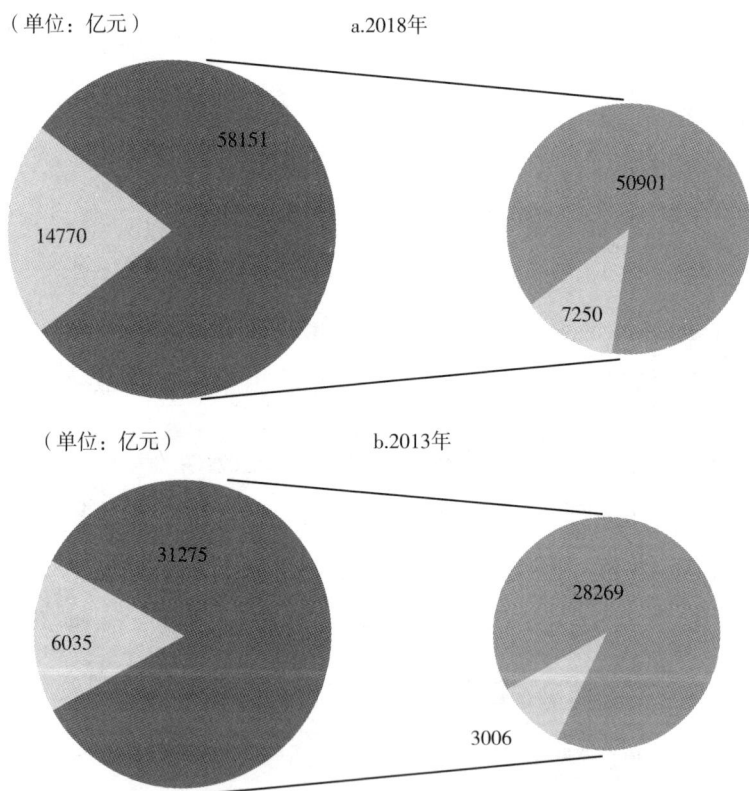

（单位：亿元）　　　　　a.2018年

58151

14770

50901

7250

（单位：亿元）　　　　　b.2013年

31275

6035

28269

3006

图6—2　2013年和2018年全国基本养老保险与企业年金累计结余基金规模对比情况

资料来源：根据《2013/2018年度人力资源和社会保障事业发展统计公报》整理绘制。

（二）基金给付使用的法律政策规范过于原则

由于目前立法层面尚未出台专门的社会保险反欺诈规制，仅在《社会保险法》第十一章"法律责任"中作原则性的概括规定，执法责任主体单一、权力有限，对如何预防和处理社会保险欺诈行为缺乏规定，缺少相应处罚机制。这使得骗保等社保欺诈行为在养老保险尤其是医疗和失业保险中广泛涉及。如规定"失业人员应当缴纳的基本医疗保险费从失业保险基金中支付，个人不缴纳基本医疗保险费"，可能诱使部分人员寻求第三方机构挂靠缴纳失业保险费领取相关待遇的同时，骗缴医疗保险费。同时，对城镇职工基本医疗保险的个人账户基金滥用缺乏上位法规范，不利于个人账户制度改革的推进。社会保险领域中的欺诈骗保行为严重地危及了基金安全，也损害了制度的公平性，急切需要强化法律规制。

（三）基金运营管理的法律政策规范尚未较好落实

1.社保基金分类管理的针对性不足。现行法律对现收现付类基金管理缺乏专门规定，使得医疗和生育保险基金等给付率高、短期结余存在一定规模的资金，并没有合理的短期管理和保值增值规划；而失业和工伤保险基金等利用率低的资金，缺少给付申领的引导机制，基金沉淀多。

2.养老保障基金的治理结构单一。现行法律对养老保障基金的保值增值和投资运营管理的规定过于原则，与基本养老保险基金大量委托投资的现实和趋势不符。随着管理基金规模扩大，社保基金会的单一托管可能导致风险过度集中，不利于投资多元化实施；极易对分散投资市场形成垄断，造成市场激励弱化、内部运营人员收益与绩效不匹配，机构专业人才吸引力不足，外部管理人甄选不合理等现象，降低市场活力，影响市场效率提升。

3.社保基金投资管理考核体系不合理。现行法律对各类型基金的保值增值理念和投资管理战略过于原则，实际操作的短期考核体系和竞争压力使其落实困难。现实的考评机制多着眼短期，周期多是年度性的，不利于发挥社保基金无长期负债、无短期支出需求的大型机构投资者的优势，难以在短期波动中获得长期超额收益。

（四）基金监督的法律政策规范尚待完善

1.对基金监管多主体的规定不明易导致执法混乱。目前社保费已明确统一由税务部门征收，但缺乏上位法规定，影响社保费征缴力度；同时，五险中医疗和生育保险的行政管理和信息公开权限交由单独的医疗保险职能部门管理，如何维护社会保险政策执行的统一和有效监管是一个新的挑战。

2.对保费追缴时效的不明确影响基金安全。目前我国民营经济和非正规就业占比较大，中小微企业的平均寿命不足 3 年，而法律和政策就执法机构对社保费追缴的时效并无单独、明确的规定，长期来看势必影响基金安全，导致执法不严。

四、完善社会保险基金管理法制的建议

（一）强化基金征缴，明确主体责任

1.要在社保费率持续下调背景下，从法律规范上对企业"实费率、实费基"的参保行为予以约束；在职业年金强制建立背景下，对企业年金计划加强激励引导。

2.在非正规就业和新业态发展下，从法律上对灵活就业等非正规就业人员作"应当参保"规定，落实全民参保计划。

3.在事业单位分类改革背景下，尽早从法律上对机关事业单位强制参加社会保险和职业年金作明确规定。

4.将国有企业履行社会保险历史责任纳入法律规定范围，建立国资划转的长效机制。

（二）落实欺诈追责，优化基金使用效果

除《社会保险法》的一般性说明外，应尽快制定专门的社会保险反欺诈规制，设立专门的反欺诈追责部门，明确其专门权限，细化预防、处理、追踪、处罚等全流程规范；赋予相关部门联动协调的法律权限，避免相互推诿或重复处理。

（三）完善运营管理，促进基金增值

1.在法律上明确不同类型基金管理的目标定位，同步细化相关政策法规，优化长期资金和短期资金、储备资金和投资基金的分类管理体系。

2.在法律上明确养老保障基金的多元治理结构和管理模式，培育市场主体，优化委托投资机制。对应政策设计上，可逐步考虑由单一受托模式向多元化的受托模式过渡，以弱化集中受托弊端，激发市场活力；通过适当拉长投资基准考核周期，优化调整年度考核指标，实现年度考核和追求长期目标的有机结合。

3.在人口老龄化、经济下行和减税降费的长期趋势下，从法律上明确全面风险管理的重要性，加强情景预判，科学评估基金安全和投资收益的匹配度。

（四）明确基金监督，确保基金安全

1.在法律规范中强化社会力量监督的重要性，尤其在当前基本养老保险基金地方政府直接委托投资的单一模式下，要重视社会监督，相关政策法律应对个人参与基金管理及监督机制予以明确，引导公众预期和社会舆论，促进金融

素养培育，提高其风险感知能力。进一步创新基金监管方式方法，探索引入第三方参与监管，提升基金监管的管理运行质量。加快推动基金监管法制化、标准化、规范化建设，规范基金监管工作流程和相关标准。进一步营造社会共识，加强社会监督，彰显打击欺诈骗保的威慑力。建设社保基金监管信用体系，完善联合惩戒措施，构建基金监管长效机制。

2.促进"智慧监管"的专门性政策法规出台。在新一轮技术革命发展背景下，利用好智能监管、弥补信息安全的不足，同时挖掘智能投顾、智慧管理的系统潜能，实现不同身份参与者对基金管理的监测和适时追踪互动，提高基金管理和监管机构的专业化水平和社会互动能力。

3.从法律上明确基金监管的多主体责任及部际协调机制，避免因上位法缺失而导致的监管不力；同时，应在合理评估非正规就业趋势和企业生存成长周期的前提下，合理设定社保费征缴时效，提高执法效率。

第七章　养老保险法制规范及实践 [1]

　　养老保险是现代社会保障体系的主要制度安排，其覆盖范围广、持续时间长、动用资金规模巨大，并会对经济社会的总体运行产生重要影响。新中国成立后，我国于20世纪50年代初期建立了非缴费型的退休金制度。改革开放后，于80年代中期开始探索社会养老保险制度。1995年国务院出台政策性文件明确了职工养老保险制度统账结合的框架，此后经过多轮改革逐渐形成现行制度框架与运行格局。

　　目前，我国的基本养老保险制度包括职工基本养老保险、机关事业单位基本养老保险、城乡居民基本养老保险三大制度，分别适用于企业职工、机关事业单位工作人员和非上述人员的城乡居民三大群体，实现了全国老年人"人人享有养老金"的普惠性目标，这是我国养老保险制度改革与发展取得的巨大成就，也得到了国际劳工组织、国际社会保障协会等国际社会的高度认可。但调查表明，现行养老保险制度还未真正成熟、定型，存在着法律规制欠缺、制度统一性不足、责任分配不合理、制度参数调整机制僵化、养老金实际待遇相差较大等现实问题，从而需要进一步完善相关法律制度，推动基本养老保险体系的完善和健康发展。

---

[1]　本章部分内容来自鲁全：《中国养老保险法治建设：法律性质、现状与未来发展》，《探索》2020年第3期。

一、养老保险法律关系的理论分析

（一）法律体系划分的基本视角与社会法的提出

对养老保险法律性质和定位的分析要置于法律分类的总体框架下。对于法律分类的经典划分来源于罗马法学家有关公法和私法的分野，并且成为其后影响法律分类的重要标准。其中，公法调整的是公共权力与公民权利之间，以及公共权力之间的关系，其核心是权力和权利的关系；私法调整的是平等主体之间的权利关系。相比而言，公法具有不对等性和强制性，私法具有平等性和自愿性。[①] 然而，随着公共治理模式的变化与公共服务供给方式的革新，传统的公法—私法两分法日益面临挑战，并呈现出公法私法化和私法公法化的双重特征。[②]

从全球社会保障制度的发展历程来看，社会法是与社会保障制度，尤其是社会保险制度的诞生和发展密切相关的。在社会保险的创始国德国，不仅有完整的社会法体系，而且设立有专门的社会法院负责处理社会保险领域的司法纠纷。在我国，包括养老保险在内的社会保障体系均属于中国特色社会主义法律体系中的社会法部门。以社会保险制度为核心的社会法与传统的私法和公法有显著的区别。相比于私法领域，社会保险虽然看似与商业保险类似，其待遇的享受需要以缴费义务的履行为前提，但其缴费通常具有强制性，因此参保人与社会保险经办机构之间绝非基于自愿而产生的平等交换关系。相比于公法领域，社会保险经办机构奉行自治管理的原则，从而并非是公法范畴下的行政机构，而具有典型的俱乐部性质。参保人（包括劳动者与用人单位）、政府、养

---

① 罗豪才等：《和谐社会的公法构建》，《中国法学》2004 年第 6 期。
② 龚刚强：《法体系基本结构的理性基础——从法经济学视角看公私法划分和私法公法化、公法私法化》，《法学家》2005 年第 3 期。

老保险经办机构之间形成了完整的养老保险法律关系。

（二）养老保险的权利义务关系

1.养老保险的权利义务主体

作为最重要的社会保险制度之一，养老保险制度的法律关系也符合社会法的一般特征，主要涉及参保人、政府和社会保险（养老保险）经办机构之间的关系。同时，由于社会保险制度是现代工业化的产物，劳资分责是社会保险的基本特征，因此参保人就可以被具体划分为自然人和用人单位，其中自然人既包括受雇的劳动者，也包括以灵活就业者或非受雇劳动者身份参加养老保险的其他自然人。

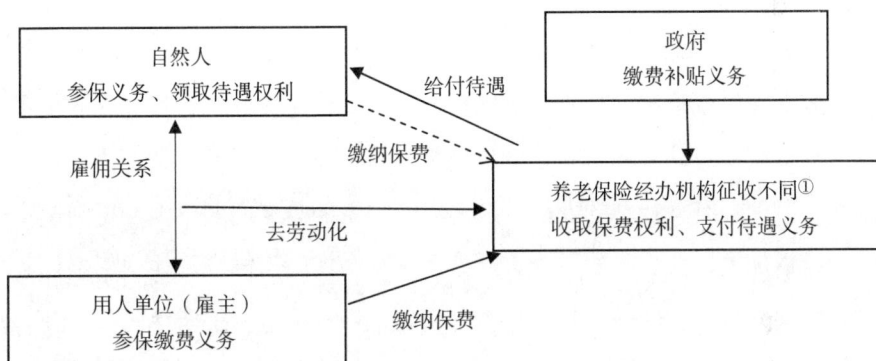

图 7—1　养老保险权利义务关系示意图

图 7—1 描述了养老保险法律关系中的主体及其之间的权利义务关系。首先，自然人（无论是受雇劳动者还是非受雇劳动者）承担参保缴费的义务、享受领取待遇的权利。但是需要特别强调的一点是，对于受雇劳动者而言，其缴费义务往往是委托雇主完成的，而并非直接与征收机构产生缴费关系（图 7—1 中用虚线表示）。其次，用人单位（无论是企业还是公共部门）承担参保缴

---

①　2018 年国务院机构改革后，明确由税务机构统一征收社会保险费。

费的义务，负责直接向养老保险经办机构登记参保并依法按时足额缴费。根据劳资分责的原则，用人单位的缴费既包括其本身要承担的部分，也包括为其职工代缴的部分。如果是非受雇劳动者，如灵活就业人员等，则需要自行向征收机构缴费。再次，政府公共财政作为社会保险的担保人，需要承担缴费补贴的义务。最后，养老保险经办机构根据法律的授权，承担基金管理的权利，履行向符合条件的自然人支付养老保险待遇的义务。

在养老保险的权利义务关系中，用人单位和政府都是绝对的义务人，需要为其雇员缴纳保费和进行财政补贴；参保自然人和养老保险经办机构则既有权利也有义务，而参保自然人则是最终的权利享有者，即享有养老保险的待遇。因此，从资金流的角度来看，养老保险是一个三方缴费（用人单位、劳动者、政府）、单方（劳动者）受益的制度。关于养老保险的权利义务主体中，有三点需要特别说明。

其一，养老保险的权利主体经历了从工业公民资格到社会公民资格的拓展。① 养老保险权早期是建立在劳动权基础上的衍生权利，在权利义务关系上表现为只有受雇劳动者才有法定的养老保险权，非受雇劳动者则作为自由参保人。然而，随着经济社会的发展，非受雇劳动者的养老问题也需要得到制度性的回应，再加上社会公平的要求，在大多数社会保险型国家都体现出了权利主体的扩张，即从受雇劳动者拓展到全体公民，被称为"全民皆保险"。相应地，养老保险权的性质就从基于劳动权的衍生权利转变成了国民的直接权利。但是，劳动者身份的不同导致了筹资结构的差异，受雇者由劳资双方供款；自雇者则完全由个人承担缴费责任，或者由政府承担雇主责任。在由个人承担缴费责任的情况下，参保者的福利性显著降低，那么其应当成为法定参保人还是自愿参保人？这是养老保险立法在面对劳动力市场结构变化时所必须要回答的问题。

其二，政府是养老保险中的义务人，从而不宜成为规则制定者。在社会保

① 李志明：《社会保险权的历史发展：从工业公民资格到社会公民资格》，《社会学研究》2012年第4期。

险制度中，劳资双方是责任主体，政府是制度建立的推动者和担保者，承担着法定的补贴责任。也就是说，政府自身也是养老保险制度中的责任人，在这样的背景下，如果由政府来制定养老保险规则，就把运动员当成了裁判员，自然无法制定出合理的规则。因此，包括养老保险在内的社会保险立法由于需要规范和约束政府的相关行为，必须由立法机关来制定规则。

其三，养老保险经办机构是养老保险法律关系中的重要主体，因此需要将其独立化、法人化。在学术界，有一种观点认为，养老保险是个人对政府的权利①，即政府是养老保险待遇的给付人。但其实在绝大多数社会保险型国家，养老保险经办机构作为独立于政府的社会法人，承担着给付养老金等待遇的义务。但是在我国，养老保险经办机构与行政管理机构之间尚未彻底实现管办分离，经办机构实质上是行政管理机构的附属，并不享有独立的法人地位。在管办不分的情况下，经办机构无法成为独立的法人，承担法律赋予的权利与义务，养老保险的社会法属性就可能因此异化为行政法的关系。

2. 养老保险权利义务关系的特点

其一，养老保险不同主体权利义务关系的统一性与分离性。如上文所分析的，在养老保险的法律关系中，涉及的主体包括参保自然人、参保用人单位、养老保险经办机构以及政府。其中，参保用人单位和政府都是法定义务人，经办机构和参保自然人则既需要承担义务又享有权利，而最终的权益实现者则是参保自然人。也就是说，用人单位和政府在养老保险制度中是绝对的缴费义务人，而没有领取待遇的权利，权利与义务是相分离的；②参保自然人则是权利与义务相统一的，履行缴费义务、享受领取待遇的权利。

其二，养老保险权利义务在时间上的跨越性。养老保险的实质是代际之间的互助共济。在同一时点上，履行义务的是参保缴费的在职职工，享受权利的是退休的老人；但从个体的角度看，在其整个工作生涯中，都在履行缴费义

① 杨狄：《关于我国社会保险权类型化问题的研究》，《中国政法大学学报》2015年第4期。
② 注：这里的权利主要是指待遇方面的，用人单位和政府相关部门依然享有参与制度管理、监督制度运行等方面的权利。

务，待其符合领取养老金待遇条件时，往往已经退出劳动力市场，缴费义务也随之结束。因此，一般而言，参保自然人的养老保险权利义务在时间上是分离的，参保者需要长期履行缴费义务，才能享受到退休后的相应权利。这种权利义务在时间上的分离性必然会对参保意愿产生影响，这也是各国养老保险都采取强制参保的重要原因。

其三，养老保险法律关系是去劳动化的。虽然养老保险等社会保险关系在早期是劳动权的衍生权利，即如果雇主不履行缴费义务，那么劳动者的社会保险权就会受到影响，但随着社会保险权作为一项基本权利被认可，包括养老保险在内的社会保险关系呈现出"去劳动化"的基本特征。即从法律关系上看，如果雇主未履行缴费义务，那么作为承担收取保费义务的机构应当向用人单位提出缴费要求，而不应当以损害劳动者的养老保险权益为代价。①

二、基本养老保险制度法制依据

我国基本养老保险制度实践的基本依据由《中华人民共和国社会保险法》的相关章节和有关的部门性规章与政策性文件共同构成。其中，《社会保险法》专设第二章"基本养老保险"，共 13 条，对养老保险的制度模式、参保对象、资金筹集、待遇确定等作出了原则性的规定。

国务院的有关政策性文件与部门规章根据《社会保险法》的相关规定或授权作出相应具体规定，对法律没有规定的内容亦作出了相应的规范。其中，职工基本养老保险政策依据主要是《国务院关于完善企业职工基本养老保险制度的决定》（国发〔2005〕38 号）；城乡居民养老保险政策依据主要是《国务院关

---

① 注：根据全国人大社会建设委员会有关《社会保险法》实施情况的专题材料显示，在养老保险领域，因雇主未按时履行缴费责任而导致的司法案件占比最高，达到72.8%。

于建立统一的城乡居民基本养老保险制度的意见》（国发〔2014〕8号）和《人力资源社会保障部　财政部关于建立城乡居民基本养老保险待遇确定和基础养老金正常调整机制的指导意见》（人社部发〔2018〕21号）；机关事业单位基本养老保险的政策依据主要是《关于机关事业单位工作人员养老保险制度改革的决定》（国发〔2015〕2号）。下面，对养老保险制度的相关法律规定做简要梳理。

（一）参保对象

根据《社会保险法》第十条的规定，职工是基本养老保险的法定参保人，无雇工的个体工商户、未在用人单位参加基本养老保险的非全日制从业人员以及其他灵活就业人员是自愿参保人。

《社会保险法》第二十条和第二十二条分别提出，国家建立和完善新型农村社会养老保险制度和城镇居民社会养老保险制度（目前这两项制度已经合并实施），并未对两项制度的参保对象作出明确规定。国发〔2014〕8号文规定，年满16周岁（不含在校学生），非国家机关和事业单位工作人员及不属于职工基本养老保险制度覆盖范围的城乡居民，可以在户籍地参加城乡居民养老保险。

（二）制度模式

《社会保险法》第十一条和第二十一条都规定，基本养老保险和新型农村社会养老保险制度实行社会统筹与个人账户相结合的模式。国发〔2015〕2号文明确要求机关事业单位养老保险实行社会统筹与个人账户相结合的制度模式。

（三）资金筹集

《社会保险法》第十一条规定，基本养老保险基金由用人单位和个人缴费以及政府补贴等组成；第二十条规定，新型农村社会养老保险实行个人缴费、集体补助和政府补贴相结合。

就职工基本养老保险制度而言，《社会保险法》第十二条规定，用人单位应当按照国家规定的本单位职工工资总额的比例缴纳基本养老保险费，记入基本养老保险统筹基金；职工应当按照国家规定的本人工资的比例缴纳基本养老保险费，记入个人账户。目前用人单位的缴费比例为16%（广东、浙江等省的缴费比例略低）、职工的缴费比例为8%，缴费基数的计算口径未有明确规定。机关事业单位养老保险的资金筹集方式与职工养老保险基本一致。

对于灵活就业人员而言，《社会保险法》第十二条规定，应当按照国家规定缴纳基本养老保险费，分别记入基本养老保险统筹基金和个人账户。其缴费基数可以在本省全口径城镇单位就业人员平均工资的60%—300%之间适当选择，缴费比例为20%，其中8%记入个人账户。

对于城乡居民养老保险而言，个人缴费、集体补贴和财政补助进入个人账户，基础养老金来源于各级财政补贴。其中，个人缴费大多采用定额缴费的方式，财政补贴和集体补助的标准则由各地自行决定。根据人社部发〔2018〕21号文的要求，要根据经济发展、个人缴费标准提高和财力状况，合理调整缴费补贴水平。

（四）养老保险待遇

1.待遇领取条件。《社会保险法》第十六条规定，参加基本养老保险的个人，达到法定退休年龄时累计缴费满15年的，按月领取基本养老金。根据相关文件要求，在缴费周期中同时参加过职工基本养老保险和居民养老保险的参保者，如在职工养老保险制度中累计缴费满15年，则享受职工养老保险待遇；否则享受居民养老保险待遇。

2.待遇内容。除上述满足法定退休年龄时领取的养老金外，养老保险待遇还包括残疾养老金和遗属养老金。《社会保险法》第十七条规定，参加基本养老保险的个人，因病或者非因工死亡的，其遗属可以领取丧葬补助金和抚恤金；在未达到法定退休年龄时因病或者非因工致残完全丧失劳动能力的，可以领取病残津贴。以上两项养老金的待遇标准未有明确规定。

3.待遇标准。《社会保险法》第十五条规定，基本养老金根据个人累计缴费年限、缴费工资、当地职工平均工资、个人账户金额、城镇人口平均预期寿命等因素确定。

基本养老保险待遇由基础养老金和个人账户养老金共同构成。其中，职工基本养老保险的计发办法在国发〔2005〕38号文中作出了明确规定。2018年全国职工基本养老保险月均水平为3153元。城乡居民养老保险的基础养老金由各级财政分担，其中中央财政为每人每月88元，个人账户养老金由个人账户计发办法确定。2018年全国城乡居民养老金月平均水平为152元。

《社会保险法》第十四条对个人账户作出了专门规定，即个人账户不得提前支取，记账利率不得低于银行定期存款利率，免征利息税。个人死亡的，个人账户余额可以继承。同时，根据职工基本养老保险和居民基本养老保险的计发办法，个人账户都是终身给付直至死亡。

4.待遇调整机制。《社会保险法》第十八条规定，国家建立基本养老金正常调整机制。根据职工平均工资增长、物价上涨情况，适时提高基本养老保险待遇水平。人社部发〔2018〕21号文要求，统筹考虑城乡居民收入增长、物价变动和职工基本养老保险等其他社会保障标准调整情况，适时调整城乡居民全国基础养老金最低标准。

（五）其他

1.视同缴费。《社会保险法》第十三条规定，国有企业、事业单位职工参加基本养老保险前，视同缴费年限期间应当缴纳的基本养老保险费由政府承担。

2.转移接续。针对跨地区的流动，《社会保险法》第十九条规定，个人跨统筹地区就业的，其基本养老保险关系随本人转移，缴费年限累计计算。个人达到法定退休年龄时，基本养老金分段计算、统一支付。2009 年 12 月，国务院办公厅转发了人力资源社会保障部、财政部《城镇企业职工基本养老保险关系转移接续暂行办法》（国办发〔2009〕66 号），对此作出了具体规定。针对跨行业的流动，人力资源社会保障部、财政部于 2014 年下发了《城乡养老保险制度衔接暂行办法》（人社部发〔2014〕17 号）。国发〔2015〕2 号文则对机关职业单位养老保险与城镇职工养老保险的转移接续进行了规定。

3.统筹层次。《社会保险法》第六十四条规定，基本养老保险基金实行全国统筹。

三、基本养老保险发展实践的基本评估

根据长期追踪养老保险制度改革与发展进程，在 2019 年针对吉林、贵州、四川、重庆、浙江、上海等多个省市的专题调查获得的一手材料基础上，可以获得我国基本养老保险制度发展实践的基本评估结论。

（一）制度体系框架初步形成，但统一性严重不足

经过 40 多年的改革，我国已经基本形成了由职工养老保险、居民养老保险和机关事业单位养老保险共同构成的基本养老保险体系。三项制度都采取了社会统筹与个人账户相结合的模式，也初步建立了跨地区和跨行业的衔接机制。基本养老保险的体系框架和制度结构已经基本形成。

但是，受到路径依赖以及养老保险改革权责划分不明确的影响，我国养老保险制度的统一性较差。其一,三项基本养老保险制度之间缺乏统筹协调，其在待遇水平、责任分配结构、统筹层级与管理体制等方面存在较大的差异。其

二，同一制度在不同地区之间存在较大差异。这是法律授权不明确导致改革决策主体不明，中央政府未及时出台相关政策，或授权地方自行决定而导致的必然后果。养老保险制度统一性不足不仅违背了制度发展的基本规律，而且会产生一系列不良的社会经济乃至政治后果：不同区域之间费率不同有违市场经济一般规律，不利于区域之间经济均衡发展和国家整体经济的高质量发展；养老金待遇差距过大导致不同群体之间矛盾尖锐并引发社会不满，亦会成为引致社会冲突的导火索。

（二）覆盖面持续扩大，但仍有部分未参保群体

目前，我国已经初步构建起了全世界覆盖人口最多的基本养老保险体系。统计数据显示，2018 年末，全国参加城镇职工基本养老保险人数为 41902 万人。其中，参保职工 30104 万人，参保离退休人员 11798 万人。以上三个数据在 1998 年分别为 11203 万、8476 万和 2727 万人。2018 年末，参加城乡居民基本养老保险的人数为 52392 万人。其中，实际领取待遇人数 15898 万人。以上两个数据在 2014 年末分别为 50107 万人和 14313 万人。①

但是，由于个体工商户和灵活就业人员并非强制参保，以及劳动者的流动性等原因，仍有部分劳动者未参加基本养老保险。2018 年，基本养老保险参保职工人数占城镇就业人员的比例为 76.6%，城乡居民养老保险参保人数占农村居民人数的比例为 90.6%。

（三）基金运行总体平稳，但责任分担机制有待优化

统计数据显示，2018 年全年职工基本养老保险基金总收入 51168 亿元，基金总支出 44645 亿元。年末基本养老保险基金累计结存 50901 亿元，而

---

① 注：以上数据均来源于人力资源和社会保障部有关年份的统计公报。

1998 年的累计结存仅有 588 亿元。2018 年全年城乡居民基本养老保险基金收入 3838 亿元，基金支出 2906 亿元。年末城乡居民基本养老保险基金累计结存 7250 亿元，比 2014 年增加了 3405 亿元。[①] 除此之外，再加上全国社会保障基金超过两万亿的资产作为战略储备，我国养老保险基金总体运行平稳，当期并不存在支付风险，完全可以确保养老金按时足额发放。

但是，由于职工养老保险统筹层次较低，且不同地区之间老龄化程度差异较大，因此地区之间养老保险基金状况呈现两极分化的特点。其中，基金结余主要集中在广东、浙江、福建等沿海发达省区，东北三省等老工业基地养老保险基金支出压力较大。

在缴费责任的分配机制方面，2018 年各级财政对职工养老保险的补贴为 5210 亿元，占比较低（10%）；对居民养老保险的补贴为 2546 亿元，占比较高（66%）。同时，在职工养老保险财政补贴中，尚未建立合理的中央与地方分担机制，视同缴费期的财政补贴机制亦未建立。

在职工养老保险制度中，用人单位缴费负担过重，缴费率仍有进一步下调的空间。同时，由于对缴费基数的口径未有明确规定，导致用人单位以名义工资而非实际工资作为缴费基数，降低缴费负担，影响参保人的长期利益。

在居民养老保险制度中，财政补贴的激励效应不足。以个人缴费档次 500 元为例，全国平均财政补贴水平不到 100 元，财政补贴占个人缴费水平的比例未随个人缴费水平的提高而显著提高。

（四）多层次体系建设纳入议事日程，但实际进展缓慢

建立多层次的养老金体系是全球应对人口老龄化、确保养老金长期可持续发展的基本共识和共同策略。21 世纪初，我国就提出了多层次养老金体系建

---

① 注：以上数据均来源于人力资源和社会保障部有关年份的统计公报。

设的目标，并且出台了一系列政策措施支持补充层次养老金的发展，但实际进展却非常缓慢。

以企业年金为例，截至 2018 年底，全国仅有 8.74 万户企业建立了企业年金，参加企业年金的职工为 2388 万人，仅占全国就业人口的 3%、占城镇职工基本养老保险参保人数的 5.7%；年末企业年金基金累计结存 14770 亿元，仅相当于职工基本养老保险基金累计结存的 25.4%。2018 年人寿保险公司的寿险保费为 2.07 万亿，赔付为 4388 亿，均比 2017 年有所下降。多层次养老金体系建设迟缓的根本原因并非政策支持力度不够，而是基本养老保险制度尚未定型，由此导致补充层次的养老金定位不清、预期不明。

（五）养老金水平显著提高，但待遇差距大、计发办法存在不合理因素

2018 年，全国职工基本养老保险月均水平为 3153 元，比 2011 年提高了 202%；2018 年全国城乡居民基本养老保险月均水平为 152.3 元，比 2013 年提高了 191%。但是，不同参保人群之间，以及不同地区之间的养老金待遇差距较大。2018 年，职工人均月养老金水平是居民的 20.7 倍，替代率是居民的 3.7 倍，机关事业单位因有强制性的职业年金，养老金水平更高。就区域差别而言，以居民养老保险为例，2018 年水平最高的上海为每月 1150 元，最低的贵州为每月 103.6 元。[①]

养老保险待遇差异不仅是因为我国地区之间经济发展差距较大，也和养老保险待遇确定与调整机制不合理有关。职工养老保险待遇与个人的缴费工资水平、缴费年限以及退休前一年的当地社会平均工资有关，而从 2005 年开始连续以较高幅度调整养老保险待遇的措施亦存在严重问题；居民养老保险由于缺

---

① 注：以上数据根据人力资源和社会保障部有关年份统计公报和国家统计局数据库的数据计算所得。

乏个人缴费激励机制，所以参保人都更多寄希望于完全来自公共财政的基础养老金水平。

（六）对个人账户的规定存在矛盾

根据《社会保险法》第十四条的规定，个人账户余额可以继承，这标志着个人账户具有私人产权属性。但与此同时，职工和居民养老保险计发办法都规定，个人账户给付终身。也就是说，即使个人账户的资金已经发完，只要参保人仍然存活，就需要按标准继续发放至其死亡。这意味着个人账户具有了公共属性，两者之间存在矛盾。

除此之外，职工养老保险待遇调整时，个人账户养老金水平也随之上调，这亦有违个人账户的私人属性，而必然会带来长期的支付风险。

（七）制度无法适应人口流动和新型就业形态

虽然相关的政策文件对人口跨区域流动和跨行业流动中的养老保险权益作出了相关规定，但是，在跨区域流动过程中，经办手续复杂，需要参保人自行完成；基金无法全额流转，导致流入地和流出地之间的矛盾等，皆与养老保险全国统筹的目标相违背。

在跨行业流动的过程中，根据现行的衔接办法，参保者在退休时，只能享受某一项制度的基础养老金，这与个人全参保周期内参加了多项制度的客观现实相违背，影响了个人的养老金权益。

与此同时，现行的职工养老保险制度还必须面对就业方式变化带来的挑战。根据现行政策，个体工商户、灵活就业人员等参加职工养老保险需要承担劳资双方的缴费责任，且缴费门槛较高，参保福利性因此下降。若其转而参加居民养老保险制度，则会对其未来的养老金水平和老年生活有所影响。

四、基本养老保险法制建设中存在的主要问题

(一)缺乏较高层次的行政法规和专门立法

从养老保险法律体系的建设上看,除了《社会保险法》中设置了专章做原则性的规定外,其他有关养老保险制度的规定均处于部门规章或政策性文件的较低水平,缺乏较高层次的综合性行政法规,更没有专门的养老保险专门立法。相比而言,工伤保险、失业保险等险种均已有国务院条例,这与养老保险制度的重要地位不相符合。

(二)现有法律中部分条款有待修改完善

1. 关于参保义务。根据现行法律规定,个体工商户、灵活就业人员以及城乡居民均为自愿参保人,而非义务参保人。这不符合养老保险制度发展的基本规律,也不利于维护国民的养老保险权益。

从德国、日本等典型国家养老保险制度的发展规律来看,都逐步实现了"全民皆保险",再加上养老保险是用长期的理性制度来克服个人的短期理性行为,个人主动参保的意识和主动性不足,因此大多采取强制参保的方式。从现实情况来看,参保主动性不强的往往是较低收入群体,其面临着更大的老年收入风险,从而更有必要参保。

2. 关于个人账户属性。社会保险法规定个人账户余额可以继承,即具有私人属性;个人账户养老金计发办法则要求终身给付,即具有公共属性。两者之间相互矛盾,必然导致个人账户资金无法实现自我平衡并进而影响到社会统筹基金的财务可持续性,从而成为养老保险最大的长期财务风险致因。

从理论上看,个人账户具有典型的私人属性,个人因寿命较长而带来的支

付风险不应当由养老保险基金来承担，而适宜通过个人一次性支取或者商业保险等方式进行分担。

3. 关于最低缴费年限。《社会保险法》规定，缴费满 15 年即可领取养老金待遇。该项最低缴费年限的规定在人们普遍对养老保险制度信心不足的背景下，被误读为缴费 15 年后就可停止缴费，大大削弱了"长缴多得"机制的作用发挥。

4. 关于待遇调整机制。《社会保险法》规定，根据职工平均工资增长、物价上涨情况，适时提高基本养老保险待遇水平。而基本养老保险待遇包括基础养老金和个人账户养老金。正如此前对个人账户养老金性质的讨论，待遇调整的对象应当仅限于基础养老金部分，而不宜适用于个人账户部分。

5. 关于补缴。《社会保险法》第十六条规定，参加基本养老保险的个人，达到法定退休年龄时累计缴费不足 15 年的，可以缴费至满 15 年，按月领取基本养老金。由于该项规定的适用对象和适用条件未做明确规定，导致在实施中出现就业期间不按时参保缴费，待临近退休时一次性补缴的情况。因此，对于养老保险费的补缴，需要作出更加具体和详细的规定，原则上应不允许补缴。

6. 关于城乡居民养老保险。《社会保险法》中有关新型农村社会养老保险和城乡居民养老保险的表述已经与目前城乡居民养老保险合并实施的现实不相匹配，从而需要做相应修改。

(三) 现有法律中部分条款未有效落实

1. 社会保险法明确规定，基本养老保险实行全国统筹。党的十九大报告也提出"尽快实现基本养老保险全国统筹"。全国统筹是实现养老保险制度统一性，增强可持续性的关键环节。虽然中央政府出台了中央调剂金制度，向全国统筹迈出了实质性步伐，但距离全国统筹的本质要求还有很大距离，从而迫切需要尽快出台养老保险全国统筹方案。

2. 社会保险法明确规定，视同缴费年限期间的保险费由政府承担。但迄今为止，视同缴费年限的认定仍未出台全国统一政策，而由地方自主决定；视同缴费年限应缴费用的财政支出方案也未出台。随着"中人"退休规模的不断增大，视同缴费的问题将会日益显著。从养老保险司法案例来看，视同缴费的认定问题也是最主要的纠纷所在。

3.社会保险法明确规定，国家建立基本养老金正常调整机制。但目前各项基本养老保险待遇调整周期不一致（职工养老保险自 2005 年以来每年调整，城乡居民养老保险则只调整过两次），调整幅度不一致，调整内容不一致（职工和机关事业单位调整基本养老金，城乡居民只调整基础养老金），从而有待出台相关政策予以统一和落实。

（四）法律权责不清，改革缺乏法律依据与明确授权，严重影响制度统一性

近些年来，为了适应新常态下的社会经济环境，推动养老保险制度可持续发展，相关部门推出了一系列改革措施，包括持续降低用人单位缴费率、重新界定社会平均工资计算口径、出台养老保险基金投资管理办法等。但这些改革措施都缺乏相应的上位法依据，更重要的是，由于法律中缺乏对改革主体的明确规定，导致授权不清、责任不明，部门或地方自行决策，反而不利于养老保险制度的统一性。

例如，不同地方对于视同缴费年限的认定不统一，对过渡养老金的参数设定不统一，对城乡居民基础养老金标准与调整机制的规定不统一等，都在实践中导致了一系列问题。

（五）司法救济存在困境，法律关系尚未理顺

正如上文所分析的，养老保险法律关系的本质是参保人与养老保险经办机构之间的社会法关系，但由于劳动者权利的实现要以用人单位的缴费为前提，所以其养老保险权的司法救济往往与劳动关系认定等劳动法领域的问题有所关联；而经办机构的准政府性质则又使得社会保险关系会被异化为行政关系。

在养老保险法律关系不清晰的情况下，劳动者养老保险权的司法救济就存在着两难的境地：一方面，如果选择行政争议程序，劳动者或者是无权对社会保险管理部门发起行政争议程序，只能作为投诉人或举报人向劳动监察部门反映情况；即使启动了行政争议程序，根据《行政诉讼法》的要求，需要由被告即行政机关承担举证责任，而行政机关对劳动者的劳动关系等状况却无法掌握充足的证据。另一方面，如果选择民事仲裁程序，按照"谁主张、谁举证"的民事纠纷举证原则，处于相对弱势方的劳动者亦无法提供用人单位未履行相关义务的证据，即使提供了相应的证据，经过调解—仲裁—诉讼的漫长环节，也使得劳动者的养老保险权益无法得到及时保护。

五、完善养老保险法制的建议

（一）尽快出台养老保险行政法规，适时制定专门的养老保险法

建议按照社会保险法的基本原则，由主管部门牵头，尽快以国务院名义出台基本养老保险条例，对各项基本养老保险制度的框架和关键要素作出明确规定，尽快实现基本养老保险制度的统一。其内容至少应当包括：各项基本养老保险制度的参保对象、筹资机制（包括缴费基数和费率）、基金管理模式、待遇确定与调整、养老保险关系转移与衔接、管理体制、经办服务与信息系统建设等，对相关主体的权责进行明确规定。

适时制定专门的《养老保险法》，对多层次养老保险体系进行法律规范。从国际典型社会保险型国家的经验以及不同社会保险项目的差异来看，确有必要制定专门的《养老保险法》。因为，不同社会保险项目的内在规律和运行原

理不尽相同，例如医疗保险以年度基金平衡为目标，而养老保险则要考虑长期的基金平衡等。目前，我国的医疗保险管理体制已经重塑，养老保险管理则实现了相对集中，可以适时考虑启动研究和制定《养老保险法》，对不同层次养老金制度的政策框架、管理体制、基金来源与平衡周期，以及相关主体的权利义务进行明确规定。

（二）对《社会保险法》中的相关条款进行修改

1.确定强制参保的原则，将所有国民均作为法定参保人，实现所有适龄劳动者均纳入养老保险。修改《社会保险法》第十条的相关表述，将所有适龄劳动者（在校学生除外）均纳入基本养老保险，实现法定强制参保。对于受雇劳动者，明确应当参加职工养老保险制度；对于个体工商户等灵活就业人员则可以参加职工养老保险，也可以参加居民养老保险，但必须履行参保缴费义务。

2.明确个人账户的私人属性。完善《社会保险法》第十四条的相关表述，增加有关"个人账户养老金总额领完为止、不得从社会统筹账户中列支"的表述；在具体的行政法规和政策文件中，提供一次性领取、转化为商业养老保险等多种备选方案，明确个人账户的私人属性和长寿风险的分担机制。

3.淡化有关最低缴费年限的规定，并尽快启动延长最低缴费年限的改革。目前社会保险法中有关最低缴费年限的规定不利于鼓励劳动者长期缴费，但考虑到延长最低缴费年限需要一个过程，尚不宜直接在法条中提高最低缴费年限。因此，建议删除《社会保险法》第十六条中有关最低缴费年限的规定，改为"可根据经济发展与人口结构状况，逐步提高最低缴费年限，具体方案由国务院制定"的原则性表述。同时，尽快启动延长最低缴费年限的改革。

4.明确养老保险待遇调整机制的对象和原则。修改《社会保险法》第十八条的相关表述，将基本养老保险待遇调整的对象从基本养老金修正为基础养老金，调整幅度应当主要与当地基本生活水平挂钩。

5.取消有关补缴的规定。删除《社会保险法》第十六条第二款有关养老保险可以补缴至 15 年的规定；同时，根据制度实际运行与司法案例中的情况，由主管部门出台全国统一的缴费办法，对历史欠缴、中断缴费等情况的处理作出明确规定。

6.统一对城乡居民养老保险的表述。修改《社会保险法》第二十条、第二十一条和第二十二条，统一表述为城乡居民养老保险制度，并对制度框架做原则性规定。

（三）根据法律要求，出台养老保险顶层设计方案和关键领域改革措施，尽快落实相关法律规定

根据社会保险法相关条款的要求，尽快出台养老保险顶层设计方案和专项改革措施，此项工作需要与制定基本养老保险条例相协调，从而确保改革方案与条例内容相一致。

建议采取"1+N"的改革策略，即 1 个综合顶层设计方案加若干个关键领域的具体改革方案。其中，关键领域至少应当包括基本养老保险全国统筹方案、视同缴费年限认定与财政责任实施方案、延长退休年龄（含延长最低缴费年限）方案以及基本养老保险待遇确定与调整方案等。

（四）实现养老保险经办机构的法人化，并逐步建立专门的社会法院

理顺养老保险法律关系的前提是明确其法律主体和各自的权利义务关系，目前养老保险法律关系不明确的关键就在于经办机构缺乏独立的法人地位，从而无法形成参保者与经办机构之间明确的养老保险法律关系。因此，要严格按照"管办分离"的原则，实现经办机构的独立化和法人化。在医疗保障行政管理相对独立的背景下，养老保险经办机构和医疗保险经办机构也要实现相互独

立。经办机构法人化的关键是消除其与养老保险行政机构之间的人事"旋转门效应"和建立独立的运行经费来源。

相应地，需要建立包括养老保险在内的独立的社会保险司法体系。现阶段，应当要首先避免将养老保险纠纷定位为劳动纠纷或行政纠纷，尤其是对于因用人单位未履行缴费义务而导致劳动者权益受损的案件，要严格按照"去劳动化"的原则，在保护劳动者权益的同时，追究用人单位的责任。建议由最高人民法院整理并发布有关典型案例，指导地方正确处理养老保险的司法纠纷。从长期来看，要参照德国的经验，建立专门的社会法法院，专司社会保险等领域的司法职责，优化包括养老保险在内的社会保险权利救济机制，更好地保护国民的养老保险权益。

第八章　养老保险制度效果评估与政策建议 [①]

养老保险是保障老年人群收入安全、对抗贫困和社会不平等的有效手段，是现代社会保障体系中极为重要且改革难度突出的项目。近 40 多年来，伴随从计划经济体制向市场经济体制的经济改革进程，我国的养老保险制度经历了全面而深刻的变革，实现了从传统非缴费型退休金制度向现行缴费型社会养老保险制度的转型，但新的制度安排还存在诸多问题，离一个成熟和定型的养老保险制度还有相当距离。[②] 本章旨在通过对相关指标的定性与定量分析，对我国养老保险制度的发展现状进行客观评估，进而就如何促使这一制度的最终成熟和定型提出政策建议。

一、养老保险制度实践效果评估指标设定

在国际上，发达国家已建成在法制化轨道运行的养老保险制度并向多层次化发展，而发展中国家仍多将重点置于养老保险制度扩面上并已经取得了一些

---

① 本章曾发表于《山东社会科学》2020 年第 4 期。

② 郑功成：《中国养老金：制度变革、问题清单与高质量发展》，《社会保障评论》2020 年第 1 期。

显著成效，故而评估各国养老保险制度发展情况主要采取制度覆盖面与保障水平两大指标。我国既是一个人口众多的发展中国家，又是快速现代化的社会主义国家，这意味着对我国养老保险制度的评估需要以发达国家为参照，同时兼顾现实国情。有鉴于此，本章选取养老保险制度的法制化、体系化程度作为定性指标，覆盖率、替代率、公平性、可持续性作为定量指标，旨在对我国养老保险制度现状进行客观评估。

（一）定性指标：法制化与体系化

相较发达国家成熟的养老保险制度，我国的养老保险制度仍处于变革之中。从制度定型的视角来看，养老保险制度的法制化程度与体系（多层次）化建设状态可作为两个关键性的评估指标。

法制化方面，老年收入保障是现代国家的一项基本社会保障人权，而这项权利只有通过相应的法律赋权明责才能得到保障。制定国家立法框架并扩大法律覆盖面，是发展以人权为基础的社会保障体系的重要内容。[①] 在养老保险制度成熟的发达国家，养老保险制度的覆盖范围、权利义务关系、资金筹集与待遇给付、管理体制与经办机制等均是由法律规范，政府依法履行监督之责并承担相应的财政责任，经办机构依法承担养老金制度的具体管理职责，劳资双方依法承担缴费（税）义务，个人退休后依法享受养老金权益；在发展中国家，已经建立的全国性的养老保险制度亦奉行立法先行、以法定制、依法实施的原则，这使得制度框架和资金来源趋向稳定。因此，法制化既是各国养老保险制度的根本依据，也是衡量其养老保险制度是否定型的客观指标，中国也不例外。

---

① 参见 CESCR（United Nations Committee on Economic, Social and Cultural Rights）. *General Comment No.19: The right to social security*（Geneva）. 2008。

体系化方面，伴随人口老龄化[1]和社会发展，政府主导的单一层次公共养老保险制度的负担日益沉重，同时也无法真正满足人们的多层次养老保障需求，故构建多层次养老保险制度体系以应对人口老龄化并促使养老保险制度的责任分担机制更加合理成为全球普遍的趋势。健全的养老保险制度应是由政府主导的公共养老金制度、政策支持的政策性养老金（通常指企业年金或职业年金）和完全市场化的商业性养老金共同构建的多层次制度体系。以德国、美国等为代表的发达国家已经建成多层次养老保险制度体系，许多发展中国家也在探索建立各自的多层次养老保险体系。我国 1999 年时 60 岁及以上人口占总人口之比达到 10%，自此进入老龄化社会；2019 年中国 60 岁以上老年人口达25388 万人，占总人口的 18.1%，其中 65 周岁及以上人口 17603 万人，占总人口的 12.6%；[2] 这表明中国正处于快速老龄化的进程中，因此，多层次养老保险体系是制度建设的理性目标。

综上所述，法制化与体系化可作为评估我国养老保险制度是否成熟和定型的两大标尺。

（二）定量指标：覆盖率、替代率、公平性、可持续性

从国际比较的视角来看，各国养老金体系不尽相同，但一国的养老金制度往往可通过覆盖率、替代率、公平性、可持续性这四个主要的量化指标来评估和比较。其中，覆盖率反映制度惠及的广度，替代率反映保障水平的充足性，

---

[1] 根据 1956 年联合国《人口老龄化及其社会经济后果》确定的划分标准，当一个国家或地区65 岁及以上人口占总人口之比超过 7% 时，这个国家或地区即进入老龄化；1982 年维也纳老龄问题世界大会则确定 60 岁及以上人口占总人口之比超过 10% 时，这个国家或地区进入老龄化。各国普遍按照上述标准中的一个标准或同时采用两个标准来确定是否进入了老龄化国家或地区行列。

[2] 《国新办举行 2019 年国民经济运行情况新闻发布会》，国务院新闻办公室网，2020 年1 月 17 日，http://www.scio.gov.cn/xwfbh/xwbfbh/wqfbh/42311/42438/wz42440/Document/1672021/1672021.htm?flag=1。

公平性反映不同群体之间的养老金权益差距，可持续性反映养老保险基金的支付能力与制度发展潜力。

1.覆盖率。该指标反映养老金制度的普惠性，也是评价制度公平性的基石。如果养老金制度只覆盖少数人，则不具有社会公平性；只有普遍惠及所有老年人，这一制度才有公平的起点。尽管各国养老保险制度都是从覆盖部分人群起步的，但如果长期不能实现覆盖全民的目标，便会丧失制度的公正性。国家发展到一定阶段后，建立普惠性养老保险制度往往会成为重要的社会政策目标。发达国家与部分发展中国家的经验均表明，养老保险制度一般会经历从覆盖稳定、全职雇佣关系的雇员扩展到覆盖其他劳动者，再到惠及全民的渐进发展过程。覆盖率可进一步分为法律（制度）覆盖和有效覆盖，前者是指现有法律框架为老年人口提供法律权利的程度，后者反映法律框架的有效执行情况。法律覆盖面的扩大本身既不能确保人口的有效覆盖，也不能确保待遇质量和水平的改善。事实上，由于实施和执法中问题、政策协调的缺乏以及经办机构能力薄弱，有效覆盖率往往明显低于法律覆盖率。因此，有必要同时评估法律覆盖和有效覆盖。[1]

2.替代率。该指标反映养老保险制度的保障水平，以能够保障老年人基本生活的经济来源为标准。如果替代率过低，不足以维持退休者的基本生活，易导致老年贫困；如果替代率畸高，会激励提前退休，导致在岗劳动者与退休者的代际矛盾，因为养老保险基金由用人单位和在岗劳动者的缴费形成，养老金水平偏高往往要以在岗劳动者缴费偏重为代价，这显然不利于激励职工劳动并阻碍社会财富增长。因此，替代率的设定需要考虑在岗劳动者与退休者之间的利益平衡，同时还需要考虑养老保险制度的体系结构。此外，全球养老保险改革与发展的主流是从单一层次的公共养老金制度发展为多层次养老金制度体系。基于多层次养老保险体系的目标设定，不同层次的替代率亦需要合理的结构。

---

① 华颖：《全球社会保障的最新动态与未来展望》，《社会保障评论》2018 年第 1 期。

3.公平性。该指标反映基于社会团结、集体筹资的养老保险制度的本质追求及实现程度，以权益差距大小为评估标准。普惠性制度安排虽然奠定了制度公平的起点，但制度的公平性是否实现还需要依据相关指标进行评价。在遵循权利义务相结合的社会保险制度下，一般应包括两个维度：一是不同群体之间的替代率差距大小。它与制度公平性高低呈现负向相关关系。二是养老金待遇给付是否平等。由于缴费年限与缴费额度有别，以及制度结构的多层次化，最终养老金待遇给付存在差距是正常现象，但这种差距应在合理范围之内。过大的差距会加剧老年收入保障的不公，引发社会矛盾。

4.可持续性。该指标反映养老保险制度的生命力，关乎代际公平，不可持续的制度将损害未来养老金领取者的利益。大部分发展中国家的重点是扩大养老金制度的覆盖面，而有着全面、成熟养老保险体系的国家在面临着人口老龄化时，其最大挑战是在财务可持续性和养老金水平充足性之间维持平衡。确保制度可持续发展是评估制度优劣的重要指标，其核心是财务指标及其可持续性。具体可从以下三个维度进行评估：一是财务指标是否稳健。即养老保险基金收支情况，足够支付为优，收不抵支为劣。二是相关政策参数是否具有调整空间，调整空间越大表明可持续发展的潜力越大，反之亦然。三是多层次结构是否合理。如果一层独大则可持续性有限，如果多层次结构合理均衡则可持续性强。

上述四个指标均可以通过对官方公布的养老金及相关数据的测算，以及与国际同类指标进行对比得到衡量。

二、对养老保险制度实践效果的评估

基于我国养老保险制度的发展实践，可以客观评估制度实践的效果。

（一）定性指标的评估

1. 法制化水平。根据《中华人民共和国立法法》，我国的立法体系包括全国人大及其常委会制定的法律、国务院制定的行政法规和省级人大制定的地方性法规、国务院所属部门制定的部门规章和省级人民政府制定的地方规章三个层级，其中，行政法规的依据是宪法和法律及全国人大及其常委会的授权决定，地方性法规不得同宪法、法律、行政法规相抵触，部门规章系根据法律和国务院的行政法规、决定、命令并在本部门权限范围内制定，地方规章根据法律、行政法规和本省、自治区、直辖市的地方性法规制定。[①] 上述规制决定了法律是制度成熟的标志，法规与规章是依据法律制定并保障法律实施的规范。

基于中国养老保险制度的现实，可以发现，其法律依据是 2010 年制定、2011 年实施的《中华人民共和国社会保险法》。[②] 在这部法律中，第二章专门规制养老保险，主要适用企业职工，内容包括：由用人单位和职工共同缴费，最低缴费年限为 15 年，采取社会统筹与个人账户相结合财务机制，政府在基本养老保险基金出现支付不足时给予补贴（即兜底制），退休人员养老金待遇由统筹养老金与个人账户养老金组成等，同时授权国务院制定适用于公职人员的养老保险办法，提出建立和完善新型农村社会养老保险制度并授权省级政府决定是否将城乡居民养老保险制度合并实施。这些规制为企业职工养老保险制度提供了基本依据，也确定了我国基本养老保险制度的基本框架，但几乎均是原则性的规定。

在法规层面，国务院只颁布过与养老保险费征缴及未来战略储备有关的综合性行政法规，迄今尚未像针对失业保险、工伤保险一样制定有关养老保险的专门行政法规，但出台了一系列重要的政策性文件，作为具体规范养老保险制

[①] 《中华人民共和国立法法》，中央政府门户网站，http://www.gov.cn/test/2005-08/13/content_22423.html。

[②] 《中华人民共和国社会保险法》，中央政府门户网站，http://www.gov.cn/jrzg/2010-10/28/content_1732870.html。

度改革与实施的依据（见表8—1）。

表8—1 国务院出台的现行养老保险相关法规与政策性文件

时　间	名　称	适　用	性　质
1999.01	社会保险费征缴暂行条例	含养老保险费	暂行法规
2016.03	全国社会保障基金条例	战略储备基金	法规
1991.06	关于企业职工养老保险制度改革的决定	企业职工养老保险	政策文件
1995.03	关于深化企业职工养老保险制度改革的通知	企业职工养老保险	政策文件
1997.07	关于建立统一的企业职工基本养老保险制度的决定	企业职工养老保险	政策文件
1998.08	关于实行企业职工基本养老保险省级统筹和行业统筹移交地方管理有关问题的通知	企业职工养老保险管理	政策文件
2005.12	关于完善企业职工基本养老保险制度的决定	企业职工养老保险	政策文件
2009.09	关于开展新型农村社会养老保险试点的指导意见	居民养老保险	政策文件
2011.06	关于开展城镇居民社会养老保险试点的指导意见	居民养老保险	政策文件
2014.02	关于建立统一的城乡居民基本养老保险制度的意见	居民养老保险	政策文件
2015.01	关于机关事业单位工作人员养老保险制度改革的决定	机关事业单位工作人员养老保险	政策文件
2015.03	机关事业单位职业年金办法	机关事业单位工作人员职业年金	国办发的政策文件
2015.08	基本养老保险基金投资管理办法	养老保险基金投资	政策文件
2017.06	关于加快发展商业养老保险的若干意见	商业养老保险	国办发的政策文件
2017.11	划转部分国有资本充实社保基金实施方案	主要是充实养老保险基金	政策文件
2017.12	企业年金办法	企业年金	政策文件

时　间	名　　称	适　用	性　质
2018.04	关于开展个人税收递延型商业养老保险试点的通知	商业养老保险	政策文件
2018.05	关于建立企业职工基本养老保险基金中央调剂制度的通知	养老保险中央调剂	政策文件
2019.04	降低社会保险费率综合方案	主要降低养老保险费率	国办发的政策文件

从表8—1可见，我国虽有《社会保险法》对养老保险专章规制但均属原则性规定，两部行政法规只分别涉及养老保险费征缴与养老战略储备基金，这表明我国的养老保险制度主要依据中央政府发布的重要政策性文件实施。这些政策性文件的法律地位高于部门规章但低于行政法规。在国务院的政策性文件之下，人力资源和社会保障部、财政部等作为养老保险主管部门，亦发布了少数规章，但大多数仍以主管部门政策性文件的形式出现。这种主要依靠政策性文件实施养老保险制度的做法灵活性有余而稳定性不足，是现阶段具有中国特色的治理手段。

在地方层面，广东、浙江、江苏、陕西、福建等省制定了有关养老保险的地方性法规，但基本养老保险是全国性而非地方性制度安排，因而这些地方性法规对养老保险制度并无法制化的实质意义。不过，由于国务院与主管部门的相关养老保险政策性文件将许多事项交由地方自决，地方政府及其主管部门亦承担制定相关具体政策的责任。

综上可见，我国养老保险制度虽然具有最基本的法律遵循，但现存法律规制残缺不全且层级低，各种政策性文件还在频繁调整。据此可得，我国养老保险制度的法制化水平很低，离制度定型还有相当距离。

2. 体系化程度。早在20世纪90年代中期，我国就已明确提出建设多层次养老保险体系的目标，此后国务院在相关政策性文件中亦多次重提，国务院办公厅和人力资源社会保障部等相关部门亦出台过有关职业年金、企业年金及商业性养老金的政策性文件。其中，企业年金的主要政策依据是 2017 年 12 月人力资源和社会保障部、财政部联合发布的《企业年金办法》；职业年金的主要政策依据是 2015 年 3 月国务院办公厅发布的《机关事业单位职业年金办法》；商业性养老金的主要政策依据是 2017 年 6 月国务院办公厅发布的《关于加快发展商业养老保险的若干意见》和 2018 年 4 月由财政部、国家税务总局、人力资源和社会保障部、中国银行保险监督管理委员会、中国证券监督管理委员会等五部门联合下发的《关于开展个人税收递延型商业养老保险试点的通知》。这表明多层次养老保险体系中的第二、第三层次政策框架基本形成，但法制化程度尚低，多处于试验性发展阶段。

从政策实践效果来看，处于第二层次的职业年金因有政府财政作为有力支撑而已经全面建立并实现了制度全覆盖，但应为第二层次主体的企业年金因各种因素制约却覆盖有限，其参保人数和基金积累额的规模均相对偏低（见表8—2）。

表8—2　2010—2018 年中国企业年金与城镇基本养老保险情况对比

年份	参保人数（万人）	基金积累（亿元）	企业年金参保人数/就业人口总数（%）	企业年金参保人数/城镇职工基本养老保险参保人数（%）	企业年金积累额/城镇职工基本养老保险基金积累额（%）
2010	1335	2809	1.75	5.19	18.28
2011	1577	3570	2.06	5.55	18.31
2012	1847	4821	2.41	6.07	20.14
2013	2056	6035	2.67	6.38	21.35
2014	2293	7689	2.97	6.72	24.18
2015	2316	9526	2.99	6.55	26.95
2016	2325	11075	2.99	6.13	29.96
2017	2331	12880	3.00	5.82	29.74
2018	2388	14770	3.00	5.70	25.4

资料来源：参保人数与基金积累数据由人力资源和社会保障部提供，比率为作者计算。

处于第三层次的商业性养老保险发展更加滞后，迄今缺乏精确的统计数据，粗略估算约在 6000 亿元左右的规模。2018 年国家在上海、福建及苏州工业园区实施个人税收递延型商业养老保险试点，截至 2019 年 9 月该险种销售额还不到 2 亿元，[①] 这还是在国家出台相对优厚的税收优惠政策的情况下。因此，商业性养老金在总体上尚未进入公众消费视野。

从国际比较的视角来看，目前数据可得的 OECD 国家中自愿性职业或企业养老金（第二层次）和私人商业性养老金（第三层次）覆盖率（即 15—64 岁劳动年龄人口中参保人员的比例）平均分别为 21%、27%，其中德国的上述指标分别达 57%、33.8%，美国分别为 43.6%、19.3%，日本分别为 50.5%、14.7%。[②] 相较之下，我国第二、第三层次养老保险象征意义大于实质意义，发展严重滞后。

从上述评估获得的基本结论是，我国多层次养老保险体系建设目标已定，政策框架初步成型但层次偏低、权威性不足，实践效果欠佳。因此，多层次养老保险体系尚未建成。[③]

（二）定量指标的评估

由于我国法定的基本养老保险占据主体地位且多层次养老保险体系尚未形成，本章主要评估对象为基本养老保险制度。根据人力资源和社会保障部等官方发布的统计数据，可以从覆盖率、替代率、公平性、可持续性四个方面对我国基本养老保险制度进行客观评估。

1. 覆盖率。我国计划经济时期面向城镇国有单位与集体企业实行非缴费型

---

① 《加快发展商业保险，助力"老有所养"》，《中国经济时报》2020 年 1 月 21 日。

② OECD, "Coverage of Private Pensions" in *Pensions at a Glance 2019: OECD and G20 indicators*, OECD Publishing, Paris, https://doi.org/10.1787/b6d3dcfc-en, 2019, p.207.

③ 郑功成：《多层次社会保障体系建设：现状评估与政策思路》，《社会保障评论》2019 年第 1 期；郑功成：《中国养老金：制度变革、问题清单与高质量发展》，《社会保障评论》2020 年第 1 期。

退休金制度，改革开放后推进社会养老保险改革亦主要针对城镇企业职工，从而均只是覆盖少数群体。以 2009 年启动农村居民社会养老保险试点为标志，经过 2011 年启动城镇居民社会养老保险试点，到 2012 年底实现了居民养老保险制度全覆盖；2014 年底以社会养老保险替代机关事业单位工作人员退休金制度；以上三大基本养老保险制度构成了我国法定养老金制度体系，法律覆盖率为 100%，有效覆盖率快速增长（见表 8—3）。2019 年底，全国城镇职工基本养老保险参保人数达 43482 万人，参加城乡居民基本养老保险人数为 53266 万人，合计达 96748 万人。①

表 8—3　2008—2018 年基本养老保险参保人数及待遇领取人数

单位：万人

年份	职工基本养老保险		城乡居民基本养老保险		合计
	在职参保人数	离退休人数	60 岁以下参保人数	60 岁以上领取人数	参保人数
2008	16587	5304	5083	512	27486
2009	17743	5807	5942	1335	30827
2010	19402	6305	7414	2863	35984
2011	21565	6826	24026	9157	61574
2012	22981	7446	34987	13382	78796
2013	24177	8041	35982	13768	81968
2014	25531	8593	35795	14313	84232
2015	26219	9142	35672	14800	85833
2016	27826	10103	35577	15270	88777
2017	29268	11026	35657	15598	91549
2018	30104	11798	36494	15898	94294

① 《2019 年人力资源和社会保障统计快报数据》，人力资源和社会保障部网站，2020 年 1 月 21 日，http://www.mohrss.gov.cn/SYrlzyhshbzb/zwgk/szrs/tjsj/202001/t20200121_356806.html。

注：(1) 数据来自中国人力资源和社会保障部发布的历年《人力资源和社会保障事业发展统计公报》。

(2) 表中"城乡居民基本养老保险"之居民是指所有农村居民和城镇中非工薪适龄人口，在 2010 年及以前仅指"农村社会养老保险"，从 2011 年到 2013 年为"农村社会养老保险"和"城镇居民基本养老保险"合并数据，2014 年开始为制度整合后的"城乡居民基本养老保险"。

由表 8—3 和 2019 年的统计快报可见，我国基本养老保险制度自 2009 年启动农村社会养老保险试点到 2012 年底实现城乡居民养老保险制度全覆盖以来，有效覆盖率已经接近 100%，所有老年人皆能按月领取数额不等的养老金，基本养老保险制度的普惠性政策目标已经实现。

2. 替代率。养老金旨在满足劳动者年老后基本生活的需要。我国计划经济时期实行替代率偏高的养老金，它以低工资、全面福利为背景，1955 年国家规定机关工作人员工作年限满 10 年者的退休金标准一般为本人工资的 70%，满 15 年以上者为 80%；1958 年出台的企业职工退休政策规定，工龄为 5—10 年者的替代率为 50%，10—15 年者为 60%，15 年以上者为 70%；[①] 此后替代率还在提高，最高可达 100%，即工龄长的劳动者退休后养老金与在岗时的工资相当。改革开放后，这一情况发生根本性的变化，劳动者长期以来的低工资局面改观，家庭人口规模也不断缩小（意味着劳动者抚养人口比持续下降），特别是建立社会养老保险制度后，单一层次的退休金开始转化成多层次养老金体系，故对养老金替代率的评估需要综合考虑。我国基本养老金替代率可见表 8—4。

表8—4　1996—2018 年养老金对估计缴费基数的替代率

年份	年人均养老金（元）	非私营单位年工资（元）	估计缴费基数（元）	估计缴费基数替代率（%）
1996	4375	6210	6210	70.5
1997	4940	6470	6470	76.4
1998	5543	7446	7446	74.4
1999	6451	8319	8319	77.5
2000	6674	9333	8866	75.3

① 胡晓义：《新中国社会保障史》，中国劳动社会保障出版社、中国人事出版社 2019 年版，第 31—32 页。

年份	年人均养老金（元）	非私营单位年工资（元）	估计缴费基数（元）	估计缴费基数替代率（%）
2001	6866	10834	10064	68.2
2002	7880	12373	11260	70.0
2003	8088	13969	12287	65.8
2004	8536	15920	13580	62.9
2005	9251	18200	15042	61.5
2006	10564	20856	16668	63.4
2007	12041	24721	19121	63.0
2008	13933	28898	21430	65.0
2009	15251	32736	23578	64.7
2010	16696	37147	24698	67.6
2011	18701	42459	28249	66.2
2012	20900	46769	31619	66.1
2013	22970	51483	34803	66.0
2014	25317	56360	37507	67.5
2015	28236	62029	41831	67.5
2016	31527	67569	47491	66.4
2017	34512	74318	51260	67.3
2018	37844	82461	56760	66.7

说明：（1）数据来源：人均养老金和非私营单位就业者平均工资的数据来自历年的《中国统计年鉴》，估计缴费基数中2010年到2015年的数据来自《中国社会保险发展年度报告2015》，其余年份的数据为作者估计。

（2）"估计缴费基数"的基本思路：在较早年份，参保者主要是非私营单位的就业者，其缴费基数与非私营单位职工平均工资之间的差异较小。2005年后私营企业就业者开始大量参保，其平均工资仅为非私营单位就业者平均工资的60%左右，同时还存在缴费不实的情况，导致其缴费基数与非私营单位就业者平均工资之间的差异不断扩大。有鉴于此，本表根据历年参保者中非私营单位职工和私营单位职工的比例来测算理论缴费基数，然后基于对缴费基数比的估计测算得到"估计缴费基数"，最后用人均养老金除以估计缴费基数得到替代率水平。

从表8—4可见，我国职工基本养老保险金（第一层次）的替代率迄今还在 66% 以上。在国际上，国际劳工组织 1952 年发布《社会保障最低标准公约》（第 102 号，低标准）提出的最低标准是缴费 30 年的人员退休时养老金替代率不低于 40%；1967 年发布的《残障、老年和遗属津贴公约》（第 128 号；较高标准）提出至少缴费 30 年的人员退休时养老金替代率不低于 45%。根据 OECD 的最新数据，强制性养老金的净替代率[①] 中国为 79.4%、德国 51.9%、日本 36.8%、韩国 43.4%、英国 28.4%、美国 49.4%、OECD 国家 58.6%、欧盟 28 国 63.5%；强制性和自愿养老金加总的净替代率为德国 68%、日本 61.5%、英国 61%、美国 83.7%、OECD 国家 65.4%、欧盟 28 国 67%。[②] 相较之下，我国目前的职工基本养老保险替代率处于较高水平。

需要指出的是，我国另外两种基本养老保险制度的替代率处于偏高与偏低的两极状态。其中，机关事业单位工作人员的养老金替代率偏高。根据 2006 年人事部、财政部印发的《关于机关事业单位离退休人员计发离退休费等问题的实施办法》，事业单位工作人员工作年满 20 年不满 30 年者，其退休金替代率为 80%；工作年满 20 年不满 30 年者为 85%，工作年满 35 年者按 90% 计发。建立养老保险制度后，事业单位工作人员的养老金替代率在 80%—90% 之间。[③] 而农民的基本养老金占农民人均纯收入的替代率仅在 10%—14% 之间（各地不一）。

综上所述，我国职工的养老金替代率较国际水平偏高，机关事业单位工作人员甚至接近退休前的收入水准，而农民的养老金则明显偏低。

3. 公平性。基于养老保险制度公平性的两个维度，评估如下：（1）不同群体之间的替代率差距。从适用于不同人群的三大制度来看，面向企业职工的基本养老金替代率为 65% 左右，总体水平适中；机关事业单位工作人员的替代率

---

① 此处的替代率是针对有完整职业生涯、平均收入者的情形。养老金净替代率定义为个人养老金净额除以退休前收入净额。净替代率一般高于毛替代率，低收入者的替代率一般高于高收入者。

② OECD, "Gross pension replacement rates" in *Pensions at a Glance 2019: OECD and G20 Indicators*, OECD Publishing, Paris, DOI: https://doi.org/10.1787/90da17a0-en, 2019, p.157.

③ 马伟、刘洋、杨潇、王立剑:《机关事业单位养老保险替代率问题探讨》，《统计与决策》2017 年第 14 期。

在80%以上，水平偏高；居民养老金待遇领取者的替代率不到15%，明显偏低。虽然居民养老金经历从无到有已是巨大的历史性进步，其替代率水平提升需要过程，但企业职工与机关事业单位工作人员之间的养老金替代率差距明显大于计划经济时期。因此，三大制度之间的替代率差距大主要表现在企业职工与机关事业单位工作人员两大群体之间的差距扩大化上。(2) 养老金待遇给付差距。退休人员之间的养老金待遇差距过大一直是这一制度备受诟病的重要原因，尽管缺乏精确的数据来衡量具体差距，但下列原因可以解释差距悬殊的来源：一是在目前地区分割统筹格局下，各省的养老金待遇计发办法亦有不同，致使同一类参保者因所处地区不同或者在不同年份退休而面临养老金待遇差异，退休人员的病残津贴、丧葬补助和遗属待遇也在不同地区标准有别；二是针对"中人"① 的"视同缴费"② 政策因授权各省级政府自主确定而导致各地标准不一，进而造成各地养老金待遇差距；三是个人账户收益率不一，国家对职工个人账户收益率统一规定为8%，但对城乡居民个人账户的收益率则没有具体规定，这使得同样性质的参保人在个人账户权益上存在明显差距；四是在三大基本养老保险制度中，机关事业单位工作人员退休后获得的是基本养老保险金与职业年金组合成双层结构的养老金待遇，企业退休人员95%以上只有基本养老保险金，而居民养老金待遇领取者主要依靠基本养老保险中由政府财政供款的基础养老金。③

上述分析表明，基于群体分割的法定制度安排存在着替代率差距过大的问题，相关政策的不统一又使得不同群体与同一群体内的退休人员最终待遇给付的差距扩大化。可见，我国的养老保险制度通过普惠全民解决了制度公平的起点问题，但尚未解决不同群体与不同个体最终养老金待遇的不公平问题，这将

---

① "中人"是指养老保险制度改革前参加工作但尚未退休的人，它是相对于改革时已退休的"老人"和改革后参加工作的"新人"而言的概念，涉及数以亿计的劳动者。

② "视同缴费"是根据国务院《关于深化企业职工养老保险制度改革的通知》规定，实行个人缴费的养老保险制度前，职工的连续工龄可视同缴费年限，其基本养老金待遇由视同缴费年限与实际缴费年限合并计算发放，因而关系到"中人"退休人员的切身利益。

③ 郑功成：《中国养老金：制度变革、问题清单与高质量发展》，《社会保障评论》2020年第1期。

是未来发展面临的长期挑战。

4.可持续性。养老保险制度是否可持续是评估制度优劣的重要指标，该指标可主要通过考察如下三个方面来衡量：

（1）养老保险基金财务状况。表8—5展示了我国职工基本养老保险基金收支状况，可见基金累计结余在持续增长。尽管确实有少数地区（如东北部分城市）存在职工基本养老保险基金年度收支赤字，但这是基本养老保险制度处于地区分割统筹局面造成的结果，并不影响全国职工基本养老保险基金累计结余日益增长的客观事实。因此，从总体情况判断，这一制度的财务状况是稳健的，具有可持续性。

表8—5　1995—2018 年职工基本养老保险基金累计结余和可持续年份情况

年份	参保职工 （万人）	基金收入 （亿元）	基金支出 （亿元）	累计结余 （亿元）	可持续年份 （年）
1995	8738	950	848	430	0.5
1996	8758	1172	1032	579	0.6
1997	8671	1338	1251	683	0.5
1998	8476	1459	1512	588	0.4
1999	9502	1965	1925	734	0.4
2000	10447	2278	2115	947	0.4
2001	10802	2489	2321	1054	0.5
2002	11129	3171	2843	1608	0.6
2003	11647	3680	3122	2207	0.7
2004	12250	4258	3502	2975	0.8
2005	13120	5093	4040	4041	1.0
2006	14131	6310	4897	5489	1.1
2007	15183	7834	5965	7391	1.2
2008	16588	9740	7390	9931	1.3

续表

年份	参保职工 （万人）	基金收入 （亿元）	基金支出 （亿元）	累计结余 （亿元）	可持续年份 （年）
2009	17743	11491	8856	12526	1.4
2010	19402	13420	10527	15365	1.5
2011	21565	16895	12765	19497	1.5
2012	22981	20001	15562	23941	1.5
2013	24177	22680	18470	28269	1.5
2014	25531	25310	21755	31800	1.5
2015	26219	29341	25813	35345	1.4
2016	27826	35058	31854	38580	1.2
2017	29268	43310	38052	43885	1.2
2018	30104	51168	44645	50901	1.1

资料来源：1995—1997 年度劳动事业发展统计公报，1998—2007 年度劳动和社会保障事业发展统计公报，2008—2018 年度人力资源和社会保障事业发展统计公报，人力资源和社会保障部网站，http://www.mohrss.gov.cn/SYrlzyhshbzb/zwgk/szrs/tjgb/index.html。

（2）影响基本养老金制度的相关参数。包括：一是覆盖面。目前我国的基本养老保险制度实现了制度全覆盖，但在 3.6 亿多城乡居民基本养老保险的参保缴费者中有 90％以上选择的是最低定额缴费（年均 100 元），从而是只具象征意义的参保人，其中至少还有 1 亿以上的农民工作为就业者本应成为职工基本养老保险的标准参保人。[1] 因此，中国的职工基本养老保险制度的覆盖面还有较大扩展空间。二是退休年龄偏低。男性 60 岁、女职工 50 岁、女干部 55 岁的规制已沿用 60 多年，实际平均退休年龄为仅约 54—55 岁，而我国人均预期寿命已从新中国成立初期的 35 岁提高到 2018 年的 77 岁，退休年龄的调整明显滞后。目前，OECD 国家的平均退休年龄为 66.1 岁，欧盟 28 国为 66.3

[1] 2019 年 7—12 月，笔者在对吉林、贵州、四川、重庆、浙江等省的专题调研中发现，城乡居民养老保险 90％以上的参保人选择的缴费档次为每年 100 元的最低档。另可参见鲁全：《居民养老保险：参保主体、筹资与待遇水平》，《社会保障评论》2020 年第 1 期。

岁①，我国的退休年龄（尤其是女性）在中高收入国家中明显偏低，从而有较大的调整空间。三是最低缴费年限偏低。现行政策为缴费满 15 年即可领取全额养老金，而发达国家通常在 35 年以上，这意味着最低缴费年限仍有很大的提升空间。四是战略储备基金。中国在 2000 年即建立了应对人口老龄化高峰期的养老保险战略储备基金，截至 2018 年末，社保基金权益总额为 20573.56亿元，其中全国社保基金权益 18104.55 亿元，②伴随国家财政与彩票公益金的不断投入和国有资本划转规模扩大，战略储备基金还将更加雄厚。综上所述，我国基本养老保险制度还有巨大的参数调整空间，只要措施得当，可持续发展的潜力巨大。

（3）多层次养老金发展情况。前已述及，我国养老保险多层次体系尚未形成，政府正在积极推进严重滞后的企业年金与商业性养老金发展，从而具有潜在发展空间。

从上述三个指标判断，我国的基本养老保险制度的可持续性较强。

三、基本结论与政策建议

（一）养老保险制度评估的基本结论

基于上述对我国养老保险制度的评估分析，可获得以下基本结论：

1.法制化水平低不利于养老保险制度统一和明确各方参与主体的预期。一个主要依靠政策性文件实施的养老保险制度无疑是中国特有的现象，但这种状

---

① OECD, "Gross pension replacement rates" in *Pensions at a Glance 2019: OECD and G20 Indicators*, OECD Publishing, Paris, DOI: https://doi.org/10.1787/90da17a0-en, 2019, p.147.

② 《社保基金年度报告（2018 年度）》，全国社会保障基金理事会网站，2019 年 7 月 13 日，http://www.ssf.gov.cn/cwsj/ndbg/201907/t20190711_7611.html。

况正在损害制度的权威性与稳定性，从而需要尽快改变。

2. 多层次养老保险制度框架体系已呈雏形，但尚未成型。即第一层次的法定基本养老保险制度还未完全定型，而第二、第三层次的养老保险并未充分发展，中国养老保险制度改革任重道远。

3. 基本养老保险制度解决了普惠性问题，但还未解决公平性问题。三大基本养老保险制度已经覆盖全民，老年人均能够按月领取数额不等的养老金，但地区之间、城乡之间、群体之间的待遇差距仍大。

4. 突出了政府责任，但政府责任边界以及中央与地方政府的责任划分还不明确。例如，我国政府对职工基本养老保险的财政补贴在逐年增长，但这种兜底保障机制在稳定和预期性等方面均不如固定比例分担机制合理；城乡居民养老保险制度得益于政府提供的基础性养老金，但财政对参保人的缴费补贴缺乏明确和稳定的规制；对企业年金、商业性养老金的财政与税收支持政策还欠精准。

5. 基本养老保险的保障水平不断提高，但缺乏统筹考虑与正常调整机制。以职工基本养老金为例，2005 年至 2015 年每年提高 10%，2016 年提高 6.5%，2017 年提高 5.5%，2018 年、2019 年分别提高 5%，但这并非根据物价上涨指数与同期工资增长指数等相关参数及其不同权重进行的自动调整，而是更多地考虑到公众诉求与同期基金收支及财政状况提供的临时性增长。养老金正常调整机制的缺乏导致养老保险待遇的提高缺乏可预期性。

总体而言，通过国家层级强化统筹考虑与顶层设计，我国养老保险制度正在从长期试验性改革状态走向成熟和定型发展的新阶段。2018 年中央政府建立职工基本养老保险调剂制度，向全国统筹的既定目标迈出了实质性步伐，但真正建立全面统一的制度还需要更多规制；2019 年出台降低基本养老保险单位缴费率的政策，使主体各方筹资责任向相对均衡迈进了一大步；此外还出台了促进商业性养老保险的政策和开展个人税收递延型商业养老保险试点，这也表明在向构建多层次养老保险体系的方向稳步发展。

（二）政策建议

从国家现代化的角度出发，社会保障不仅是保障民生的基本制度安排，而且是国家治理的有效工具与手段。[①] 作为其中主要支柱的养老保险制度更是需要尽快成熟和定型，以为全民提供清晰稳定的预期。我国的养老保险制度需要在以下几方面深化改革：

1. 加快养老保险制度的法制化进程。当务之急是尽快修订《社会保险法》，包括：机关事业单位工作人员、城乡居民的社会养老保险应当纳入法律，社会保险费统一由国家税务机构征收需在法律中加以明确，国家财政承担的兜底责任、各级政府的责任分担、职工基本养老保险个人账户的私有性等内容均需要对现有法律作出相应的调整。同时，宜制定专门的《养老保险条例》（行政法规），为三大基本养老保险制度的统一提供具体的执行依据。条件成熟时应择机制定专门的《养老保险法》。

2. 完善多层次养老保险体系的建设方案。关键是明确不同养老金层次的功能定位，包括：促使法定的基本养老保险制度早日定型并公平惠及全民，重点发展适度普惠的企业年金，鼓励中高收入群体通过商业性养老保险获得更好的保障。根据这种功能有别的定位，制定精准的政策体系有序促进，才能取得预期效果。

3. 在巩固制度普惠性的同时提高公平性。在这方面，需要全面落实全民参保计划，特别是确保灵活就业和新业态从业人员、高流动性的就业人员能够参保且不会断保；同时通过统一缴费基数、缴费率、视同缴费方案、待遇计发政策，确保避免政策偏差带来的待遇不公；还需要尽快建立正常的养老金待遇调整机制。

4. 建立全国统一的养老保险信息系统。国家层面应当推出养老保险信息标准体系，尽快实现纵向、横向信息对接畅通、上下一体，以之为养老保险制度的统一提供有力的技术支撑，并为参保人参保缴费提供便捷条件。

[①] 郑功成：《社会保障与国家治理的历史逻辑及未来选择》，《社会保障评论》2017 年第 1 期；丁建定：《改革开放以来党对社会保障制度重大理论认识的发展》，《社会保障评论》2018 年第 4 期。

第九章　医疗保险法制规范及实践

　　医疗保险制度是我国社会保障体系的重要组成部分，也是关系最为复杂的社会保障制度安排，它关乎广大人民的疾病医疗与健康保障，涉及医保行政部门、经办机构、医疗服务机构、药品生产与流通机构、药店、参保单位与参保人、患者等多方主体的利益关系，从而特别需要有健全的法制规范，以为医疗保险制度的正常运行与健康发展提供依据与保障。本章旨在梳理我国现行医疗保险法制规范，总结医保法律法规的实施情况，分析存在的主要问题，并对完善我国医疗保险的法制规范提供建议。

一、基本医疗保险的法制规范

　　我国的医疗保险制度包括职工基本医疗保险制度、城乡居民基本医疗保险制度与大病保险制度，此外还有政府负责的医疗救助和各种补充医疗保险。在这一体系中，基本医疗保险制度是主体性制度安排，其法制规范由《中华人民共和国社会保险法》第六章及相关行政法规、部门规章与政策性文件共同构成。其中，《社会保险法》是我国医疗保险的基本法律依据，其第三章"基本医疗保险"共 10 条，对基本医疗保险的覆盖范围、制度模式、资金来源、享受待遇的条件作出了原则性规定。

在国务院行政法规层面，我国尚未制定单独的医疗保险行政法规，仅有《社会保险费征缴暂行条例》对包括基本医疗保险在内的社会保险费征收缴纳进行了规定。因此，与失业保险、工伤保险均有行政法规不同的是，医疗保险也与养老保险制度一样，事实上缺乏行政法规层次的规制。在《社会保险法》之下，只有人力资源社会保障部 2011 年制定的部门规章《实施〈中华人民共和国社会保险法〉若干规定》第二章对基本医疗保险进行了规定，这显然不能起到国务院制定的行政法规的作用。

由于上述原因，目前我国的医疗保险主要依靠国务院发布的一些政策性文件和主管部门制定的规章或政策性文件为制度运行提供依据。如 1998 年 12 月国务院发出《关于建立城镇职工基本医疗保险制度的决定》，标志着我国现行职工基本医疗保险制度建立；2003 年 1 月国务院办公厅转发卫生部、财政部、农业部《关于建立新型农村合作医疗制度意见》的通知，标志着为农村居民建立的基本医疗保险制度正式启动；2016 年 1 月国务院发布《关于整合城乡居民基本医疗保险制度的意见》，要求将原来相互分割的城乡居民医疗保险制度进行整合，实现覆盖范围、筹资政策、保障待遇、医保目录、定点管理、基金管理的六个"统一"；2017 年 6 月，国务院办公厅出台《关于进一步深化基本医疗保险支付方式改革的指导意见》，为医保支付方式的改革提供了基本依据，但具体操作却允许"地方选择"。2018 年国家医保局成立后，加快了部门规章或政策性文件的出台，先后出台了《关于做好 2018 年城乡居民基本医疗保险工作的通知》《医疗保障扶贫三年行动实施方案（2018—2020 年）》《欺诈骗取医疗保障基金行为举报奖励暂行办法》《关于开展医保基金监管"两试点一示范"工作的通知》《关于印发医疗保障标准化工作指导意见的通知》《关于印发疾病诊断相关分组（DRG）付费国家试点技术规范和分组方案的通知》等一系列政策性文件，正是这些政策性文件，为全国医疗保障工作在管理体制改革后的顺利发展提供了重要依据。

现行有关医疗保险的法律法规与主要政策性文件可见表 9—1。

表9—1　基本医疗保险的法制规范梳理

性质	制定主体	制定时间	名　称
法律	全国人大常委会	2010.10 2018（修订）	社会保险法
法规	国务院	1999.01 2019（修订）	社会保险费征缴暂行条例
部门规章	人社部	2011.06	实施《中华人民共和国社会保险法》若干规定
政策性文件	国务院	1998	关于建立城镇职工基本医疗保险制度的决定
	国务院办公厅	2015	关于全面实施城乡居民大病保险的意见
	国务院	2016	关于整合城乡居民基本医疗保险制度的意见
	国务院	2016	关于印发"十三五"深化医药卫生体制改革规划的通知
	国务院办公厅	2017	关于进一步深化基本医疗保险支付方式改革的指导意见
	国务院办公厅	2019	关于全面推进生育保险和职工基本医疗保险合并实施的意见
	国家医保局	2018	关于做好2018年城乡居民基本医疗保险工作的通知
	国家医保局	2018	医疗保障扶贫三年行动实施方案（2018—2020年）
	国家医保局	2018	欺诈骗取医疗保障基金行为举报奖励暂行办法
	国家医保局	2019	关于印发医疗保障标准化工作指导意见的通知
	国家医保局	2019	关于做好2019年城乡居民基本医疗保障工作的通知
	国家医保局	2019	关于开展医保基金监管"两试点一示范"工作的通知
	国家医保局	2019	关于印发疾病诊断相关分组（DRG）付费国家试点技术规范和分组方案的通知

从表9—1可见，《社会保险法》为我国的医疗保险制度提供了最基本的规制，但医疗保险制度的具体实施还主要是以国务院与主管部门的一系列政策性

文件为依据。因此，在整个社会保险制度中，医疗保险（障）制度的法制化程度是最低的。

二、基本医疗保险制度的实践效果

《社会保险法》实施以来，基本保障了我国医疗保险事业的快速发展，其运行情况与实施效果如下：

（一）参保人数逐年攀升，基本实现人员全覆盖

医保制度是普惠性制度安排，实现全民医保是我国社会保障制度建设的重要目标。根据人社部发布的历年《人力资源和社会保障事业发展统计公报》和国家医保局发布的《2018年全国基本医疗保障事业发展统计公报》，我国基本

（单位：万人）

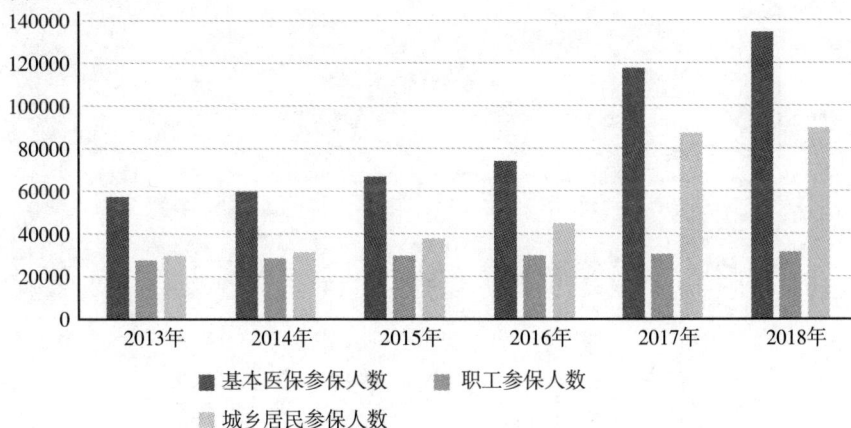

图9—1　2013—2018年全国基本医疗保险参保人数

数据来源：2013—2017年人力资源与社会保障事业发展统计公报，2018年全国基本医疗保障事业发展统计公报。

医疗保险参保情况如图9—1所示。2013年，基本医疗保险参保人数为57073万人；2018年，参保人数突破13亿，达134459万人。其中职工参保人数稳中有进，从2013年的27443万人增长到2018年的31681万人；城乡居民参保人数大幅增长，由2013年的29629万人增长至2018年的89736万人。目前，基本医保参保率稳定在95%以上，已基本实现全民医保的目标，织起了世界上最大的全民基本医疗保障网，这是我国改革开放后社会经济发展的一项重大成就。

（二）基金收支规模不断扩大，保障能力不断增强

医保基金是医疗保险制度得以运行的基础。2013年至2018年，我国基本医疗保险基金的收支情况如图9—2所示。6年间，基本医疗保险基金总收入和总支出均呈现较为平稳的增长态势，其中，总收入由2013年的8248亿元增加至2018年的21384亿元，总支出由2013年的6801亿元增加至2018年

（单位：亿元）

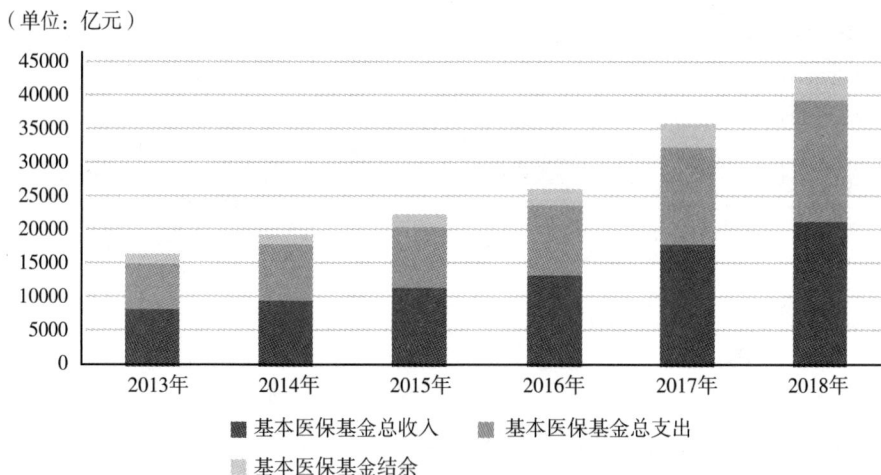

图9—2 2013—2018年全国基本医疗保险收支情况

数据来源：2013—2017年人力资源与社会保障事业发展统计公报，2018年全国基本医疗保障事业发展统计公报。

的 17822 亿元。全国基本医保基金当年度结余始终为正值，且增长幅度较为显著，由 2013 年的 1447 亿元增加至 2018 年的 3562 亿元，累计结余达 14270 亿元。可见，我国医保制度的财务在总体上是有大量结余的。基金支出规模的增大一定程度上反映了参保人员医疗服务与健康需求的增长，基金收入和基金结余的正增长则为更高质量的医疗服务和药品提供了支付保障，能够有力地保证当前参保人需求的满足。

（三）待遇水平稳步提升，切实缓解了居民医疗费用负担问题

近年来，各级政府持续提高居民医保人均财政补助标准，从 2007 年人均补助 40 元，到 2019 年增至 520 元，且加大了对贫困地区的补助倾斜程度，对减轻困难群众的参保缴费负担起到了重要作用。同时，2019 年国家医保局、财政部联合发文明确了要取消城乡居民医保个人账户的政策，积极发展门诊统筹，通过互助共济增强门诊保障能力。此外，还通过完善医保目录和谈判议价的方式，将符合条件的部分关键抗癌药纳入医保基本药物目录，切实解决重点困难群体的医疗费用负担问题，并对合理使用谈判药品的费用单独核算，保障谈判药品的正常供应，切实保证患者尽早买得到、用得上、可报销的谈判抗癌药品能够纳入国家医保目录。住院报销水平稳中略升，2018 年，全国职工、城乡居民医保住院政策范围内报销比例分别达到 81.6%、65.6%。

（四）医保制度整合持续发力，制度公平性进一步提升

自 2016 年 1 月国务院印发《关于整合城乡居民基本医疗保险制度的意见》以来，城乡居民医保整合工作持续稳步推进，2017 年末，有 24 个省区市对建立统一的城乡居民医保制度进行了总体规划部署或全面实现了城乡居民医保一体化的目标。2018 年 7 月，国家医保局、财政部、人力资源社会保障部和国家卫生健康委联合印发了《关于做好 2018 年城乡居民基本医疗保险工作的通

知》，抓紧推进整合工作，以确保 2019 年全国范围内统一的城乡居民医保制度能全面实施。现在已基本实现了城镇居民基本医疗保险和新型农村合作医疗的整合与一体化，本地户籍居民不再因农业户口与非农业户口之别而分属二元分立的两大居民基本医疗保险，从而提高了基本医疗保险制度的公平性。

（五）异地就医覆盖面不断扩大，就医便利性大幅提高

国家医保局成立以来，定点医疗机构覆盖范围持续扩大，异地就医管理服务政策不断完善，备案及转诊手续规范化，优化备案及转诊服务，加强基金结算管理，精简流程，实现了跨省异地安置退休人员住院医疗费用直接结算和符合转诊规定的异地就医住院费用直接结算，方便了群众就医并提高了优质医疗服务的可及性。截至 2018 年底，全国跨省异地就医定点医疗机构 15411 家，二级及以下定点医疗机构 12803 家，跨省住院患者超过 500 人次的定点医疗机构全部接入异地就医结算平台，县级行政区基本实现全覆盖。2018 年，职工医保参保人员异地就医 3656 万人次，异地就医费用 1085 亿元，居民医保参保人员异地就医 2876 万人次，异地就医费用 1965 亿元，全国跨省异地就医住院费用直接结算 132 万人次，是 2017 年的 6.3 倍。

（六）医保基金监管全面加强，维护医保基金安全

国家医保局及各级医保部门通过制定《欺诈骗取医疗保障基金行为举报奖励暂行办法》等政策性文件的方法，全面加强医保基金监管工作。统计数据显示，2018 年打击欺诈骗取医疗保障基金专项行动期间，全国检查定点医疗机构和零售药店 19.7 万家，查处违法违规定点医药机构 6.6 万家，约占抽查机构的三分之一，占全部定点医药机构的九分之一，其中解除医保协议 1284 家、移送司法 127 家，并查处违法违规参保人员 2.4 万人。国家医保局还建立欺诈骗保行为举报奖励制度，开通举报投诉电话和微信举报通道，加强群众和社

会监督。2018年国家医保局收到电话举报、微信公众号举报、信件举报等共4444例，其中有效举报线索739条。医保基金监管工作取得了积极进展，对欺诈骗保行为的强力打击，使得定点医药机构服务行为的规范性有所提升，并营造了良好的舆论氛围。

三、医疗保险制度存在的主要问题

从实际运行情况来看，我国的医疗保险制度在发展中还存在着诸多问题，这些问题大多是由于缺乏相应的法律规制致使各地各行其是的结果。

（一）医疗保险领域法制建设严重滞后

从我国医疗保险的法制规范来看，《社会保险法》只提供了非常有限的原则规制。至今无单独的医保行政法规，更无单独的医疗保险法。相较之下，工伤保险与失业保险均有单独的行政法规，而唯一覆盖全民且关系最为复杂的医疗保险制度处于法制规范严重滞后的境地，主要依靠"红头"文件来实施，这不仅在当今世界属于绝无仅有的现象，在我国整个社会保障体系建设中也是唯一的现象。

以医保费的征缴为例，《社会保险法》第二十三条对职工基本医疗保险的费用缴纳表述为"按照国家规定"；《社会保险费征缴暂行条例》第三条第五款规定"社会保险费的费基、费率依照有关法律、行政法规和国务院的规定执行"。这些均缺乏操作性指引。现行各地医疗保险的缴费基数、费率多是通过地方政策性文件来确定，导致医疗保险的征缴基数与费率缺乏统一法律指引，地区间差异，损害了医保制度的筹资公平性。

（二）医保制度分割，统筹层次较低

一方面，医疗保险的基本目标是使每一个参保人都能够"根据缴费能力缴费，按照合理需求享受待遇"，使全体国民都能够公平、有效地获得医疗保障。在完成基本医保制度"三合二"以后，居民医保与职工医保的"二元分立"仍然造成了医保制度人群分割，两项制度的体系框架、保障项目、待遇水平和报销目录等不统一，参保性质存在自愿性和强制性之分，保障水平存在差距较大的高低之分等，阻碍了人民群众获得公平的医疗保障。而现行的《社会保险法》仍然将基本医疗保险分为职工基本医疗保险、新型农村合作医疗和基本医疗保险，既未体现医保制度已实现"三合二"的现状，更未体现出最终用一个制度覆盖全民的目标追求。

另一方面，我国基本医疗保险的统筹层次较低。除上海、青海等少数地区已实现医疗保险省级统筹外，其余省市的医疗保险多以市级、县级统筹为主。在较低的统筹层次下，各地医保政策五花八门，基金收支水平差异大，支付能力悬殊，医保基金抗风险能力也各不相同。低层次统筹导致的地区间政策差异性与保障能力差距不仅损害了医疗保险制度的公平性，还直接影响到制度运行效率，容易造成流动人口未参保或断保等情况。医疗保险基于"大数法则"，统筹层次偏低意味着在单个统筹区内覆盖人群过少，这大幅弱化了医疗保险分散风险的功能。因此，加强整个医保体系互助共济及分散风险的能力，增强医疗保险制度的公平性，迫切需要进一步提升统筹层次。

（三）医保个人账户亟需作出制度性变革

在医保制度中引入个人账户，这在制度建立之初的"摸着石头过河的年代"可以理解，但制度运行迄今已是20多年了，职工医保个人账户仍在发展。调查表明，医保个人账户的运行已经背离了制度设计之初被赋予的使命：一是将医保缴费的一部分用于个人账户积累，直接大幅度地降低了统筹基金的

筹资水平，从而大幅度地削弱了医保制度应有的互助共济能力；二是医保个人账户基金跨期积累的回报率远低于同期我国医药卫生费用的增速，基金积累并不能很好地分散个人不同阶段的疾病风险；三是医保个人账户基金浪费严重，各地对个人账户的使用限制各有不同，有的地区个人账户可以提现，等同于取消了个人账户，但依然有征缴和支取的成本，也没有降低企业缴费负担，造成医保资源与管理及运行成本的极大浪费；四是大多数地区没有实现较好的门诊统筹，容易造成患者为了医保报销而小病大治，过度住院，导致统筹基金的大量浪费。因此，医保个人账户的设立早已到了非改不可的地步。

（四）医保筹资责任失衡，筹资机制有待健全

筹资机制是社会医疗保险制度建设的核心问题，直接关系到医保制度的稳定运行和可持续发展。《社会保险法》第二十三条对我国职工医疗保险的筹资方式进行了原则性规定。根据规定，职工基本医疗保险缴费以工资为基数，用人单位与参保职工分别按照一定比例缴费，其中单位缴费率与个人缴费率之比名义上为3∶1，但一些地方单位缴费早已超过了这一比例，属于单位负担重、个人负担轻状态；在职工之间，由于还有工资之外的其他类型收入（如采取年薪制的管理者的绩效奖励），这些收入有时会远远超出工资收入，而单纯以工资为主要收入来源的阶层往往是中低收入阶层，因此，以工资为缴费基数实际上意味着低收入群体承担着比高收入群体更多的缴费义务。

在居民医保方面，我国现行政策是采用定额筹资方式，即无论收入高低，每个人均按照规定额度等额缴费居民医保费，这一模式具备执行层面的简便性，但亿万富豪与低收入者之间承担的缴费义务是完全相等的，这既不符合社保基金筹资的横向公平和纵向公平，也不利于扩大筹资来源，增强基金的财务稳定性，显然是不合理的筹资机制。近年来，受各种因素制约，我国居民医保个人缴费增长较缓慢，同期财政补贴增长较快，个人缴费责任被弱化，居民基

本医疗保险筹资责任在政府与家庭间进一步失衡，科学的筹资机制无法有效建立，较低的筹资水平进一步影响居民医保待遇水平的提高与职工、居民基本医疗保险的制度整合。

可见，现行医保制度的缴费参保政策迫切需要进一步完善，应厘清政府、单位、个人缴费责任，逐步建立稳定可持续的多渠道筹资机制，使其与经济社会发展水平、各方承受能力相适应。在继续加大财政投入、提高政府补助标准的同时，强化个人参保缴费意识，适当提高个人缴费比重。在筹资机制的设置上要进一步考虑增加不同群体间筹资的公平性。

（五）医保制度的可持续性面临冲击

根据国家统计局公布的数据，可以进行职工与居民基本医保基金收支增速对比（见图9—3）。

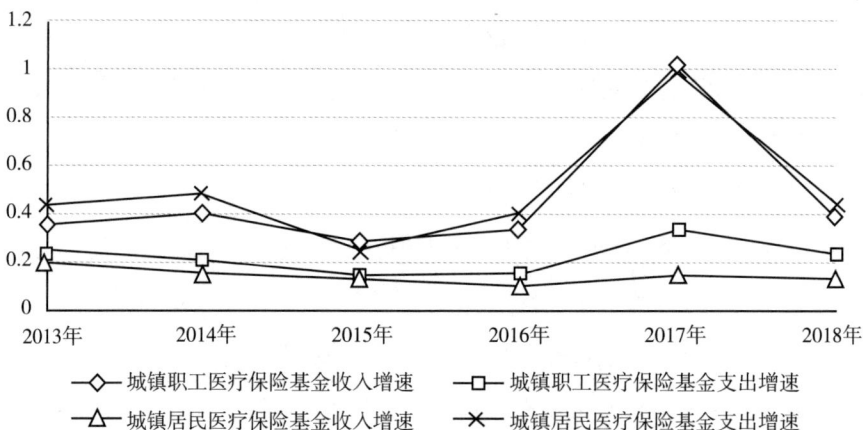

图9—3 2013—2018年全国职工与居民基本医保基金收支增速对比

由图9—3可知，从2013年到2018年，职工基本医保基金收入增速始终高于支出的增速，但增幅呈现收窄的趋势；同一时期，居民基本医保的基金支出增速始终快于收入的增速。在经济发展新常态下，作为医保基金收入增长源泉的经济发展和收入增长明显减缓，医保基金增收压力持续加大，再加上我国老龄化程度持续加深造成的医疗费用上涨，慢性病患病率上升及新技术、新药物的不断应用等带来的医疗消费增长，可以预计未来我国医保基金支出增速仍有可能持续攀升，医保基金收入的中速增长与支出的中高速刚性增长的矛盾将进一步加剧，这是需要提前考虑的主要问题。

同时，医保欺诈行为时有发生，受到社会广泛关注。然而，截至目前，我国尚未制定专门针对医保欺诈骗保案件的法律法规，执法主体、违法的处罚措施等都欠缺法律的明文规定。现阶段，我国主要通过协议管理和行政执法的方式来处理欺诈骗保问题，对欺诈骗保者的威慑力不足。具体的行政执法过程中也存在亟待解决的问题，一是执法主体问题。是医保行政机关还是医保经办机构，或者如何授权医保经办机构，均需要有明确的法制规范。二是执法资源问题。医保经办机构以有限的人力物力财力资源监督数量庞大的定点医药机构及构成庞杂的违规人员，难以实现良好的监管效果。三是在实际执法过程中，医保部门与公检法等执法主体之间缺乏协调性，导致医保经办部门发现医保欺诈情形后，存在因移送标准不明确、公安部门立案困难等问题。四是医保监管的行政执法与协议处罚界限不清，导致现在医保部门对大量的医保案件采用协议处罚代替行政执法，存在行政不作为与缺位等风险。上述问题的客观存在都导致医保制度的可持续性面临较大的冲击。

四、完善基本医疗保险法制规范的建议

（一）尽快制定《医疗保障法》

医疗保障是一个包含医疗保险、医疗救助、补充医疗保险与商业健康保险在内的制度体系，即使是法定的基本医疗保险也因其直接涉及医疗服务方、医

药方等而更加复杂，与养老保险等其他社会保险制度之间具有很大的差异性。因此，迫切需要法制规范。在我国医保改革进程中，由于中央层次的立法严重缺乏，而整个医保制度多年来一直处于改革试点阶段，出现了地方政府规章或政策性文件"繁荣"的局面。这导致了医保制度的规范强制力低，实施机制弱化，地方差异化较大，不仅人民群众缺乏稳定的清晰的预期，而且医保经办机构、医疗服务与医药供应方也缺乏稳定的、清晰的预期。因此，加快医保领域的立法步伐已经具有紧迫性。

鉴于医疗保险制度的独特性与复杂性，以及这一制度覆盖是整个社会保障制度体系中唯一覆盖全民的制度安排，借鉴德国等国家的经验，有必要单独制定《医疗保险法》或《医疗保障法》，以为制度设立和实施提供权威的全国性的法律依据，同时解决地方立法或政策性文件、各类通知带来的制度"碎片化"现象和"监督乏力"的缺陷，使公民健康权与医疗保障权成为一项可实施、可实现的基本权利。

（二）加快医保基金监管立法进程，建立健全监管长效机制

医保基金安全是医保制度持续发展的前提条件，也是医保制度监管的核心内容，针对医保领域欺诈行为具有普遍性问题，有必要树立依法监管理念，由制止性措施主导的事后监管向预防性策略为主的事前监管转型，建议加快《医疗保障基金监管条例》的立法进程，建立健全医保基金的监管长效机制。通过相关制度建设与完善等措施，促使参保患者、医护人员等由被动监管向主动约束转变。可以社会信用体系建设为依托，建立参保患者个人信用体系，并将其纳入医保基金监管中，建立医疗保险基金实时监控系统，探索建立与个人信用相挂钩的医保基金分配使用机制，加强对参保患者的行为约束，提高基金使用效率；为规范医护人员行医行为，与卫生健康部门通力合作，探索建立部门之间的协同监管机制。

2019 年 4 月，国家医疗保障局起草的《医疗保障基金使用监管条例（征

求意见稿)》面向全社会公开征求意见，这是我国第一部进入征求意见阶段的医保部门规章。该规章草案对医保基金的监管机构、方式、内容、法律责任进行了规定，对加强医疗保障基金监督管理，保障基金安全，提高基金使用效率，维护医疗保障相关主体的合法权益具有积极意义。然而，医保基金监管是需要法律赋权的问题，部门规章的权威性仍然不够，应当上升到国务院制定行政法规的层面，并最终纳入全国人大及其常委会制定的《医疗保险法》或《医疗保障法》。

（三）加快优化现行医疗保险制度

现行医疗保险制度还存在着诸多缺陷，包括职工医保个人账户的设置、居民参保缴费等额制、各地医保待遇不同、统筹层次低等问题，这些均需要通过全面深化改革才能得到矫正。因此，应当加快出台全面深化医保改革的高层级政策性文件，为各地尽快优化现行医保制度提供政策依据。与此同时，将医保立法纳入国家立法机关和国务院的立法规划，研究并起草法律法规草案。

（四）加强执法主体间的协同合作

医疗保险的执法活动是一个由众多环节组成的综合性过程，涉及医药卫生、财政审计等其他多个执法部门。因此，要以医疗保险基金为核心建立执法部门协同合作体系。主要建议包括：其一，合理划分职责、界定权力边界，形成权力清单，整合相关部门建成协同执法队伍。其二，借助大数据、互联网等先进技术，搭建医疗保险运行信息共享平台，在执法部门之间实现信息实时动态传输，为多部门协同合作提供基础。其三，建立执法协作制度，在执法部门之间建立长期有效的协同关系。其四，加强三医联动，完善医保、医疗、医药之间的联动机制。

第十章　医疗保障制度改革与发展 [①]

　　疾病是人生难以避免的风险，健康是人民最具普遍意义的诉求，而医疗保障则是化解疾病风险、促进人民健康的基本制度安排。作为我国社会保障制度体系的重要组成部分，医疗保障不仅是关乎 14 亿中国人切身利益的最大民生工程，而且是建设健康中国、完善国家治理体系和提升国家治理能力的重要制度保障。2020 年 1 月新冠肺炎疫情暴发后，国家医疗保障局先后发布了一系列的政策性文件，对于及时解除患者与疑似患者诊疗费用的后顾之忧发挥了至关重要的作用，避免了 2003 年"非典"暴发后一些人因担心医疗费用而"逃避"诊疗的现象，守住了应对这一突发重大公共卫生事件的紧要防线。然而，这种依靠临时出台应急性政策的做法，也表明了我国医疗保障制度尚未成熟，在全面建成小康社会和全面推进国家现代化进程的时代背景下，构建高质量的中国特色医疗保障制度并确保其运行在法治的轨道上，事实上已经成为一项紧迫且艰巨的任务。

　　本章旨在回顾我国医疗保障制度变迁及发展成就的基础上，全面检视目前存在的问题与面临的主要挑战，为全面建成中国特色医疗保障制度提出相应的政策建议。

---

① 　本章曾发表于《学术研究》2020 年第 4 期，纳入本书时对个别观点做了进一步充实。

一、医疗保障制度的发展成就

新中国成立前，人民生活饥寒交迫，各种传染病流行，百姓疾病依靠自身抵抗，人均预期寿命仅 35 岁，"东亚病夫"是帝国主义列强送给中国人的称谓。新中国成立后，党和政府高度重视医疗保障制度建设与医疗卫生事业的发展，在掀起全国爱国卫生运动和发展医疗卫生事业的同时，在 20 世纪 50 年代初期就建立起了包括城镇劳保医疗、公费医疗制度和农村合作医疗在内的医疗保障制度体系，其中，劳保医疗制度面向城镇企业职工并惠及其家属，公费医疗制度面向机关事业单位工作人员并惠及其家属，农村合作医疗制度面向所有农业户籍居民，三大制度均是建立在社会主义公有制基础之上并纳入国家计划体制的人民福利，覆盖了全国 90% 以上的人口，并呈现出城乡分割、单位或集体封闭运行、免缴费型医疗保障等特色。这一制度体系不仅为迅速解除全体人民的疾病医疗后顾之忧提供了稳定的制度保障，而且使各类传染病、很多流行性疾病如天花、霍乱、性病等得到较彻底的消除，寄生虫病如血吸虫病和疟疾等得到了大幅度的削减，① 人民健康水平快速提升，人均预期寿命持续延长，"东亚病夫"的称谓被迅速送进了历史。

改革开放后，为适应从计划经济到市场经济的转型和社会发展进步的要求，医保制度也进入了变革期。1994 年国务院确定在江苏省镇江市、江西省九江市开展职工医疗保险改革试点，揭开了从计划经济时期的传统医保制度向适应市场经济体制的社会医疗保险制度转型的序幕。1998 年 12 月国务院发布《关于建立城镇职工基本医疗保险制度的决定》，确立了现行职工基本医疗保险

---

① 仇雨临：《中国医疗保障 70 年：回顾与解析》，《社会保障评论》2019 年第 1 期；彭宅文：《改革开放以来的社会医疗保险制度改革：政策范式转移与制度约束》，《社会保障评论》2018 年第 4 期。

制度的框架与实质内容；2003 年 1 月，国务院办公厅转发卫生部、财政部、农业部《关于建立新型农村合作医疗制度意见》的通知，标志着为农村居民建立基本医疗保险制度的正式启动，随后为城镇非就业居民建立了基本医疗保险；2015 年，国务院决定全面实施城乡居民大病保险；2016 年 1 月国务院发布《关于整合城乡居民基本医疗保险制度的意见》，要求将原来分割的城乡居民医疗保险制度进行整合，实现覆盖范围、筹资政策、保障待遇、医保目录、定点管理、基金管理的六个"统一"；2017 年 6 月，国务院办公厅出台《关于进一步深化基本医疗保险支付方式改革的指导意见》，为医保支付方式的改革提供了基本依据，但具体操作却允许地方选择。在坚持造福全体人民的目标取向下，经过近 20 多年的艰辛探索，社会医疗保险从覆盖企业职工起步，经过将机关事业单位工作人员纳入覆盖范围，再向城乡居民全面扩展，迅速成为惠及全民的社会保障制度安排，传统的城乡分割、封闭运行、单一责任主体的免缴费型初级医保制度逐渐被新兴的覆盖全民、社会化、多方共担责任的缴费型医疗保险制度所取代。[①]

2018 年中央决定组建国家医疗保障局，一举扫除了长期制约医保改革的体制性障碍，实现了全国医保事业的集中统一管理，新的局面已经全面开启：城乡分割的居民基本医疗保险制度稳步整合，医保政策范围内的报销水平持续提升，人民疾病医疗后顾之忧持续减轻；通过快速推进医保信息标准化建设，为全国医保制度的有序运行夯实基础；通过掀起反医保欺诈的专项行动，开始构筑维护医保基金安全的长效机制；通过药品带量采购等措施，有效遏制了药品价格虚高的态势；通过取消居民医保个人账户，发出了增强医保制度互助共济功能的明确信号；通过调整医保药品目录等措施，持续增强了医保制度的疾病医疗保障功能。特别是在反贫困方面，针对疾病是致贫的重要原因，2018年国家医保局会同财政部、国务院扶贫办联合印发《医疗保障扶贫三年行动实

---

① 郑功成等：《从饥寒交迫走向美好生活——中国民生 70 年（1949—2019）》，湖南教育出版社 2019 年版，第 335—338 页。

施方案（2018—2020 年)》，重点聚焦"三区三州"[①]等深度贫困地区和因病致贫返贫等特殊贫困人口，充分发挥基本医保、大病保险、医疗救助各项制度的作用，切实提高农村贫困人口医疗保障受益水平，到 2020 年实现农村贫困人口医保制度全覆盖，事实上为贫困地区的贫困人口摆脱贫困提供了非常有力的支持。[②]

截至 2019 年底，全口径基本医疗保险参保人数 135436 万人，其中，参加职工基本医疗保险人数 32926 万人，参加城乡居民基本医疗保险人数 102510万人；在参加职工基本医疗保险的人员中，在职职工 24231 万人，退休人员8695 万人。全国参保率达到约 97%，表明全民医保目标基本实现；全年基本医疗保险基金总收入、总支出分别为 23334.87 亿元、19945.73 亿元，年末累计结存医保基金达 26912.11 亿元。[③] 在新冠肺炎疫情发生后，国家医保局及时出台政策，对患者、疑似患者的诊疗费用纳入医保并对异地就医者实行先救治后结算等新政，为抗击疫情提供了有力保障，随后又阶段性减免企业职工基本医疗保险缴费，助力企业复产复工，表明了医保财务负担的能力。因此，我国已经构建起了世界上最大的医疗保障体系，惠及了占全球人口约 19% 的中国人民，创造了人类发展史上的医保改革与发展奇迹。

正是在医保制度日益健全的条件下，中国人民的医疗服务需求得到了大幅释放，人民群众疾病医疗的后顾之忧持续大幅度减轻，全民健康水平显著提升，人均预期寿命已达 77 岁，居民主要健康指标总体上优于中高收入国家的平均水平。可见，从传统医保制度向新型医保制度的全面转型，以及已经取得的惠及全民的巨大成效，表明我国医保改革与发展的全民目标与社会保险方向是正确的。

---

① "三区三州"是指国家层面确定重点扶持的深度贫困地区。其中，"三区"系指西藏、新疆南疆四地区和青海、甘肃、四川、云南四省藏区；"三州"系指甘肃的临夏州、四川的凉山州和云南的怒江州。

② 《我国将实施医疗保障扶贫三年行动：2020 年实现农村贫困人口医保制度全覆盖》，《老区建设》2018 年第 19 期。

③ 根据国家医疗保障局提供的 2019 年医保统计快报。

二、医疗保障制度存在的问题与面临的挑战

肯定我国医疗保障制度改革与发展取得了卓越成就，并不意味着中国特色的医疗保障制度体系已经成熟。从现实出发，我国医疗保障领域还存在着发展不平衡不充分的问题，这些问题正在日益显性化，而新的挑战亦需要新的举措加以应对。在应对新冠肺炎疫情期间，国家医保局或联合财政部等部门发布了《关于做好新型冠状病毒感染的肺炎疫情医疗保障的通知》《关于阶段性减征职工基本医疗保险费的指导意见》《关于推进新冠肺炎疫情期间开展"互联网+"医保服务的指导意见》等一批新的政策性文件，这些新政给地方医保部门与经办机构抗击疫情提供了直接依据，但也进一步表明现行医疗保障制度尚未成熟。因此，在全面推进医疗保障制度改革的同时，特别需要客观审视现行制度的不足，并认真考量时代发展带来的新的挑战。

（一）医疗保障制度存在的主要问题

由于以往渐进改革中的局限性，现行医疗保障制度自身存在的缺陷正在日益深刻地影响着医保制度的发展。概括起来，主要有：

1.医保制度碎片化。包括：以人群分割的职工医保、居民医保与大病保险，有的地方还未完成城乡居民医保制度整合；以地区分割的医保还停留在县、市级统筹层次，一些地方还乱开政策口子，制度"叠床架屋"的现象并不罕见；这种群体分割的碎片化现象与地区分割的碎片化现象，与一个统一的医保制度覆盖全民的最终目标还有相当距离。

2.筹资责任日益失衡。现行医保制度采取的是权利义务相结合的社会医疗保险制度安排，但筹资责任表现为用人单位与政府重、个人轻并向日益失衡的格局发展。调查表明，在职工基本医疗保险中，用人单位的缴费率为工资总额

的 6%（一些地区甚至更高，如上海达到 9.5%），职工个人缴费率仅为 2%，用人单位缴费中还有 30% 划入个人账户，从而实质上基本体现为用人单位或雇主的责任；在城乡居民基本医疗保险中，政府补贴持续提高，个人缴费比例不断缩小，在 2003 年启动农村居民医保试点时，政府补贴与个人缴费之比是 2∶1，现在普遍变成了 3∶1 以上，个别地区甚至达到了 15∶1。这种责任失衡的筹资结构背离了制度设计之初"财政补助帮助个人缴费"的初衷，有泛福利化的倾向，不仅会影响到制度的可持续，也极易造成制度发展的理性丧失。不仅如此，现行医保筹资机制还存在制度僵化，如退休人员不缴费但从医疗保险基金中支出的医疗费用却是在岗职工的三倍甚至更高，导致了责任错位；再如在城乡居民基本医疗保险中，高收入者与低收入者缴纳同等额度的医疗保险费，严重背离了医保责任应当按照收入高低合理分担的基本原则，既使所筹基金总量有限，亦使低收入家庭负担畸重。现行医疗保险制度的筹资失衡局面模糊了参保人的权责关系，也导致主体各方丧失了清晰的责任承担预期，进而演变成用人单位与政府的筹资责任日益加重，而个人责任则在不断减轻，这明显不利于整个医疗保险制度的健康持续发展。

3. 医保待遇差距过大。一方面，制度分割造成群体之间的待遇差距过大。现行医保制度分为职工基本医疗保险和居民基本医疗保险两大类，分别覆盖不同人群。职工医保和居民医保在筹资机制、筹资水平、保障范围和待遇水平方面都存在着较大差距。职工医保的保障水平明显高于城乡居民，2018 年职工次均住院费用为 11181 元，实际报销比例为 70.1%；居民医保则分别为 6577 元和 55.3%。居民医疗保险虽然在大多数地区实现了整合，但仍有一些地区存在着形式整合而实质上城乡依然有别的现象。另一方面，由于经济发展水平不同，医疗资源分布不均，不同统筹地区之间的医保待遇执行标准也存在着较大差异。以安徽省为例，三级医疗机构起付标准最多相差 600 元，最高是最低的 2 倍，住院报销比例最多相差约 10 个点，基金支付的慢性病种数最多相差 29 种。此外，由于地方政府可以设定一些医保支付项目，导致各地医保待遇不一，致使应当统一的基本医保待遇在各地或不同群体之间呈现出过度保障与保障不足并存的现象，部分人群因重特大疾病而出现灾难性的生活后果。这种偏大的差距使医疗保险制度的公平性受到影响。

4.职工医保结构性缺陷仍未矫正。我国现行职工基本医疗保险采取"统账结合"模式，完全违背了社会医疗保险的本质规律，与国际上普遍奉行的医疗保险互助共济法则相悖。根据现行规定，职工个人缴纳的医疗保险费全部记入个人账户，用人单位缴费的医疗保险费也有 30% 记入个人账户，还得从医保统筹基金中切出一块记入退休人员的个人账户，这使得近 50% 的职工医疗保险基金丧失了互助共济功能，极大削弱了统筹基金的保障能力。实践证明，职工医保个人账户的设置，不仅难以实现其约束、积累的建制初衷，亦增加了个人账户的管理成本，在实践中造成了巨大浪费。截至 2019 年底，全国职工基本医保基金累计结存的 21850 亿元，其中个人账户累计结存高达 8276.5 亿元，占所有基本医保基金累计结余的 37.9%，① 这还不包括医保个人账户用于非疾病医疗支出等低效率的使用。在个人账户基金大量闲置的同时，部分人却因统筹基金保障不足而因病陷入沉重的负担之中，这是现行制度的根本性缺陷，亟待矫正。

5.医保经办服务机制建设滞后。包括：一是各地医保经办机构定性不明，导致机构名称不一、属性不一、职责不一，内部治理也存在差异，部分地区的医保经办机构还与养老保险等业务混合在一起。二是行政监督与经办管理的关系尚未厘清。部分地区的医保行政部门和医保经办机构的职责边界难以厘清，存在越位和缺位问题。三是经办能力普遍不足，经办人员总量不足、专业化程度亦低，信息系统建设亦相对滞后。因此，尽管通过机构改革已经实现了医疗保障制度行政管理部门的集中统一，但医保经办服务机制建设的滞后，将直接影响到整个医疗保障制度的良性运行与健康发展。

6.法治化水平较低。医疗保障作为一个独立运行的重要社会保障制度尚未能真正纳入法制化轨道，在整体上处于法律依据严重不足、执法效果不佳的局

---

① 根据国家医疗保障局提供的 2019 年医保统计快报。

面。目前医保制度的主要法律依据只有 2010 年《社会保险法》中对职工基本医疗保险的简单规制，存在法律条文规定不严密、操作性不强的现象。法制的缺失不仅使医疗保障制度缺乏依据并在实践中造成一系列的问题无法解决，也使符合行政管理职能的国家医疗保障局成立后处于无法可依的境地。医保领域的欺诈现象不乏罕见，医疗机构或医疗机构与患者合谋侵蚀医保基金的现象严重，而零售药店被纳入医保定点范畴后也存在着留存、盗刷、冒名购药等医保欺诈现象，并一直呈增长趋势。[①] 尽管国家医保局等部委、各地医保机构也出台了一些规章制度和管理办法，但是针对医疗保险领域中的违法行为、骗保行为、不规范使用医保基金界定等在法律层面尚无明确规制，致使违法违规现象具有普遍性。

7. 多层次医疗保障体系残缺。构建多层次医疗保障体系是我国医疗保障改革与制度建设的既定目标，也是满足人民群众多层次多样性疾病医疗与健康保障需要的必由之路。但迄今为止，商业健康保险发展非常滞后。根据调查的数据，2018 年全国商业健康保险赔付支出占全国卫生总费用支出比仅为 3%，这表明市场力量作用十分有限；同时，我国拥有日益丰厚的慈善资源，社会慈善力量参与医疗保障体系建设却非常有限，几乎没有公益性质的慈善医疗机构，网络慈善医疗募捐数额虽在不断增长，但不时披露的不良案例却在损害公众对慈善医疗的信任。这种现状既不利于不断壮大整个医疗保障体系的物质基础，也无法满足不断壮大的中高收入群体对更好的医疗保障与健康管理服务的需要，而低收入困难群体则因慈善医疗的不足而失去了社会应有的人文关怀。

8. 医疗、医药等相关领域改革不协同。包括医疗卫生服务、医药供应与医疗保障之间不协同，法定医疗保障与市场化的商业健康保险及社会力量支撑的慈善医疗发展不协同，既影响了医疗费用的合理管控，也难以满足人们的多层次与多样性医疗保障及健康服务需求。

9. 医保应急机制尚待建立。在 2003 年"非典"暴发时，当时医保制度尚

---

① 张超越、荀开勋，定点药店医疗保险欺诈的法律监管，《法制博览》2020 年第 6 期。

未全面建立，因门诊需要自己付费，一些居民不去医院诊疗，甚至有农民工在医院检查后因付不出医疗费用而逃离北京的案例；2020 年新冠肺炎疫情发生后，医保制度及时发挥了作用，几乎没有因医疗费用问题而不去医院检查的现象，反而是医院因求诊者众而无法应对。但这次疫情期间出台的多项政策均是应急性的，有的是一次性政策，有的政策还未完全明确医保基金的支付责任，一些地方反映其给医保基金的正常运行带来了很大冲击。因此，如果要妥善处理好医保制度的稳定性与灵活性关系，就需要有专门的医保应急机制。[1]

上述问题的客观存在，表明我国现行医保制度离一个成熟的制度安排还有相当距离，如果不能通过全面深化改革来革除这些弊端，日益失衡的利益格局将更加失衡，医保制度不仅不能获得健康持续的发展，也无法真正为全体人民提供清晰、稳定的安全预期。

(二) 医疗保障制度面临的主要挑战

时代在发展进步，影响医疗保障制度的相关因素也在发生深刻变化。人口老龄化的加速发展、疾病谱的深刻变化、健康需求的不断升级、人口高流动性与各种新业态成为新常态，以及深化改革因触及既有利益格局的调整而可能引发的社会风险等，都给我国未来医疗保障制度的发展带来了日益严峻的挑战。[2]

1. 人口老龄化在加速发展。我国是世界上人口老龄化速度最快、规模最大且家庭保障功能因少子高龄化而大幅度持续弱化的国家。自 1999 年底步入人口老龄化社会，到 2018 年末，我国 60 周岁及以上人口达 2.49 亿人，占总人口之比从 1999 年的 10% 提高到 17.9%；65 周岁及以上人口 1.67 亿人，占总

---

[1] 《疫情防控要处理好社会保障稳定性与灵活性的关系——中国社会保障学会与光明网召开抗击新冠肺炎疫情与社会保障研讨会观点摘编（六）》，光明网，2020 年 3 月 2 日，https://www.gmw.cn/xueshu/2020-03/02/content_33611753.html。

[2] 本节源自郑功成等：《"十四五"中国医疗保障发展基本思路、发展目标与重点任务研究报告》，中国社会保障学会，2020 年 2 月，第 3—6 页。

人口比从 2000 年的 7% 提高到 11.9%。据预测，到 2025 年，中国 60 岁及以上的老年人口将达到 3 亿；到 2053 年，老年人口将达到峰值 4.87 亿，占总人口比高达 34.9%。研究表明，老年人口对医疗服务的需要量远高于其他人群，人口老龄化将不可避免地带来医疗费用的增长。尤其是在我国现行职工基本医保制度框架下，退休人员及其原单位不再缴纳医疗保险费，导致出现缴费人群相对缩小、享受待遇人群持续扩大的"系统老龄化"趋势，给医保筹资和待遇支付带来了巨大挑战。截至 2018 年底，我国在职人员与退休人员的比为 2.78，意味着每一位退休人员大约需要近三名在职职工为其承担医疗保险费用，个别省市的职退比甚至不足 2∶1。可见，人口老龄化进程与医保基金负担会同步增长，因为老年人的疾病医疗与健康维护成本更高。[①] 不断加速的老龄化对深化医保筹资补偿机制改革提出了新的要求。

2. 疾病谱变化。随着我国工业化、城镇化、人口老龄化进程不断加快，居民的生活方式、生态环境、食品安全状况等对健康的影响逐步显现，我国的疾病谱已经从传统的传染性疾病为主转变为以慢性病为主，恶性肿瘤、脑血管病、心脏病、呼吸系统疾病、糖尿病等慢性非传染性疾病已经成为我国居民死亡和患病的主要疾病种类。数据显示，目前我国的慢性病患者已超过 3 亿人，慢性病致死人数已占到我国因病死亡人数的 80%。更令人担忧的是，以高血压、糖尿病为代表的慢性病已呈现年轻化发展趋势，严重影响到居民的生活质量和身体健康。与此同时，慢性病为整个经济社会的发展带来了沉重的经济负担。从医疗费用来看，慢性病造成的经济负担相当于国内生产总值（GDP）的比重高达 9.7%。2016 年，慢性病经常性卫生费用占卫生总费用的比重为 67.4%，在慢性病经常性卫生费用中家庭卫生支出的占比达到 37.9%。近年来个人负担的医疗费用占卫生总费用之比已下降到了 30% 以下，但慢性病医疗费用中家庭支出占比仍在 30% 以上，从而仍然是城乡居民的巨大风险。[②] 疾病

① 王杰秀、安超：《全球老龄化：事实、影响与政策因应》，《社会保障评论》2018 年第 4 期。
② 《2.7 亿患者经济负担 2.6 万亿！慢性病成最突出健康问题》，健康时报网，2018 年 10 月 14 日，http://www.jksb.com.cn/html/2018/activityreport_1014/129673.html。

谱的变化也对未来医疗保障管理服务模式提出了新的挑战，即如何推动传统疾病治疗向现代健康管理转变，以构建有效的慢性病综合防治体系，已成为医保制度建设的一项重要任务。

3. 健康需求不断升级。伴随城乡居民生活水平的不断提高，人们的健康期望与标准也在不断提升，进而带来医疗服务需求的升级。特别是经过新冠肺炎疫情暴发后，健康越来越成为城乡居民普遍追求的重要目标，并发展为追求高寿命和高质量的生活。人们对健康问题的重视，很自然地会转变成对医疗服务需求的升级，并将极大地刺激医疗消费的增长。具体到医疗保障领域，人民群众从以往基本层次的医疗服务与医疗保障的获取转变为对更可靠、更公平、更高水平的医疗保障与医疗卫生服务的需要。因此，多样化、个性化与多层次的需求对我国医疗保障体系提出了更高的要求，进而要求在深化基本医疗保险制度改革的同时，还需要适时推动生育保险改革与护理保险试点，大力推动商业保险、互助保险以及慈善公益性医疗保障服务的发展。

4. 人口高流动性与就业形态变化。改革开放以来，伴随城镇化与工业化进程的持续加快，我国的人口流动规模庞大，人户分离现象不仅表现在农村户籍居民进入城镇成为常住人口，而且表现在城市之间的人口流动规模不断扩大。据统计，2019 年底，全国人户分离的人口达 2.8 亿人，其中流动人口 2.36 亿人；全国农民工总量达 29077 万人，其中外出农民工 17425 万人。[1] 然而，现行医疗保险政策规定的是以户籍为依据，非本地户籍居民因无法享受当地居民医保财政补贴而不能成为参保人。有研究表明，人口（非户籍）流动与未参保显著正相关，表明医保制度的人户分割性会限制人们参保。[2] 而要改变现行参保规制，必须调整财政补贴机制，才能适应医疗卫生服务真正沿着覆盖常住人口的方向发展。再如，以互联网为平台，越来越多的劳动者采取灵活就业的方式，"一仆多主""无主用工"以及租赁员工、共享员工等各种劳动方式并存，

---

① 国家统计局：《中华人民共和国 2019 年国民经济和社会发展统计公报（2020 年 2 月 28 日）》，《人民日报》2020 年 2 月 29 日。

② 络为祥：《中国成年人医疗保险未参保状况及影响因素研究》，《社会保障评论》2019 年第 1 期。

以正规劳动关系为依据的职工基本医疗保险就很难适应这些新业态下的劳动者的需要。

　　5.深化改革的社会风险日益扩大。医疗保障改革涉及利益主体多，管理链条长，平衡难度大。特别是随着医改进入深水区，利益主体多元化诉求日益明显，深化改革的社会风险日益扩大，改革需要付出更大努力。因此，新时代医疗保障制度建设的关键所在，已经不再是解决普惠性问题。而是要在巩固普惠特征的同时，真正解决制度的公平性与可持续性问题，它需要持续进行增量改革，同时也需要对存量进行结构调整，这必然遇到来自既得利益地区、既得利益群体的强大阻力，能否破除这种阻力是深化改革的关键所在。以深化职工医疗保险改革为例，拟议中的取消个人账户、退休人员缴费、提高个人缴费等改革方案，都将对现有参保群体的个人利益产生较大影响。这种利益格局来自不成熟的制度设计形成的依赖性，新时代中国医疗保障制度深化改革的核心任务，就是要调整日趋固化的、失衡的利益关系。如何破除利益固化的藩篱，在促使地区之间、城乡之间、群体之间理性博弈的条件下，从利益失衡或福利权益失衡状态走向相对均衡、相对公平状态，是现阶段必须妥善应对的重大挑战。

　　综上所述，新时代我国医疗保障制度改革与体系建设面临的挑战是多方面的，能否有效应对这些挑战，将决定着整个医疗保障制度的未来发展。

三、医疗保障制度深化改革的合理取向

　　从前述问题与挑战分析可见，我国医疗保障领域深化改革的任务还十分繁重，构建一个成熟的高质量的中国特色医疗保障体系，还需要付出更大的努力和更智慧的系统改革方案以及举国上下一致的行动力。

　　从当前的现实出发，加快建成中国特色的医疗保障体系已经具备了多方面

的有利条件。主要包括：（1）党中央、国务院已制定了目标清晰的顶层设计方案。一方面，党的十九届四中全会通过的《决定》对坚持和完善中国特色社会主义制度、推进国家治理体系和治理能力现代化作出了全面部署，提出了明确要求，也为全面深化医疗保障改革指明了方向；另一方面，2020年2月中共中央、国务院发布《关于深化医疗保障制度改革的意见》[1]，对中国特色医疗保障改革与制度建设作出了全面统筹规划，从而是新时代全面深化医疗保障改革的纲领性文件，它标志着我国医保制度将从以往长期试验性改革状态进入成熟、定型的新发展阶段。（2）国民经济持续发展与社会财富持续积累，为不断壮大我国医疗保障制度的物质条件奠定了日益丰厚的基础。如城乡居民的缴费承受能力就伴随收入持续增长而不断增强，越来越多的人进入中高收入阶层行列则使商业性健康保险具有了一个潜力巨大的客户群体，从而为多层次医疗保障体系的建设创造了有利条件。（3）医保管理体制的统一与信息化、标准化建设，为整个医疗保障制度的规范有序发展提供了日益健全的组织保障与有力的技术支撑。可见，新时代全面推进医疗保障制度改革的深化并促使其走向成熟、定型较之前更加具有可行性。

针对当前存在的问题及需要妥善应对的挑战，当务之急是必须在植根国情的基础上，合理借鉴全球社会保障改革特别是医疗保险制度发展的经验[2]，尽快在中共中央、国务院发布《关于深化医疗保障制度改革的意见》的指导下凝聚各界共识，加快改革步伐，加大改革力度，加快建成覆盖全民、统筹城乡、权责清晰、保障适度、可持续的多层次医疗保障体系，为全体人民提供更加清晰可靠的医疗保障预期。

1.进一步厘清医保发展理念。我国医保制度的根本目的是真正解除全体人民的疾病医疗后顾之忧，避免疾病特别是重特大疾病导致人民群众灾难性的生活后果，同时促使人民健康素质不断提升。中国特色的医疗保障制度应当以习

---

① 《中共中央国务院关于深化医疗保障制度改革的意见（2020年2月25日）》，《人民日报》2020年3月6日。

② 华颖：《全球社会保障的最新动态与未来展望》，《社会保障评论》2018年第2期。

近平新时代中国特色社会主义思想为指导，坚持以人民健康为中心的发展思想，在充分尊重医保制度客观规律和我国发展变化中的国情的条件下，将不断提高医保制度的保障能力、促进医保制度公平普惠摆在优先位置。同时，始终坚持共建共享原则，坚守互助共济本质，坚持筹资责任分担相对均衡、法定医保制度保障基本医疗待遇、以多层次制度安排满足人民群众多层次多样性医疗保障与健康服务需要并实现可持续发展的基本方针。如果能够牢固地树立上述理念，我国的医保制度就一定能够沿着正确的方向并在法制化的轨道上行稳致远。

2. 尽快优化基本医疗保险制度。鉴于现行制度安排存在的问题，优化基本医疗保险制度成为当务之急。主要包括：（1）整合制度并稳步提升统筹层次。应当加快实现城乡居民基本医疗保险制度整合，鼓励探索职工医保与居民医保整合试点，同时加快全面实现市级统筹步伐，鼓励福建、广东等发达省市开展省级统筹试点，将《社会保险法》明确规制的医疗保险省级统筹变成现实，最终在全国范围内实现用一个统一的医保制度覆盖全民的目标。（2）逐步均衡筹资责任负担。政府、用人单位与个人筹资责任日益失衡的局面需要加快改变，用人单位与政府的筹资责任应当相对降低，个人缴费责任应当相对提高以促使其承担自身健康的首要责任，只有各方筹资责任分担相对均衡，医保制度才能获得持续理性的发展。（3）积极稳妥地改革职工医保个人账户。人民群众参加医保的目的，不是为了个人账户上的医保资金积累，而是要真正解除疾病医疗后顾之忧，只有通过集体力量、互助共济，才能化解个体的疾病风险，因此，改革职工医保个人账户是增强医保制度保障功能的必由之路。适宜的取向是通过权益置换的方式来消化，即将过去由个人账户承担的一些疾病医疗费用纳入医保统筹基金支付范围，同时实行门诊统筹，提高对重特大疾病包括类似于新冠肺炎之类的保障能力与水平，切实解除城乡居民的疾病医疗后顾之忧并提供清晰、长久的稳定预期。（4）建立统一的医保待遇清单。应当尽快纠正各地自行增设医保项目的做法，统一制定全国统一的基本医疗保险待遇清单，以确保这一制度在全国范围内的公正性，地方若有财力可以通过增加公共卫生服务项目或补充医疗保险来增进当地居民的福祉，但不宜损害基本医疗保险制度的统一性。（5）进一步完善医保支付制度。在坚持预算平衡的条件下，将总额预付与病种付费、疾病组付费等有机结合起来，在保障参保人得到基本医疗保障的前提下实现科学控费。只有加快优化基本医疗保险制度，才能为全体人民提供理性的预期，并为其他层次医保制度的发展提供清晰的发展空间与机会。

3. 加快构建多层次医疗保障体系。居民收入差距的客观存在，决定了不同层次的人群对医疗保障的需求必然存在差异，只有真正建立起多层次的医疗保障体系，才能有效满足人民群众的多层次多样性医疗保障与健康服务需求。[①]在这方面，关键是要发展好商业性健康保险，而增加市场主体并激发其内生动力，引导城乡居民特别是中高收入群体通过商业性健康保险来获得更好的医疗保障与健康服务，显然是值得政府努力的必要举措。同时，还要进一步完善医疗救助制度，强化医疗救助对低收入群体的保障功能，并鼓励设立慈善医疗机构、引导慈善医疗募捐，以此达到增强对低收入群体疾病医疗的保障的目的。

4. 不断提升医保治理现代化水平。在这方面，值得努力的取向有：（1）加快建成统一、高效的医保经办机制，包括统一医保经办机构属性与职责、按照统一标准规范内部治理、根据医保业务量配备足够的工作人员等，以为医保制度的规范实施、有序运行提供有力的组织保障。（2）必须坚决实施分级诊疗。[②]实施分级诊疗是深化我国医药卫生体制改革的战略要求，是关乎医改成败的关键内容，这次新冠肺炎疫情发生后暴露出来的基层医疗卫生服务能力不足导致患者、疑似患者集中到大医院就诊却又无法满足的问题，表明医保部门与卫生部门必须真正有效配合联动，加快强化基层医疗卫生机构建设，这是确保参保人就近获得医疗服务并节约医保基金的必要举措。（3）不断优化医保公共管理服务，利用互联网、信息化、智能化手段方便职工与居民参保、缴费，以及医保基金的支付与结算。2019 年 11 月，国家医保局在山东省济南市举行医疗保

---

① 郑功成：《多层次社会保障体系建设：现状评估与政策思路》，《社会保障评论》2019 年第 1 期。

② 申曙光、杜灵：《我们需要什么样的分级诊疗？》，《社会保障评论》2019 年第 4 期。

障信息平台中参保人的唯一标识——医保电子凭证发布式，河北、吉林、黑龙江、上海、福建、山东、广东等省（市）随后在部分城市陆续开通使用，所有参保人一人一卡，以后看病可以不带实体卡、只用医保电子码，从而享受到更加便捷的服务。① 这一做法值得加快推广，同时还要借助社会力量推进医保经办的智能化建设。(4) 加快医保立法步伐。应当加快制定专门的《医疗保障（险）法》及相关法规、规章，将上述改革统一纳入法制规范，特别是要强化医保基金监管法制化建设，打击欺诈骗保行为，切实维护医保基金安全，促使整个医保制度早日步入法制化轨道。

5.着力推进"三医"协同。医保、医疗、医药之间存在着十分紧密的内在关系，医保制度不可能独善其身，高质量的医保制度不仅取决于自身的不断优化，还取决于医疗卫生服务系统与医药供应系统的同步优化。因此，必须加快我国医疗卫生服务系统与医药供应系统的改革步伐，让医疗机构回归公益本色，让医生恪守职业道德并尽到救死扶伤的责任，让医药供应系统遵循市场规则并通过公平合理竞争谋取合法利益，无疑是包括基本医疗保险、商业健康保险、慈善医疗等在内的各个层次医保制度持续健康发展的必要且重要的条件，也是化解医患冲突、促进人民健康的必要且重要的条件。

一个高质量的中国特色医疗保障制度的全面建成，不仅是中国特色民生保障制度体系走向不断完善的重要标志，而且将造福全体人民，更加彰显中国特色社会主义制度优越性的具体表现。

---

① 《全国医保电子凭证正式发布》，《人民日报海外版》2019 年 11 月 25 日。

第十一章　工伤保险法制规范及实践

　　工伤保险是一项重要的社会保险制度，对于维护劳动者权益和维系社会经济健康发展具有重要意义。一方面，工伤保险是对劳动者的保护性制度并肩负解除劳动者职业风险伤害的后顾之忧之责，即通过工伤预防、工伤康复和工伤赔偿，为劳动者提供安全健康的工作环境和工作场所，为工伤劳动者提供必要的经济补偿和合理的康复服务，使劳动者免于因职业伤害而陷入困境；另一方面，工伤保险使企业将对劳动者的职业伤害赔偿风险转移给了工伤保险制度，同时还可以接受工伤保险提供的职业安全健康管理服务，实现了对企业的保护。经过多年的发展，我国工伤保险制度从覆盖人数、基金收支规模、制度体系建设等方面均取得了重要成就，同时也面临着巨大的挑战，需要进一步完善相关法律制度与执行力。

一、现行工伤保险制度的法律规定

　　《社会保险法》与行政法规《工伤保险条例》是我国工伤保险制度实施最直接的法律依据，对工伤保险制度的覆盖范围、认定工伤、工伤保险待遇、工伤保险缴费及基金等进行了较为全面的规定。《社会保险法》第四章"工伤保险"对工伤保险的缴费方式、工伤认定范围、工伤赔偿待遇的支付责任及先行赔付制度进行了规定。如关于工伤保险费，《社会保险法》明确规定职工不缴费的原则，并实行差别费率和浮动费率；关于认定和不认定工伤的情形，《社会保险法》和《工伤保险条例》规定了七种认定为工伤的情形、三种视同工伤的情形和三种不能认定为工伤的情形。此外，《职业病防治法》、《安全生产法》作为两部职业安全与健康领域的专门性法律，对职业病防治与鉴定、安全生产管理进行了比较详细的规定，形成了与《社会保险法》、《工伤保险条例》在工伤预防方面的配合与呼应。

综上所述，有关工伤保险方面的法律法规规范是整个社会保险制度中较为完整的，这为工伤保险制度的实践提供了相较其他社会保险制度更为充分的依据。

二、工伤保险制度发展的成就

经过近30多年的改革与发展，我国工伤保险制度得到确立并在实践中取得了重要成就。

1.制度覆盖范围及参保人数不断增加。在我国工伤保险制度的发展进程中，是先有《工伤保险条例》后有《社会保险法》，前者的重要原则规制纳入了后者。现行工伤保险的覆盖范围是在《社会保险法》的原则规制下，按照《工伤保险条例》的规定实施的。回顾我国工伤保险制度的发展历程，其具体覆盖范围是持续扩大的。2004年前，工伤保险主要依据20世纪50年代颁布的《劳动保险条例》覆盖国有、集体单位职工。2004年《工伤保险条例》（以下简称《条例》）实施后，覆盖范围从国有、集体企业扩大到外资企业、民营企业、有雇工的个体工商户；2010年《条例》修订后，覆盖范围进一步扩大到事业单位、社会团体、民办非企业单位等用人单位；2018年底《公务员法》修订后，一部分地区也将公务员纳入了工伤保险。伴随覆盖范围的扩大，工伤保险的实际参保人数也不断增长。根据人力资源和社会保障部的统计，全国工伤保险参保人数从 2004 年 6845 万人增长到 2018 年底的 23874 万人（其中包括 8085 万参保农民工）。图 11—1 和表 11—1 是最近 10 年来全国工伤保险覆盖人数统计，从中可以看出工伤保险覆盖人员的增长。

（单位：万人）

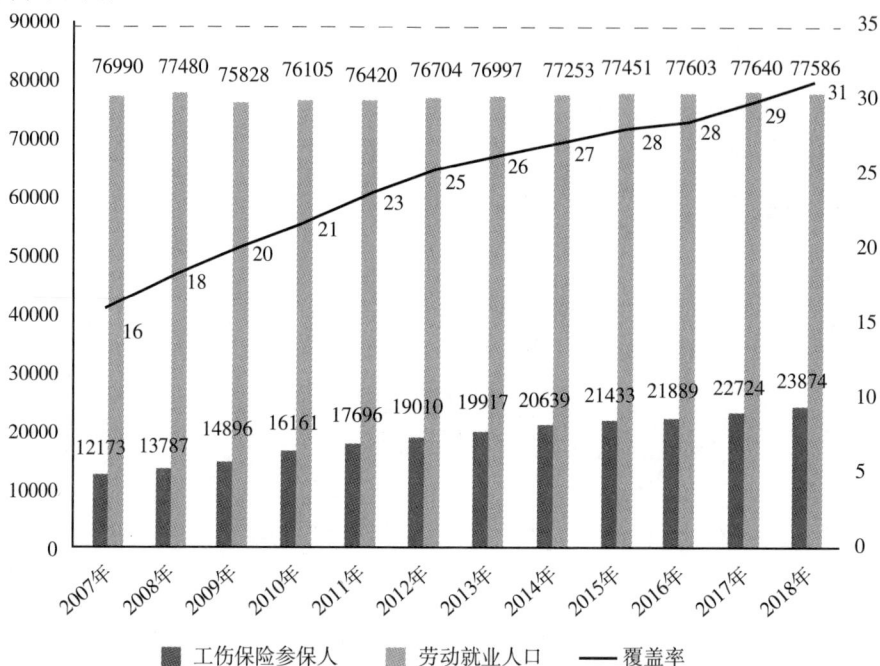

图 11—1　2007—2018 年全国工伤保险参保人数统计 ①

———————

① 数据来源：《人力资源和社会保障事业发展统计公报》（2007 年—2018 年）。此覆盖率，指全口径就业人口工伤保险制度的覆盖率，即参保人数与就业人口数的比值。根据国际工伤保险发展历程和经验，劳动者全覆盖是制度发展的必然选择。典型国家如德国，2017 年底，德国 8300 万人口中 8160 万为工伤保险制度覆盖，1884 年德国工伤保险制度建立，1889 年即将农业劳动者纳入工伤保险制度中；日本从 1947 年开始建立劳动灾害保险体系，到 1975 年几乎所有行业劳动者均覆盖在工伤保险制度中；韩国 1964 年建立了工伤保险制度，1991 年将包括农、林、渔业、狩猎业、等小型商业、不动产及事业服务业、个人服务业的劳动者纳入工伤保险制度。

表 11—1 2007—2018 年全国工伤保险参保人数及覆盖面统计表

年份	工伤保险参保人数（百万）	就业人口数（百万）	工伤保险就业人口覆盖率（%）
2007	121.73	769.9	15.8
2008	137.87	755.64	18.2
2009	148.96	758.28	19.6
2010	161.61	761.05	21.2
2011	176.96	764.2	23.2
2012	190.1	767.04	24.8
2013	199.17	769.77	25.9
2014	206.39	772.53	26.7
2015	214.32	774.51	27.7
2016	218.89	776.03	28.2
2017	227.24	776.4	29.3
2018	238.74	775.86	30.8

2. 基金收支规模扩大与保障能力增强。基金是社会保障制度运行的基础。图 11—2 是我国近十年来工伤保险基金收支规模统计，从图 11—2 中可以看出，从 2007 年到 2018 年，全国工伤保险基金的收入和支出均呈现出快速增长趋势，这为工伤保险制度的稳定发展奠定了良好的经济基础。

3. 工伤保险待遇水平和享受待遇人员范围扩大。一是工伤赔偿待遇水平不断提高。根据现有待遇标准，2018 年长期待遇，即月人均伤残津贴、生活护理费、供养亲属抚恤金分别达到了 2007 年的 4.8 倍、5.5 倍和 3 倍；2018 年一次性待遇即一次性伤残补助金、一次性工亡补助金、丧葬补助金分别达到 2007 年的 3.6 倍、9.1 倍、3.2 倍。其中，增幅最大的是一次性工亡补助金标准，从 2011 年的 48 个月至 60 个月统筹地区上年度职工月平均工资调整为上一年度全国城镇居民人均可支配收入的 20 倍。待遇水平与劳动者的工资收入以及社会平均工资相关联的做法，一定程度上保持了保障水平的不断提高。二是享

（单位：亿元）

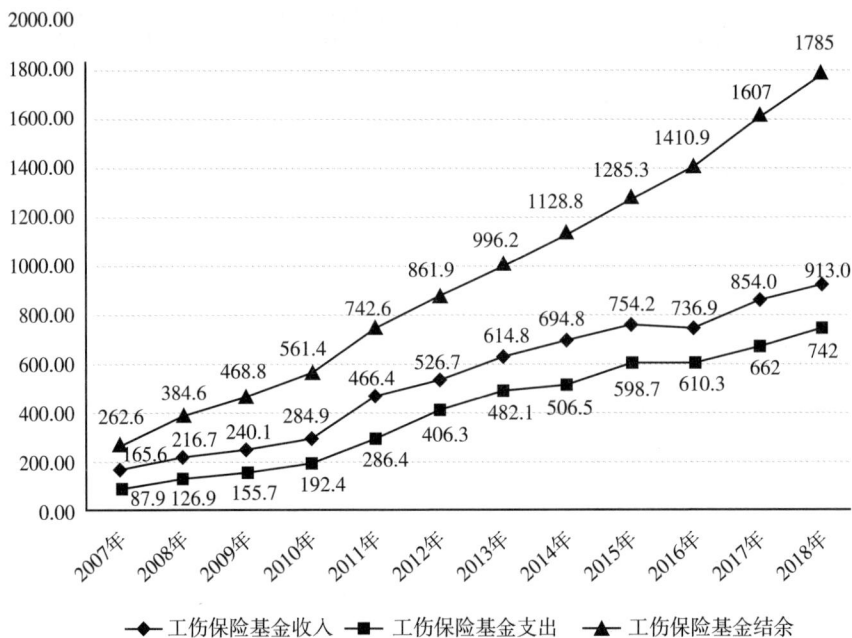

图 11—2　2007—2018 年全国工伤保险基金收支状况 ①

受待遇人员范围扩大，2018 年全国享受工伤保险待遇 199 万人，是 2004 年的
3.83 倍。一部分历史遗留的老工伤人员（约 300 万人）于 2010 年纳入了工伤
保险，解决了他们的基本无保障问题。

　　4. 预防、康复与赔偿的"三位一体"功能初步探索。除了工伤赔偿，近
10 多年来也开始工伤预防和工伤康复功能的探索。尤其在 2007 年《关于印发
加强工伤康复试点工作指导意见的通知》和 2009 年《关于开展工伤预防试点
有关问题的通知》之后，工伤康复与工伤预防的地方试点进一步推进。2017 年，
人社部、财政部等四部委联合发布了《工伤预防费使用管理暂行办法》，工伤
预防探索在全国铺开。

---

① 数据来源：《人力资源和社会保障事业发展统计公报》（2007—2018 年）。

三、工伤保险制度发展中存在的问题

1.工伤保险制度覆盖范围和保障人群亟须扩大。目前，我国工伤保险覆盖范围与全部就业人口相比，参保率仅为30%（见表11—1）。随着经济结构的调整，大量新业态劳动者涌现、新的职业风险出现，如包括快递员、外卖员等在内的7000多万网约工的职业风险问题已经成为社会关注的焦点、大规模的非正规就业者的职业风险无保障问题、农业机械化程度提高和农药的普遍使用使农村劳动力面临的职业伤害风险逐步显性化等，这些都亟需推动工伤保险制度覆盖面进一步扩大，以为全体劳动者提供普遍的职业风险保障。

2.预防、康复和赔偿的"三位一体"的制度尚未建立起来。"三位一体"是各国工伤保险制度的政策目标，在工伤保险制度发达国家均得到了充分体现。但在我国工伤保险制度中，工伤赔偿几乎成为工伤保险的唯一功能。虽然已经推行工伤预防试点，但由于安全生产管理、职业卫生监督和工伤保险管理之间没有良好的互动和协作，工伤预防工作实际效果差；运动式的安全生产监督多，常态的职业安全健康管理不足，无法形成长效的工伤预防机制。虽然工伤康复已经过了试点、扩大试点，但基本上仅局限于职业伤害的医疗救治，社会康复、职业康复几乎处于一片空白。

3.基金结余过多且支出结构问题突出。工伤保险遵循基金收支平衡、以支定收的原则。我国工伤保险基金结余过多、支出结构不合理问题突出且基金累计结余增长过快，出现了高职业风险、低保险费率背景下的大量基金结余，如图11—2所示，2018年，工伤保险基金收入913亿元、支出742亿元，而当年底全国工伤保险基金累计结余达1785亿元，即便停止当期缴费，也能够满足现有支出水平下的两年以上的支付，基金累计结余明显偏高。究其原因，一是工伤保险仍以赔偿为主，工伤预防与康复工作并未实质开展，基金支出结构严重不合理；二是现行制度覆盖人员多为职业风险较低劳动者，而大多职业风险较高劳动者并未覆盖在制度内，如大部分农民工群体、物流从业人员以及其他非正规就业者等，参保者的风险较低而未参保者风险较高，职业风险并未在全社会范围内得到较好的分担；三是大量受职业伤害的劳动者并未得到应有的保障，如尘肺病人以及其他职业伤害受害者；等等。

4.工伤保险待遇保障水平和待遇结构亟须完善。自2004年工伤保险制度定型以来，待遇结构、责任分担方式从未有过大的变化和调整。然而，现行工伤保险待遇水平及待遇结构已经不能满足现实需要——如一部分由企业承担的工伤赔偿责任使工伤保险制度不能满足企业风险充分转移的需要，造成了企业不必要的人力、物力和财力耗费；部分工伤保险待遇水平缺乏科学的调节机制，赔偿水平无法体现区域差别以及现实状况（如一次性工亡补助金为全国城镇居民可支配收入的20倍，看似同命同价的公平性规定，但实际上并没有考虑地区之间发展水平和生活费用的差异，也违背了工伤保险待遇是对收入损失的补偿而非对生命和健康的赔偿这一国际公认原则），需要结合劳动者安全保障和企业风险转移的双重目标对工伤保险待遇结构和待遇水平进行科学的厘定和调整。

5.经办队伍和经办能力严重不足。经办力量不足是我国社会保险领域的突出问题，工伤保险尤为严峻。全国社会保险参保人数逐年增加，但是社会保险经办机构经办人员的规模几乎不见增长。根据相关统计，2010年，每个经办人员要对应8054个参保人员，到2016年每个经办人员要对应11313个参保人员，经办人员的负荷比逐年增加。这一矛盾在工伤保险领域更为突出——因为很多地区的工伤保险和医疗保险采用了同一经办系统、同一经办队伍，医疗保障局分立之后，大量经办力量划拨到医疗保险经办中，各地工伤保险经办力量捉襟见肘，甚至有的地区现有经办力量已完全无法应对现实需要。加之工伤保险又是争议和纠纷多发领域，各地经办机构更力不从心。

6.统筹层次低导致风险应对能力弱。《社会保险法》明确规定我国工伤保险实行省级统筹，虽然部分地区的工伤保险制度已开始了省级统筹，但从实际情况看，各地统筹层次依然不高，目前全国仍有近百个统筹区域，导致地区基金抗风险能力弱且区域差距大——基金力量雄厚的地区（如江浙地区），基金结余近百亿，而有的地区，曾多次出现过基金年度赤字（如重庆、辽宁等地），造成了一方面基金闲置和浪费，另一方面劳动者工伤保障不足的矛盾。

7. 工伤保险数据信息系统建设及费率机制严重滞后。与其他社会保险相比，工伤保险所保障风险的射幸性最强，从而对大数法则和概率统计依赖性更强；差别费率和浮动费率的也需要大量工伤事故的数据积累，包括职业伤害的行业领域、职业岗位分布、工伤者的人口统计学特征、工伤的类型及伤害程度等，以形成合理的费率机制、实现费率激励下的工伤预防。[①]

四、完善工伤保险法制的建议

从上述分析可见，我国工伤保险现有法制规定已经呈现出诸多不适应性，应对制度进行更加合理的设计，这首先体现在法律体系的完善上。

1. 须打破以劳动关系为标尺的参保准则，代之以普遍的劳动者职业风险保障。《工伤保险条例》第二条明确规定，中华人民共和国境内的企业、事业单位、社会团体、民办非企业单位、基金会、律师事务所、会计师事务所等组织和有雇工的个体工商户（以下称用人单位）应当依照条例规定参加工伤保险。但现实中诸如个体工商户这样的用人单位，与劳动者之间无法形成稳定的劳动关系，进而形成了劳动者参保的障碍。此外，非正规就业者、平台就业者、网络经济从业者等，均无参加工伤保险的法律依据。而就职业风险的分布而言，规模庞大的非正规就业者，他们面临的职业风险更加复杂和严重，更需要工伤

---

① 如美国的威斯康星州，工伤保险费率被划分为 500 多个档次，最低档为工资总额的 0.24%，最高档为工资总额的 50%；澳大利亚工伤保险费率划分了 520 多档，最低档为工资总额的 0.31%，最高档为 11.79%；日本工伤保险费率，最高的为工资总额的为 8.9%，最低为工资总额的 0.25%，最高者是最低者的 35.6 倍。

保险的保护。故应在《社会保险法》、《工伤保险条例》中明确，将工伤保险的普遍性以法律的形式予以明确。突破工伤保险覆盖面的劳动关系限制，是涉及我国工伤保险发展方向的大问题。

2.强化依法依规实施，避免制度进一步碎片化。工伤保险制度作为我国最早定型的社会保险，法律法规是较为完整的，但各地在执行中却存在不到位的问题，如有的地方对农民工参保高度重视，有的则相对忽略；有的对企业参保相对严格，有的却相对宽松；用人单位与劳动者因工伤或职业伤害导致的纠纷在不断上升，这种局面必须通过强化法律法规的实施来加以改变。同时，各地还出台了花样繁多的补充保障政策，不但造成了工伤保险基金的流失，打乱了政府和市场职能的合理定位，而且造成了制度的进一步碎片化、分割化。因此，应尽快对《社会保险法》《工伤保险条例》相关规定进行修订，实现工伤保险制度的统一。

3.强化工伤保险制度"三位一体"功能的协调发展。如前文所述，预防、康复、赔偿"三位一体"是各国工伤保险制度发展的共同目标，在发达国家早已充分体现。我国《工伤保险条例》第一条也明确了建立工伤保险制度的目标，是保障因工作遭受事故伤害或者患职业病的职工获得医疗救治和经济补偿，促进工伤预防和职业康复，分散用人单位的工伤风险。科学研究和国内外的实践证明，事前预防是比事后赔偿更有效的职业伤害处理方式。合理的职业安全健康投入不但不会额外增加企业生产成本，而且可以形成企业的安全投资进而形成投资收益、减少不必要的劳动力损失，同时还可以提升企业形象、促进企业长期良性发展。工伤康复作为促进劳动者重返工作岗位、重新回归社会的必要措施，对于工伤保险基金的节约、社会成员的平等参与具有重要意义。因此，应通过修订法律法规中的有关规定，强化对工伤预防与工伤康复的规制，真正改变目前单纯以赔偿为主的做法，以实现安全生产管理、职业卫生监督和工伤保险的联动，使工伤保险制度在良性发展中发挥更加积极的作用。

4.明确解决存量职业病人及工伤无保障劳动者的保障问题的法制规定。《社会保险法》第四十一条明确规定："职工所在用人单位未依法缴纳工伤保险费，发生工伤事故的，由用人单位支付工伤保险待遇。用人单位不支付的，从工伤保险基金中先行支付。"但由于历史遗留、区域发展等多种原因，现实中仍有大量职业病人（如尘肺病人）和工伤人员既未享受到来自企业的保障，也没有享受到《社会保险法》中所规定的先行赔付，不但损害了劳动者的合法权益，而且成为社会稳定的影响因素。因此，应以法律的形式对于历史遗留的存量职业病人和工伤人员保障问题予以明确，这不但有利于现实问题的解决，而且为避免今后出现类似矛盾提供合理稳定的法律依据。

5.依法督促提高工伤保险统筹层次。《社会保险法》《工伤保险条例》均明确了工伤保险省级统筹的规定。然而，由于该规定原则性强、且强制力不足，目前省级统筹推进速度缓慢。因此，应在《社会保险法》中更加强化这一规制，明确提高工伤保险统筹层次的目标、步骤及具体操作依据，以增强工伤保险制度抵抗风险的能力。

6.细化相关法律规制，为制度实践提供更具操作性的依据。《社会保险法》第三十四条规定，国家根据不同行业的工伤风险程度确定行业的差别费率，并根据工伤保险基金使用、工伤发生率等情况在每个行业内确定费率档次。《工伤保险条例》第八条也规定了行业差别费率和浮动费率相结合的原则。但这些规定均过于原则，且缺乏合理的依据，无法反映行业、企业的真实风险状况，也无法形成对企业实施安全管理的激励。因此，应在法律原则性规定的指导下，建立职业风险数据库以形成合理的费率测算机制，并据以调整《关于调整工伤保险费率政策的通知》（人社部发〔2015〕71号）对工伤保险费率的不合理规定。

此外，为了实现工伤保险制度的高效运转，经办队伍建设已成为迫切需要解决瓶颈，这一点，也需要法律法规予以明确和支撑。

第十二章　失业保险法制规范及实践

　　失业保险是国家通过立法强制实施的，由社会集中建立失业保险基金，对因中断就业而暂时失去生活来源的劳动者提供一定时期的基本生活保障和与再就业有关服务的一项社会保险制度。我国失业保险制度自建立以来，在不断解决实际问题中主动应对时代的挑战，通过持续稳定变革来不断满足社会经济发展的现实需要，在运行中逐步完善，特别在 2010 年被纳入全国人大常委会制定的《社会保险法》制度体系中。2020 年是《社会保险法》颁布十周年，在全面推进依法治国和全面建成多层次的社会保障体系背景下，有必要对《社会保险法》颁布实施以来失业保险法律制度的实施情况进行评估，以进一步完善其制度，更好发挥其"保生活、防失业、促就业"的功能。

一、失业保险的法制规范

　　我国的失业保险制度始建于 1986 年，它在实践中是作为深化国有企业改革、建立现代企业制度的配套措施发展和完善起来的。1986 年 7 月 12 日，国务院颁布《国营企业职工待业保险暂行规定》，标志着我国失业保险制度的初步建立。为了进一步发挥失业保险制度在社会主义市场经济体制改革中的积极作用，1993年4月12日，国务院正式颁布《国有企业职工待业保险规定》。1994年，我国开始以"失业保险"取代"待业保险"。1999年，国务院颁布实施《失业保险条例》，确立了我国失业保险制度的基本框架。2010年颁布的《社会保险法》（2011年7月1日起实施）把失业保险纳入社会保险法律制度中。此外，其他的法律法规规章及政策文件也有与失业保险制度相关的内容。迄今为止，国家层面的失业保险制度的主要实施依据已经逐步形成了有法律、行政法规、部门规章构成的法制体系，见表12—1。

表12—1　失业保险制度的主要实施依据

序号	名　称	法的形式	制定单位	制定（修改）时间	主要内容
1	社会保险法	法律	全国人大常委会	2010年（2018年修改）	专章规定失业保险制度（11条）
2	就业促进法	法律	全国人大常委会	2007年（2018年修改）	规定国家建立健全失业保险制度及目的（1条）
3	失业保险条例	行政法规	国务院	1999年	规定了失业保险制度的基本框架（33条）
4	社会保险费征缴暂行条例	行政法规	国务院	1999年（2019年修改）	规定失业保险费的征缴（31条）
5	失业保险金申领发放办法	部门规章	原劳动和社会保障部	2000年	规定失业保险金的申领发放（30条）
6	实施《中华人民共和国社会保险法》若干规定	部门规章	人力资源和社会保障部	2011年	涉及失业保险制度的实施（3条）

此外，我国还出台了较多的失业保险实施或与失业保险实施有关的政策文件，见表12—2。

179

表12—2 失业保险政策体系

序号	名 称	制定单位	颁布时间
1	关于适当扩大失业保险基金支出范围试点有关问题的通知	原劳动保障部、财政部	2006年
2	关于领取失业保险金人员参加职工基本医疗保险有关问题的通知	人力资源社会保障部、财政部	2011年
3	关于失业保险支持企业稳定岗位有关问题的通知	人力资源社会保障部、财政部、发改委、工信部	2014年
4	关于实施失业保险援企稳岗"护航行动"的通知	人力资源社会保障部	2017年
5	关于失业保险支持参保职工提升职业技能有关问题的通知	人力资源社会保障部、财政部	2018年
6	关于实施失业保险支持技能提升"展翅行动"的通知	人力资源社会保障部	2018年
7	关于使用失业保险基金支持脱贫攻坚的通知	人力资源社会保障部、财政部	2018年
8	关于调整失业保险费率有关问题的通知	人力资源社会保障部、财政部	2015年
9	关于阶段性降低失业保险费率有关问题的通知	人力资源社会保障部、财政部	2017年
10	关于继续阶段性降低失业保险费率的通知	人力资源社会保障部、财政部	2018年
11	关于降低社会保险费率综合方案的通知	国务院办公厅	2019年

综上所述，自我国建立失业保险制度以来，通过持续的变革与发展，逐步形成了由法律、行政法规、部门规章和其他政策文件构成的有中国特色的失业保险法制规范体系。在这个法制规范体系中，1999年颁布实施的《失业保险条例》以完整的行政法规的形式确定了我国失业保险的基本框架，明确了保障失业人员的基本生活和促进失业人员再就业的立法宗旨，强调了权利与义务的结合，彰显了失业保险的社会保险属性，标志着失业保险制度从过去的国有企业配套措施转变为社会主义市场经济框架下社会保障体系的重要组成部分。2010年颁布的《社会保险法》采用了"五险合一"立法模式，从国家立法层

面把失业保险制度作为社会保险法的基本制度进行规定。《社会保险法》不仅提升了失业保险制度的法律位阶，而且在内容方面完善了失业保险制度，主要体现在：规定了职工应当参加失业保险；取消了失业保险金的最高标准限制；明确了失业人员参加基本医疗保险；规定了失业保险基金逐步实现省级统筹等。围绕失业保险制度实施而颁布的一系列政策性文件则是不断拓展和强化失业保险的防失业、促就业的积极功能，服务于我国经济社会发展、社会稳定和民生保障的大局。

二、失业保险制度实施的主要成效

《社会保险法》颁布实施以来，我国失业保险法制规范实施成效显著，在保障民生、稳定就业等方面发挥了积极的作用。

（一）参保人数和受益人数持续增长，覆盖面不断扩大

据人力资源社会保障事业发展统计公报数据显示，我国失业保险参保人数由 2010 年 13376 万人增加到 2018 年 19643 万人，其中，农民工参保人数由 2010 年 1990 万人增加到 2017 年 4897 万人（如图 12—1 所示）。目前，失业保险参保人数已经突破 2 亿人。2018 年末，全国领取失业保险金人数为 223 万人（如图 12—2 所示），全年共为 452 万名失业人员发放了不同期限的失业保险金，全年发放稳岗补贴惠及职工 6445 万人，发放技能提升补贴惠及职工 60 万人。可见，失业保险制度覆盖面正在不断扩大。

（单位：万人）

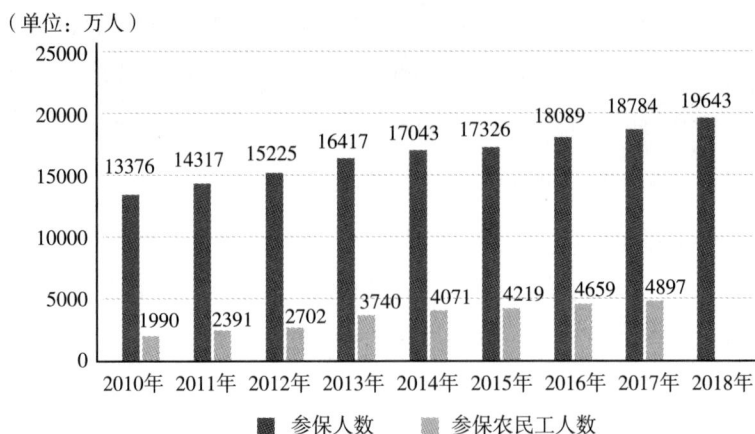

图 12—1　2010—2018 年全国失业保险参保人数

资料来源：据人力资源社会保障事业发展统计公报。

（单位：万人）

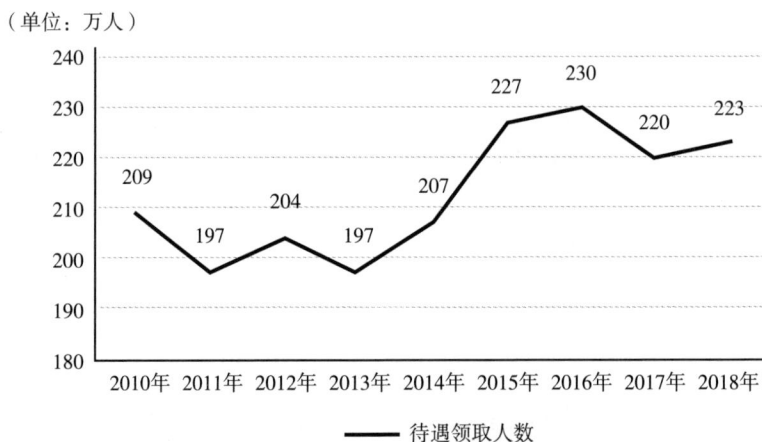

图 12—2　2010—2018 年全国失业保险待遇领取人数

资料来源：据人力资源社会保障事业发展统计公报。

（二）待遇水平不断提高，失业人员的基本生活保障、医疗保障权利得到更好的实现

2018 年，失业保险金月人均水平达到 1266 元，比上年增长 13.9%，待遇调整与经济社会发展基本同步。《社会保险法》把失业人员纳入职工基本医疗

保险体系，明确支持失业人员应当缴纳的基本医疗保险费从失业保险基金中支付。2011 年 6 月，《关于领取失业保险金人员参加职工基本医疗保险有关问题的通知》（人社部发〔2011〕77 号）颁布，各地及时出台配套性政策落实失业人员参加医疗保险问题和享受医保待遇问题。失业人员纳入基本医疗保险制度，既维护了基本医疗保险制度的统一性，也较好地满足了失业人员的基本医疗需求；不仅实现了失业人员病有所医，而且提高了医疗待遇水平，保持了失业人员医保关系的连续性。2018 年，全年共为领取失业保险金人员代缴基本医疗保险费 92 亿元，比上年增长 8.2%。此外，失业人员还享受到了更专业、更便捷的医疗服务，提升了获得感。

（三）失业保险基金结余过多问题逐步得以化解

"现收现付，略有节余"是失业保险基金管理的基本原则，也是国际上通行的准则。1999 年以来，我国失业保险基金收入多年保持两位数增长。2009年，全国失业保险基金收入 580 亿元，支出 367 亿元，全国失业保险基金滚存结余 1524 亿元，2010 年的累计结余达到 1750 亿元，失业保险基金结余过多。2010—2018 年，全国失业保险基金收支差从 2010 年 227 亿元增加到 2014 年 765 亿元，再逐步降至 2018 年 256 亿元（如图 12—3 所示）；全国失业保险基金结余从 2010 年 1750 亿元增加到 2018 年 5817 亿元（如图 12—4所示）。

上述数据表明，在相当长的时间内，我国失业保险存在巨额结余，这种状况随着失业保险费率的降低和基金支出的增加而不断得到改善。特别是通过连续三次实施阶段性降低费率政策（从 3% 降至 1%），2019 年又从失业保险基金中提出 1000 亿元支持职业技能提升行动，以及向参保职工发放技能提升补贴以提高就业质量和稳定性，不仅使失业保险基金结余过多的问题得到缓解，而且使失业保险制度预防失业和促进劳动者技能提升的积极功能得到了日益充分的发挥。与此同时，在北京等东部 7 省（市）也开展了失业保险基金扩大支

（单位：亿元）

图 12—3 2010—2018 年全国失业保险基金收支情况

资料来源：据人力资源社会保障事业发展统计公报。

（单位：亿元）

图 12—4 2010—2018 年全国失业保险基金累计结余情况

资料来源：据人力资源社会保障事业发展统计公报。

出试点工作。因此，我国失业保险当期基金结余过多问题正逐步化解，收支平衡略有结余，基金运行总体上安全可持续。

（四）失业保险制度的功能定位开始拓展

《失业保险条例》虽然明确失业保险为保障失业人员失业期间的基本生活、促其就业的基本功能，但是，由于其出台于国企改革、职工下岗分流的社会背景下，失业保险的主要功能为应急性生活保障，即主要保障职工失业后的基本生活，带有"事后救济"特性。自 2005 年国务院颁布《关于进一步加强就业再就业工作的通知》（国发〔2005〕36 号）以来，各地实施了积极的就业政策，要求进一步发挥失业保险制度促进再就业的功能。面对 2008 年国际金融危机的冲击，通过实施"一缓一减三补贴"来缓减企业失业保险费，支付企业的社保补贴、岗位补贴和培训补贴，稳定了就业。党的十八大以来，国家采取了稳岗返还失业保险费措施，引导企业不裁员少裁员。2017 年，创新实施了支持参保职工技能提升补贴政策，引导职工积极提升职业能力和就业竞争力。2018 年，推出了对暂时性生产经营困难且恢复有望，坚持不裁员少裁员的企业，给予更大力度稳岗返还的应急举措。这些政策实践发挥了失业保险促进再就业的功能，失业保险的功能定位从建制之初的主要"保生活"逐步向"保生活、防失业、促就业"三位一体的复合性功能拓展。

（五）失业保险制度改革为经济发展作出了贡献

我国失业制度自实施以来，不断探索和实践，改革从未停滞：一是减税降费力度大。2015 年起，失业保险费率"三降两延"，全国的缴费率已由 3% 普降至 1%，助力降低企业成本。二是稳企稳岗力度大。向不裁员少裁员企业返还失业保险费，激励承担稳定就业岗位的社会责任，扩大受益面，强化雪中送炭政策作用。三是支持技能提升力度大。筹集 1000 亿元失业保险基金结余支持职业技能提升行动；向参保职工发放技能提升补贴，提高就业质量和稳定性。四是经办能力显著提升。落实国务院"放管服"改革精神，推进网上经办，省会城市和计划单列市失业保险业务基本实现"不见面审批"。这些措施有力地支持了国民经济的发展。

三、失业保险制度存在的主要问题

尽管失业保险制度在实施中取得了很大成效，但随着经济社会发展特别是就业市场环境的深刻变化，也出现了一些新的问题和挑战，需要从顶层设计的高度加以解决。这些问题主要包括：

（一）相关法律体系内部存在冲突

失业保险的主要法律是《社会保险法》（2010 年）和《失业保险条例》（1999年）。《社会保险法》第五章用 11 个条款对失业保险的覆盖范围、申领条件、待遇领取期限、失业保险的标准、失业人员的基本医疗保险、遗属待遇、申领程序、停止领取情形、转移接续等重大问题做了明确规定，进一步完善了失业保险制度，为失业保险制度的实施提供了高层次的法律依据。虽然有"上位法优于下位法"的法理，实际上我国的《立法法》第八十八条也明确规定了"法律的效力高于行政法规、地方性法规、规章"。但是，由于《失业保险条例》并没有被明确废止，实践中大多数地区仍以《失业保险条例》及相关政策为依据，而鲜有以《社会保险法》为实施依据。例如，无论是依据《社会保险法》第二条关于"公民社会保险权"的规定还是依据其第四十四条关于"职工应当参加失业保险"的规定，农民工作为产业工人的组成部分，享有与城镇职工平等的社会保险权，参加失业保险制度是有法律依据的，而实际上，全国除天津、广东、江苏和海南等少数省份规定不再区分农民工与城镇职工，失业保险适用于《劳动法》调整范围内的劳动者和用人单位外，绝大部分地区仍实行农民户籍职工失业后仅能按照略高于当地最低生活保障标准领取一次性生活补贴的规定。实际工作中的路径依赖和《失业保险条例》修订的滞后，极大地弱化了《社会保险法》的有效实施。

（二）参保人数与全覆盖差距较大

按照国际劳工组织《社会保障最低标准公约》的规定，失业保险覆盖范围在全体雇员中不低于 50%。根据国际劳工组织统计，我国失业保险"法定覆盖率"为 22.4%。[①] 2019 年末，我国参加失业保险职工人数已经突破 2 亿人，但并未涵盖所有建立劳动关系的用人单位，与制度的法定职业人群全覆盖的要求相比仍有较大差距。目前，失业保险主要覆盖大中型企业、事业单位及职工，小微企业以及社会团体、基金会等用人单位及其职工尚未纳入保障范围。就参加失业保险的劳动者而言，农民工参加失业保险的比率偏低，2015 年，参加失业保险的农民工数量仅占全国农民工总数的 15.2%。[②]2016 年农民工参保率为 16.5%。[③] 此外，大量新业态从业人员因没有签订劳动合同无法建立合法稳定的劳动关系，未能被纳入以劳动关系为要件、以单位就业为依托的失业保险制度的覆盖范围，失业保险制度与我国经济社会发展过程中出现的新就业形态不相适应，限制了保障范围。有调查显示，有近 20% 的"三新"劳动者处于实质上无保障状态，完全暴露于疾病、工伤、失业等社会风险之下。[④]

（三）统筹层次并未达到法定的标准

依据《社会保险法》第六十四条，我国失业保险基金的法定统筹层次目标是省级统筹。但是，《失业保险条例》规定："我国失业保险基金除直辖市和设区的市实行全市统筹外，其他地区的统筹层次由省、自治区人民政府规定"，显然给失业保险统筹层次的提高带来阻力。我国现行失业保险基金以地市级统

[①] 郑秉文：《供给侧：降费对社会保险结构性改革的意义》，《中国人口科学》2016 年第 3 期。

[②] 郑秉文：《供给侧：降费对社会保险结构性改革的意义》，《中国人口科学》2016 年第 3 期。

[③] 郝君富、李心愉：《失业保险制度机制设计的国际比较与启示》，《兰州学刊》2018 年第 8 期。

[④] 关博：《新技术、新经济和新业态劳动者平等参加社会保险的主要制约与建议：基于 320 名"三新"劳动者的典型调研》，《中国人力资源开发》2018 年第 12 期。

筹为主，统筹层次明显低于法定目标的省级统筹层次。较低的统筹层次降低了基金分散风险的功能，加大了制度运行的成本，影响了制度的公平性，极大地削弱了失业保险的制度效能。

（四）功能拓展缺少法律的支撑

失业保险是社会保险制度中与就业关联最为紧密的制度，合理的失业保险制度不仅具有保障失业人员基本生活的效能，还是实现充分就业、稳定就业的助推器。世界各国失业保险制度发展和改革的基本趋势是变失业保险的消极保障基本生活的功能为"保生活、防失业、促就业"三位一体的积极功能并使之规范化、制度化、长效化，在稳定就业，让劳动者实现体面劳动、全面发展方面发挥重要作用。自 2006 年开始，我国的失业保险在突出生存保障的同时，也开始注重在稳定就业、预防失业方面的功能发挥。2014 年失业保险稳岗补贴政策开始实施，2017 年 9 月，人力资源和社会保障部发布《关于实施失业保险援企稳岗"护航行动"的通知》。2017 年失业保险技能提升补贴政策开始实施，2018 年该项政策得以规范，激励更多参保企业职工提升技能，预防失业并提升就业质量。通过持续的变革，失业保险制度功能开始重塑，"保生活、防失业、促就业"三位一体的综合效能成为新时期失业保险制度的功能定位。但是，目前关于失业保险功能新拓展新定位仍停留在政策层面，主要还是属于阶段性的行政措施和手段，缺乏法律的支持，没有强制执行力，无法形成长效机制，无法给用人单位和劳动者以规范、稳定的预期，急需高层次的法律作为依据。

（五）费率的调整机制缺乏法治化保障

《失业保险条例》采用统一费率制，用人单位和劳动者按照规定的固定费率缴费。但是，该项规定在实践中早已被突破，密集频繁的费率调整政策减轻了企业的负担，在经济下行压力加大、财政增收乏力的情况下，保障了稳定就业政策的落实，发挥失业保险防失业、促就业的制度功能，但是也存在着缺少法律依据，与上位法冲突等问题，这些都与"全面推进依法治国、深化依法治国实践"的法治发展方略相悖。

（六）待遇给付制度不合理，缺少应急机制

当前失业保险的申领条件客观上还是比较苛刻的，比如，领取失业保险待遇所需的缴费期限较长等，大量的失业人员因不符合失业保险制度规定的申领条件而得无法受益，影响参保积极性和制度吸引力。我国失业保险待遇水平较低，2019 年，失业保险金仅达到最低工资标准的 78%[①]，这也难以保障职工的基本生活，失业保险在一定程度上退化为失业救助制度。《社会保险法》取消失业保险金低于当地最低工资标准的规定，给失业保险待遇调整预留空间的立法意图并未实现。失业保险的经办主体多元，经办流程复杂、管理服务不规范、标准不统一等问题，也影响了参保人待遇给付的便捷性。此外，针对企业的失业保险稳岗补贴政策与申领办法也亟待完善，2014 年人社部实施《关于失业保险支持企业稳定就业岗位有关问题的通知》（人社部发〔2014〕76 号），明确企业申请稳岗补贴应同时具备以下条件：生产经营活动符合国家及所在区域产业结构调整政策和环保政策；依法参加失业保险并足额缴纳失业保险费；上年度未裁员或裁员率低于统筹地区城镇登记失业率；企业财务制度健全、管理运行规范。这些条件客观上极易造成企业在实施裁员时变相提出员工主动离职的不合理要求，这种现象特别值得关注。

失业保险制度需要建立应急机制，以应对公共突发事件、自然灾害等发生时失业人员急剧增加带来的社会风险，维护社会稳定。但现行的制度在正常支付项目之外并没有设立应急项目，缺少应急机制。

[①] 桂桢：《兜牢民生底线、维护就业稳定——中国特色失业保险制度的变革与发展》，《中国劳动》2019 年第 2 期。

（七）失业保险金与经济补偿金的关系没有理顺

关于失业保险金和经济补偿金的关系，世界各国主要有"兼得"和"抵扣"两种模式。我国采取了"兼得"模式，从制度设计的初衷看，能够为失业人员提供更充分的保障。但是，由于失业保险的覆盖范围主要是正规的企业事业单位，失业风险较高的农民工和新业态从业人员等群体覆盖不足，导致了失业保险的功能失灵，最需要失业保险保障的群体很难得到失业保险制度的保护。实践中，大量的被解除或终止劳动关系的劳动者主要通过经济补偿金获得补偿。这种制度错位，增加了企业的负担，难以分散失业风险，也是诱发劳动争议的重要因素。

四、完善失业保险法律制度的建议

新时代失业保险法律制度的完善应该以习近平新时代中国特色社会主义思想为指导，紧密围绕确保就业局势总体稳定目标任务，坚持以人民为中心，在服务改革发展稳定大局中发挥制度优势。应把失业保险制度的改革放到关系保障民生、促进就业和国家治理现代化的高度去认识，充分发挥其促进就业的制度效能。如前所述，我国失业保险的法制规范是一个由法律、行政法规、部门规章等构成的制度体系，失业保险法律制度的完善应该从《社会保险法》《失业保险条例》的修订等方面入手。

（一）尽快修订《社会保险法》

2010 年颁布的《社会保险法》确立了我国社会保险的基本制度，奠定了中国特色社会主义社会保险制度的法制基础。但是，随着我国经济社会的发展和社会保障制度的快速变革，《社会保险法》已经凸显出严重滞后性，直接影响着整个社会保险制度改革的深化与制度定型。因此，必须尽快启动《社会保险法》的修改。《社会保险法》修改涉及失业保险制度的方面主要是：

第一，树立失业保险新理念，合理确立失业保险的制度功能。与劳动力市场政策紧密结合的积极的就业保障是失业保险制度发展的趋势。失业保险具有"保生活、防失业、促就业"三位一体的综合效能，建议树立失业保险立法的新理念以指导《社会保险法》中失业保险制度的修订，明确失业保险制度"保生活是基础、防失业是重点、促就业是目标"的功能定位。失业保险立法的新理念主要体现为：从消极的失业保障转变为积极的就业保障；从救济性的事后保障向预防性的事前保障拓展；从有限的适用范围向受劳动法调整的城乡用人单位及职工拓展。

第二，明确省级统筹为失业保险基金的法定统筹层次。依据社会保险大数法则的基本原理，统筹层次的提高可以在较大范围内调剂使用失业保险基金，解决困难地区基金短缺问题，也可抵御区域性、系统性、规模性的失业风险，确保基金安全平稳运行。我国《社会保险法》第六十四条规定："……其他社会保险基金逐步实行省级统筹，具体时间、步骤由国务院规定。"这明确了失业保险的法定统筹层次是省级统筹为目标，但是因其带有"逐步"两字，给失业保险基金实现省级统筹带来了不确定性。因此，建议修改《社会保险法》时删除"逐步"两字，直接规定"失业保险基金实行省级统筹"，这样可以倒逼各地在修订后的《社会保险法》实施的一定期限内尽快完成省级统筹的目标任务，以更好发挥失业保险基金互助共济的作用，在更大的范围发挥其制度效能。

第三，理顺失业保险金与经济补偿金的关系。失业保险金与经济补偿金关系的理顺，既涉及劳动法律制度的改革，又涉及失业保险制度的改革。一要坚持社会保险的普遍性原则，把适用劳动法的所有用人单位及职工包括新业态劳动者全部纳入失业保险的覆盖范围；二要把原《社会保险法》取消"失业保险金应该低于最低工资标准"的立法意图变成可操作性的规范，即适当提高失业保险金的发放标准，并使其与缴费工资高低相挂钩，将失业保险金按照缴费工资的一定比例发放。

第四，建立科学的费率机制，确定合理的失业保险待遇。建立科学的费率机制，根据中央减税降费的要求，通过立法程序建立"中央规定上限、地方根据基金运行情况自主决定费率"的机制，既支持实体经济发展，又确保制度可持续运行。失业保险待遇需要体现与个人工资挂钩的原则，同时要建立与经济社会发展水平相适应的失业保险金待遇调整机制。

第五，规定失业保险的应急机制。2020年新型冠状病毒肺炎疫情的发生提示我们，各项制度设计不仅要能够适应常态下的需求，还要能够未雨绸缪，为应急状态下的需求留有制度空间。失业保险制度需要规定应急情况的处理机制，即当出现突发公共卫生或其他重大突发事件，造成就业压力增大，失业人员明显增加时，应采取延长失业保险待遇期限，提高待遇标准等措施，为失业者提供更高水平的保障。

（二）修订完善《失业保险条例》

调查表明，现行《失业保险条例》的诸多条款已经无法适应现实需要，且与上位法《社会保险法》存在明显冲突，应加快修订完善《失业保险条例》。2017年，人力资源社会保障部发布《失业保险条例（修订草案征求意见稿)》，对修订《失业保险条例》公开征求意见。但迄今为止，《失业保险条例》的修订工作仍未完成。《失业保险条例（修订草案征求意见稿)》共6章34条，相比于现行条例，主要有八个方面的修改：一是在立法目的中增加了"预防失业"；二是扩大了适用范围，参保范围由"城镇企业、事业单位及其职工"扩大到"企业、事业单位、社会团体、民办非企业单位、基金会、律师事务所、会计师事务所等组织及其职工"；三是降低了缴费费率，将3%的固定费率修改为不超过2%；四是拓宽了基金支出范围；五是提高了失业保障水平；六是扩大了受益对象；七是统一了农民工和城镇职工的参保办法；八是完善了监督管理体系。①

我们认为，《失业保险条例（修订草案征求意见稿）》的主要内容基本可行，需要调整和增加的是：

第一，失业保险费率的规定过于保守，与中央降费的要求不相吻合，建议将总费率改为不超过1%。

第二，增加新业态劳动者参加包括失业保险在内的社会保险制度的规定。

第三，整合部门规章《失业保险金申领发放办法》和《实施〈中华人民共和国社会保险法〉若干规定》的内容，对不必要、不合理的申领条件的规定进行全面清理，对确有必要保留的吸纳到修改后《失业保险条例》中，以节约立法资源，方便法的实施。适当放宽失业保险金的领取条件，将领取条件由缴费满一年改为六个月，以扩大失业保险的受益人范围，使更多的失业人员能够从失业保险制度中受益。

第四，落实"放管服"改革精神，增加为参保单位和参保人员提供方便快捷服务的内容及保障条款。

---

① 《关于失业保险条例修订情况的说明》，http://www.mohrss.gov.cn/SYrlzyhshbzb/dongtaixinwen/buneiyaowen/201711/t20171110_281。

第十三章　护理保险试点情况及立法建议

　　随着我国人口老龄化进程加快尤其是高龄化时代的到来，老年人对生活照料与基本的医疗护理需求急剧扩张。2019 年，我国 65 周岁及以上人口 17603万，占总人口的 12.6%，比 2018 年的 11.9%进一步提升，正在快速逼近深度老龄化社会（14%），预计从老龄化社会到深度老龄化社会整个过渡过程要短于日本（25 年）。能否妥善解决老年人护理问题，事实上成为影响基本民生和社会发展进步的关键要素。借鉴发达国家经验，建立我国的长期护理保险制度已具有必要性与紧迫性。

　　然而，我国 2010 年制定的《社会保险法》中并未规制护理保险制度，这使得其缺乏相应的法律依据。基于对护理保险的客观需要和公众呼声日益高涨，国家在"十三五"规划中明确提出探索建立长期护理保险制度，2016 年人力资源和社会保障部印发《关于开展长期护理保险制度试点的指导意见》（以下简称《指导意见》），选择青岛、长春等 15 个城市以及吉林、山东两个重点省份统一组织开展试点，探索建立长期护理保险制度。现试点已三年有余，引起了社会各界人士的广泛关注。

　　本章将对长期护理保险的试点情况加以总结，并提出相关立法建议。

一、护理保险试点政策概要

《指导意见》主要对试点的目标与任务、基本政策、管理服务与配套措施等方面进行了规范。规定了制度的试点目标为"探索建立以社会互助共济方式筹集资金，为长期失能人员的基本生活照料和与基本生活密切相关的医疗护理提供资金或服务保障的社会保险制度"。

1.基本政策包括了四个方面：在保障范围上，提出保障长期处于失能状态的参保人群；在参保范围上，试点阶段原则上主要覆盖职工医保参保人群；在资金筹集上，规定可通过优化职工医保统账结构、划转职工医保统筹基金结余、调剂职工医保费率等途径筹集资金；在待遇支付上，规定基金按比例支付护理服务所发生的费用，支付水平总体上控制在70%左右，根据护理等级、服务提供方式等制定差别化的待遇保障政策。

2.管理服务主要包括了三个部分：在基金管理方面，提出参照现行社会保险基金有关管理制度执行，基金单独管理、专款专用；在服务管理方面，规定建立健全对护理服务机构和从业人员的协议管理和监督稽核等制度；在经办管理方面，提出可以探索委托管理、购买以及定制护理服务和护理产品等多种实施路径、方法。

3.配套措施方面提出加强与其他保障制度之间的统筹衔接、协同推进长期护理服务体系建设和发展、探索建立多层次长期护理保障制度等内容。

以《指导意见》为基本依据，15个试点城市均发布相关文件并启动试点。不过，由于15个地区试点启动时间、养老服务发展基础有着较大差异，各地区配套政策细化程度不一。例如，起步较早的上海市，不仅出台了试点办法、实施细则、需求评估及服务管理办法等政策规定，还对评估费试行价格、评估机构行业管理等配套措施予以详细规范，共计15个相关文件。

二、护理保险试点实践情况

经过近三年来的试点，长期护理保险在试点地区初步发挥了作用，不仅体现了对失能老年人及其家庭的保障功能，而且客观上促进了养老产业投资规模的扩大。

1. 失能老年人的护理服务得到了部分满足，解决大众后顾之忧的作用初显。在制度试点推行三年后，截至2019年6月底，15个试点城市和两个重点联系省的参保人数达8854万人，享受待遇人数42.6万，且以重度失能老年人为主。[①]

2. 切实减轻了家庭成员经济负担，试点城市资金总体报销比例达到80%以上，年人均基金支付达9200多元。[②] 其中上饶、青岛、上海、广州、荆门地区的待遇支付比例分别达到91.2%、88.9%、87.7%、79.2%、79%。试点地区探索了机构护理、居家护理（包括全日护理和非全日护理）以及亲情补贴等多种护理服务方式，因地制宜地利用当地护理服务资源，制度初步实现了"喘息式服务"的功能，为长期护理家庭减负。

3. 部分试点地区证实长期护理保险的实施对医疗费用控制起到一定抑制作用。如青岛市，研究证明制度实施使中老年居民门诊费用、门诊次数、住院费用和住院次数等减少，估算青岛市试点7年共节约247.96亿元，有效节约了医保报销额。[③]

4. 通过发挥长期护理保险资金配置平台和购买服务机制杠杆等作用，促进了养老产业的发展，拓宽了就业渠道。截止到2018年6月底，15个试点城市

[①] 健康界，http://cn-healthcare.com，2019年11月13日。

[②] 健康界，http://cn-healthcare.com，2019年11月13日。

[③] 马超、俞沁雯等：《长期护理保险、医疗费用控制与价值医疗》，《中国工业经济》2019年第12期。

吸引社会资本进入长期护理保险相关产业投资达 72 亿，新增养老机构 284 家、护理员培训机构 44 家、失能评估机构 40 家，直接拉动就业近 2 万人。①

三、护理保险试点中存在的问题

调查表明，护理保险试点实践过程中存在的问题主要有：

1.试点地区过于强调自身特色，试点方案五花八门。从各城市的试点方案来看，在保障范围、参保范围、资金筹集、待遇支付等制度框架设计上版本各异。以资金筹集为例，15 个试点城市便有 11 种资金筹集的组合方式（见表13—1）。各试点城市为了强调方案的"自身特色"往往忽视了社会保险的普适规律，目前五花八门的政策文件为以往制度的统一留下了严重的后遗症。

表 13—1　试点城市资金筹集方式

地区	主要筹资方式	地区	主要筹资方式
承德	医保基金划转＋财政补助＋个人缴费（职工划拨个人账户，灵活就业人员个人缴费）	宁波	医保基金一次性划转
长春	医保统筹基金＋个人账户划转	石河子	医保基金划转＋财政补助＋福彩＋居民个人缴费
齐齐哈尔、重庆、安庆	医保基金划转＋个人缴费	上饶	医保基金划转＋单位缴费＋个人缴费（个人账户划转）
上海、青岛、广州	医保基金划转	荆门	医保基金划转＋财政补助＋个人缴费（个人账户划转或从养老金账户代扣代缴）

---

① 和讯网，http://insurance.hexun.com，2019 年 3 月 18 日。

地区	主要筹资方式	地区	主要筹资方式
南通	医保基金划转＋财政补助＋个人缴费（职工：个人账户中划转；居民：缴纳居民基本医疗保险费时一并缴纳）＋一次性划转	成都	财政补助（补贴给退休人员）＋个人缴费（个人账户按月划拨）＋一次性划转
苏州	医保基金划转＋财政补助＋一次性划转		

资料来源：依据各试点地区的政策文件收集整理。

2.待遇支付内容混乱、支付标准不一、支付方式设计缺乏科学性。试点地区待遇支付内容通常为护理费，但也有部分地区机构护理报销包括了床位费。实际上，多数护理机构的护理费、床位费、餐费等标准并不清晰，报销水平设计通常是"一揽子"的，各地设计的待遇支付标准或高或低。仅以2018年上半年各试点地区的每月待遇人均支出为例，齐齐哈尔市仅为134元，而广州、荆门分别可达1758元、1518元，待遇支付的水平差异较大。① 由于待遇支付内容的不清晰，造成了待遇保障不足或是资金使用浪费。在支付方式设计方面，大部分试点地区采取的支付方式比较粗放，例如按床日、定额包干等（见表13—2），而较合理的按照护理等级或是按照失能程度支付的仅为少数地区。

表13—2　护理保险试点支付方式汇总

支付方式	试点城市
按床日	承德、长春、齐齐哈尔、上海（机构）、南通、宁波、安庆、上饶、青岛、荆门、广州、石河子、苏州（机构）、重庆
定额包干	承德、齐齐哈尔、南通、苏州、安庆、上饶、青岛、重庆、成都（月定额）、石河子
床日限额	长春、荆门、广州
按照机构类型、机构等级支付	承德、齐齐哈尔、南通、安庆、青岛、荆门

① 调研数据。

支付方式	试点城市
按照失能程度支付	南通、苏州、
按照护理等级支付	上海、成都
按照护理服务次数	青岛（居家）、苏州（居家）
按时长	上海居家

资料来源：依据各试点地区的政策文件收集整理。

3.资金筹资来源过于依赖医疗保险，筹资标准不一致、筹资水平差异大。如表13—1所示，试点地区资金筹集渠道为医保基金、财政补贴、个人账户代扣、一次性划拨启动资金，仅有上饶1市规定了单位缴费的标准。虽然筹资参与主体是多元的，但从筹资的份额来看，基本依赖医疗保险，可持续的筹资机制有待完善。从筹资标准来看，分为按比例筹资和按定额筹资两种，其中，按照比例筹资方法涉及筹资基数的设定，即根据当地上半年人均可支配收入、职工工资水平、医保基金缴费情况等，筹资比例从0.4%到1.5%不等。按照筹资水平来看，各试点地区不一，最低的安庆筹资标准仅为每人每年30元，最高的重庆人均筹资水平为每人每年150元，相差有5倍。①

4.部分地区制度试点延续了医保的发展思路，参保覆盖人群碎片化现象初现。《指导意见》规定："长期护理保险制度原则上主要覆盖职工基本医疗保险参保人群，试点地区可根据自身实际，随制度探索完善，综合平衡资金筹集和保障需要等因素，合理确定参保范围并逐步扩大。"就目前的试点情况来看，已有长春、上海、南通、苏州、上饶、青岛、荆门、石河子8个试点地区将参保人群覆盖到城镇职工和城乡居民，其中南通、荆门的退休人员均已缴费，除此之外，承德、安庆、上饶、成都虽只覆盖城镇职工，但均规定了退休人员为缴费参保人员，如图13—1。目前，依照地域、群体或年龄而分割制度的现象初现，鉴于我国医疗保险的改革路径以及国外长期护理保险制度的实施经验，

① 参见试点地区政策文件。

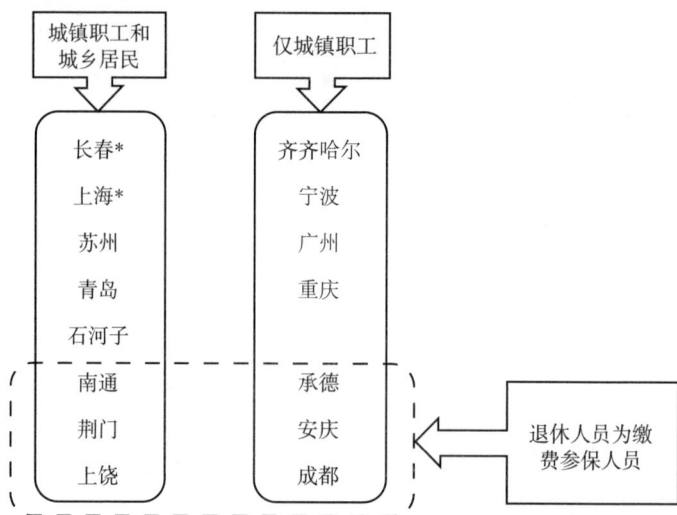

图 13—1　护理保险试点城市参保范围示意图

* 注：长春市参保范围覆盖了职工和城镇居民，上海市城乡居民参保群体仅覆盖60岁及以上。

退休人员应为参保缴费人群，随着人口老龄化进程的加速，如果设定年龄限制更加不利于制度发展的可持续性；同时，试点中存在的地域间、群体间的制度碎片化现象亦必将损害地域及群体间社会福祉的公平公正，未来会导致社会风险。

5.保障范围边界模糊。《指导意见》规定，长期护理保险"重点解决重度失能人员基本生活照料和与基本生活密切相关的医疗护理等所需费用"。试点过程中，各地对于制度的保障范围并不明确，例如早期青岛、长春开展的试点工作中，多以医疗护理为保障的主要内容，而南通、成都地区，更偏重于老年衰弱护理及生活照料。实践中，由于保障范围边界模糊，导致长期护理保险与医疗保险叠加使用或是老年失能照护的权益无法保障，长期护理保险所保障的内容应与医疗保险如何衔接，需基于国际经验和我国医保发展的实际情况，尽快予以明确，形成可操作的有指导意义的方案。

四、护理保险法制建设相关建议

基于护理保险制度的客观规律与国际经验，针对我国长期护理保险试点中存在的问题，提出如下建议：

1. 应当通过修订社会保险法将护理保险纳入其中并专章规制。以适应老龄化发展进程中老年群体的护理需要，使老年人过有尊严的生活，并解决护理家庭的后顾之忧。在修法未完成下应当尽快总结15个城市的试点经验，及时出台统一的政策性文件，避免由于试点方案五花八门而带来的严重后遗症。其中不仅对保障内容、参保范围、资金筹集、待遇支付等基本政策予以统一，对于受益人资格鉴定标准等配套措施也应该尽快统一明确。应选择试点成效明显、符合社会保险基本规律、制度可持续性较强的典型个案进行推广，对于"制度创新"不宜过度提倡，对于不合时宜的试点方案应及时止损，不应予以效仿和借鉴。

2. 上升到法制规范时应着重解决如下关键问题。（1）长期护理保险应确立"大众参与、小众受益、基本保障"的发展理念。目前仍有部分试点地区的参保范围设计了职工居民、城市农村、在职退休等地域间、群体间、年龄间的差异，鉴于医疗保险制度碎片化整合的发展改革路径，建议长期护理保险制度试点不宜过于分割，尤其不宜以年龄为界限划分参保人群，应回归到社会保险的大数法则基本原则。在这一方面，德国、韩国已提供了宝贵的国际经验，两国制度的平稳发展也逐步证实了这一点。并且，应提供基本保障，发挥制度防控老年失能风险的机制。（2）制度试点应加强在待遇支付方式、个人负担等方面的政策设计，同时增强资金监督管理能力，以减少道德风险的发生。个别试点地区为了扩大制度的影响力，资金支付比例高达90%以上，个人负担几乎为零，再加之待遇支付方式普遍采用按床日、定额包干的方法，较为粗放，极易诱发护理需求者与服务提供方合谋套取资金的行为。尤其是部分试点地区采取的居家护理的方式，更易引起道德风险问题的发生，需要在试点阶段引起重视，加强风险防控，提高对资金的使用管理能力。(3) 明晰长期护理保险保障范围边界，以及如何处理与医疗保险之间的关系等。《指导意见》虽然规定了制度的保障范围和配套措施，强调了要加强与其他保障制度之间的统筹衔接，但如何落实在操作层面，仍然需要理论支撑。通过试点实践发现，各地对于制度保障范围的理解以及如何处理制度与医疗保险的关系仍然处在探索阶段，例如有的试点地区认为长期护理保险应集中在基本医疗护理上，起到对医疗护理的后续补充作用上，而有的试点地区强调长期护理体系应该独立于医疗卫生，这些理论问题尚未达成共识，普遍缺乏理论依据与国际经验的系统性分析，应加紧对这些基本问题进行研究整理。

3. 加强养老专业人才培养和培训，并提供相应的政策规范。从目前各地的实践情况来看，由于缺乏养老专业人才，居家护理变相转为亲情补助的案例开始出现，这一试点方案已脱离了让老年人实现"就地养老"的政策初衷，也与德国制度的现金补助功能有一定差距。因此，加强养老人才的培养刻不容缓，不仅要通过护理人员短期培训、家庭护理员培训、农村转移劳动力培训等多种手段迅速建立一支专业队伍，更应该通过相关政策的规制来增强护理人员的职业荣誉度，通过顶层设计护理人员的职业发展规划使其有发展前景预期。

附件　社会保险法及相关法规、规章

附件1　中华人民共和国社会保险法

（2010 年 10 月 28 日第十一届全国人民代表大会常务委员会第十七次会议通过　根据 2018 年 12 月 29 日第十三届全国人民代表大会常务委员会第七次会议《关于修改〈中华人民共和国社会保险法〉的决定》修正）

目　　录

第一章　总　则

第一条　为了规范社会保险关系，维护公民参加社会保险和享受社会保险待遇的合法权益，使公民共享发展成果，促进社会和谐稳定，根据宪法，制定本法。

第二条　国家建立基本养老保险、基本医疗保险、工伤保险、失业保险、生育保险等社会保险制度，保障公民在年老、疾病、工伤、失业、生育等情况下依法从国家和社会获得物质帮助的权利。

第三条　社会保险制度坚持广覆盖、保基本、多层次、可持续的方针，社会保险水平应当与经济社会发展水平相适应。

第四条　中华人民共和国境内的用人单位和个人依法缴纳社会保险费，有权查询缴费记录、个人权益记录，要求社会保险经办机构提供社会保险咨询等相关服务。

个人依法享受社会保险待遇，有权监督本单位为其缴费情况。

第五条　县级以上人民政府将社会保险事业纳入国民经济和社会发展规划。

国家多渠道筹集社会保险资金。县级以上人民政府对社会保险事业给予必要的经费支持。

国家通过税收优惠政策支持社会保险事业。

第六条　国家对社会保险基金实行严格监管。

国务院和省、自治区、直辖市人民政府建立健全社会保险基金监督管理制度，保障社会保险基金安全、有效运行。

县级以上人民政府采取措施，鼓励和支持社会各方面参与社会保险基金的监督。

第七条　国务院社会保险行政部门负责全国的社会保险管理工作，国务院其他有关部门在各自的职责范围内负责有关的社会保险工作。

县级以上地方人民政府社会保险行政部门负责本行政区域的社会保险管理工作，县级以上地方人民政府其他有关部门在各自的职责范围内负责有关的社会保险工作。

第八条　社会保险经办机构提供社会保险服务，负责社会保险登记、个人权益记录、社会保险待遇支付等工作。

第九条　工会依法维护职工的合法权益，有权参与社会保险重大事项的研究，参加社会保险监督委员会，对与职工社会保险权益有关的事项进行监督。

第二章　基本养老保险

第十条　职工应当参加基本养老保险，由用人单位和职工共同缴纳基本养老保险费。

无雇工的个体工商户、未在用人单位参加基本养老保险的非全日制从业人员以及其他灵活就业人员可以参加基本养老保险，由个人缴纳基本养老保险费。

公务员和参照公务员法管理的工作人员养老保险的办法由国务院规定。

第十一条　基本养老保险实行社会统筹与个人账户相结合。

基本养老保险基金由用人单位和个人缴费以及政府补贴等组成。

第十二条　用人单位应当按照国家规定的本单位职工工资总额的比例缴纳基本养老保险费，记入基本养老保险统筹基金。

职工应当按照国家规定的本人工资的比例缴纳基本养老保险费，记入个人账户。

无雇工的个体工商户、未在用人单位参加基本养老保险的非全日制从业人员以及其他灵活就业人员参加基本养老保险的，应当按照国家规定缴纳基本养老保险费，分别记入基本养老保险统筹基金和个人账户。

第十三条　国有企业、事业单位职工参加基本养老保险前，视同缴费年限期间应当缴纳的基本养老保险费由政府承担。

基本养老保险基金出现支付不足时，政府给予补贴。

第十四条 个人账户不得提前支取，记账利率不得低于银行定期存款利率，免征利息税。个人死亡的，个人账户余额可以继承。

第十五条 基本养老金由统筹养老金和个人账户养老金组成。

基本养老金根据个人累计缴费年限、缴费工资、当地职工平均工资、个人账户金额、城镇人口平均预期寿命等因素确定。

第十六条 参加基本养老保险的个人，达到法定退休年龄时累计缴费满十五年的，按月领取基本养老金。

参加基本养老保险的个人，达到法定退休年龄时累计缴费不足十五年的，可以缴费至满十五年，按月领取基本养老金；也可以转入新型农村社会养老保险或者城镇居民社会养老保险，按照国务院规定享受相应的养老保险待遇。

第十七条 参加基本养老保险的个人，因病或者非因工死亡的，其遗属可以领取丧葬补助金和抚恤金；在未达到法定退休年龄时因病或者非因工致残完全丧失劳动能力的，可以领取病残津贴。所需资金从基本养老保险基金中支付。

第十八条 国家建立基本养老金正常调整机制。根据职工平均工资增长、物价上涨情况，适时提高基本养老保险待遇水平。

第十九条 个人跨统筹地区就业的，其基本养老保险关系随本人转移，缴费年限累计计算。个人达到法定退休年龄时，基本养老金分段计算、统一支付。具体办法由国务院规定。

第二十条 国家建立和完善新型农村社会养老保险制度。

新型农村社会养老保险实行个人缴费、集体补助和政府补贴相结合。

第二十一条 新型农村社会养老保险待遇由基础养老金和个人账户养老金组成。

参加新型农村社会养老保险的农村居民，符合国家规定条件的，按月领取新型农村社会养老保险待遇。

第二十二条 国家建立和完善城镇居民社会养老保险制度。

省、自治区、直辖市人民政府根据实际情况,可以将城镇居民社会养老保险和新型农村社会养老保险合并实施。

第三章 基本医疗保险

第二十三条 职工应当参加职工基本医疗保险,由用人单位和职工按照国家规定共同缴纳基本医疗保险费。

无雇工的个体工商户、未在用人单位参加职工基本医疗保险的非全日制从业人员以及其他灵活就业人员可以参加职工基本医疗保险,由个人按照国家规定缴纳基本医疗保险费。

第二十四条 国家建立和完善新型农村合作医疗制度。

新型农村合作医疗的管理办法,由国务院规定。

第二十五条 国家建立和完善城镇居民基本医疗保险制度。

城镇居民基本医疗保险实行个人缴费和政府补贴相结合。

享受最低生活保障的人、丧失劳动能力的残疾人、低收入家庭六十周岁以上的老年人和未成年人等所需个人缴费部分,由政府给予补贴。

第二十六条 职工基本医疗保险、新型农村合作医疗和城镇居民基本医疗保险的待遇标准按照国家规定执行。

第二十七条 参加职工基本医疗保险的个人,达到法定退休年龄时累计缴费达到国家规定年限的,退休后不再缴纳基本医疗保险费,按照国家规定享受基本医疗保险待遇;未达到国家规定年限的,可以缴费至国家规定年限。

第二十八条 符合基本医疗保险药品目录、诊疗项目、医疗服务设施标准以及急诊、抢救的医疗费用,按照国家规定从基本医疗保险基金中支付。

第二十九条 参保人员医疗费用中应当由基本医疗保险基金支付的部分,由社会保险经办机构与医疗机构、药品经营单位直接结算。

社会保险行政部门和卫生行政部门应当建立异地就医医疗费用结算制度,方便参保人员享受基本医疗保险待遇。

第三十条　下列医疗费用不纳入基本医疗保险基金支付范围：

（一）应当从工伤保险基金中支付的；

（二）应当由第三人负担的；

（三）应当由公共卫生负担的；

（四）在境外就医的。

医疗费用依法应当由第三人负担，第三人不支付或者无法确定第三人的，由基本医疗保险基金先行支付。基本医疗保险基金先行支付后，有权向第三人追偿。

第三十一条　社会保险经办机构根据管理服务的需要，可以与医疗机构、药品经营单位签订服务协议，规范医疗服务行为。

医疗机构应当为参保人员提供合理、必要的医疗服务。

第三十二条　个人跨统筹地区就业的，其基本医疗保险关系随本人转移，缴费年限累计计算。

第四章　工伤保险

第三十三条　职工应当参加工伤保险，由用人单位缴纳工伤保险费，职工不缴纳工伤保险费。

第三十四条　国家根据不同行业的工伤风险程度确定行业的差别费率，并根据使用工伤保险基金、工伤发生率等情况在每个行业内确定费率档次。行业差别费率和行业内费率档次由国务院社会保险行政部门制定，报国务院批准后公布施行。

社会保险经办机构根据用人单位使用工伤保险基金、工伤发生率和所属行业费率档次等情况，确定用人单位缴费费率。

第三十五条　用人单位应当按照本单位职工工资总额，根据社会保险经办机构确定的费率缴纳工伤保险费。

第三十六条　职工因工作原因受到事故伤害或者患职业病，且经工伤认定的，享受工伤保险待遇；其中，经劳动能力鉴定丧失劳动能力的，享受伤残待遇。

工伤认定和劳动能力鉴定应当简捷、方便。

第三十七条　职工因下列情形之一导致本人在工作中伤亡的，不认定为工伤：

（一）故意犯罪；

（二）醉酒或者吸毒；

（三）自残或者自杀；

（四）法律、行政法规规定的其他情形。

第三十八条　因工伤发生的下列费用，按照国家规定从工伤保险基金中支付：

（一）治疗工伤的医疗费用和康复费用；

（二）住院伙食补助费；

（三）到统筹地区以外就医的交通食宿费；

（四）安装配置伤残辅助器具所需费用；

（五）生活不能自理的，经劳动能力鉴定委员会确认的生活护理费；

（六）一次性伤残补助金和一至四级伤残职工按月领取的伤残津贴；

（七）终止或者解除劳动合同时，应当享受的一次性医疗补助金；

（八）因工死亡的，其遗属领取的丧葬补助金、供养亲属抚恤金和因工死亡补助金；

（九）劳动能力鉴定费。

第三十九条　因工伤发生的下列费用，按照国家规定由用人单位支付：

（一）治疗工伤期间的工资福利；

（二）五级、六级伤残职工按月领取的伤残津贴；

（三）终止或者解除劳动合同时，应当享受的一次性伤残就业补助金。

第四十条　工伤职工符合领取基本养老金条件的，停发伤残津贴，享受基本养老保险待遇。基本养老保险待遇低于伤残津贴的，从工伤保险基金中补足差额。

第四十一条 职工所在用人单位未依法缴纳工伤保险费，发生工伤事故的，由用人单位支付工伤保险待遇。用人单位不支付的，从工伤保险基金中先行支付。

从工伤保险基金中先行支付的工伤保险待遇应当由用人单位偿还。用人单位不偿还的，社会保险经办机构可以依照本法第六十三条的规定追偿。

第四十二条 由于第三人的原因造成工伤，第三人不支付工伤医疗费用或者无法确定第三人的，由工伤保险基金先行支付。工伤保险基金先行支付后，有权向第三人追偿。

第四十三条 工伤职工有下列情形之一的，停止享受工伤保险待遇：

（一）丧失享受待遇条件的；

（二）拒不接受劳动能力鉴定的；

（三）拒绝治疗的。

第五章　失业保险

第四十四条 职工应当参加失业保险，由用人单位和职工按照国家规定共同缴纳失业保险费。

第四十五条 失业人员符合下列条件的，从失业保险基金中领取失业保险金：

（一）失业前用人单位和本人已经缴纳失业保险费满一年的；

（二）非因本人意愿中断就业的；

（三）已经进行失业登记，并有求职要求的。

第四十六条 失业人员失业前用人单位和本人累计缴费满一年不足五年的，领取失业保险金的期限最长为十二个月；累计缴费满五年不足十年的，领取失业保险金的期限最长为十八个月；累计缴费十年以上的，领取失业保险金的期限最长为二十四个月。重新就业后，再次失业的，缴费时间重新计算，领取失业保险金的期限与前次失业应当领取而尚未领取的失业保险金的期限合并计算，最长不超过二十四个月。

第四十七条 失业保险金的标准，由省、自治区、直辖市人民政府确定，不得低于城市居民最低生活保障标准。

第四十八条 失业人员在领取失业保险金期间，参加职工基本医疗保险，享受基本医疗保险待遇。

失业人员应当缴纳的基本医疗保险费从失业保险基金中支付，个人不缴纳基本医疗保险费。

第四十九条 失业人员在领取失业保险金期间死亡的，参照当地对在职职工死亡的规定，向其遗属发给一次性丧葬补助金和抚恤金。所需资金从失业保险基金中支付。

个人死亡同时符合领取基本养老保险丧葬补助金、工伤保险丧葬补助金和失业保险丧葬补助金条件的，其遗属只能选择领取其中的一项。

第五十条 用人单位应当及时为失业人员出具终止或者解除劳动关系的证明，并将失业人员的名单自终止或者解除劳动关系之日起十五日内告知社会保险经办机构。

失业人员应当持本单位为其出具的终止或者解除劳动关系的证明，及时到指定的公共就业服务机构办理失业登记。

失业人员凭失业登记证明和个人身份证明，到社会保险经办机构办理领取失业保险金的手续。失业保险金领取期限自办理失业登记之日起计算。

第五十一条 失业人员在领取失业保险金期间有下列情形之一的，停止领取失业保险金，并同时停止享受其他失业保险待遇：

（一）重新就业的；

（二）应征服兵役的；

（三）移居境外的；

（四）享受基本养老保险待遇的；

（五）无正当理由，拒不接受当地人民政府指定部门或者机构介绍的适当工作或者提供的培训的。

第五十二条 职工跨统筹地区就业的，其失业保险关系随本人转移，缴费年限累计计算。

第六章　生育保险

第五十三条　职工应当参加生育保险，由用人单位按照国家规定缴纳生育保险费，职工不缴纳生育保险费。

第五十四条　用人单位已经缴纳生育保险费的，其职工享受生育保险待遇；职工未就业配偶按照国家规定享受生育医疗费用待遇。所需资金从生育保险基金中支付。

生育保险待遇包括生育医疗费用和生育津贴。

第五十五条　生育医疗费用包括下列各项：

（一）生育的医疗费用；

（二）计划生育的医疗费用；

（三）法律、法规规定的其他项目费用。

第五十六条　职工有下列情形之一的，可以按照国家规定享受生育津贴：

（一）女职工生育享受产假；

（二）享受计划生育手术休假；

（三）法律、法规规定的其他情形。

生育津贴按照职工所在用人单位上年度职工月平均工资计发。

第七章　社会保险费征缴

第五十七条　用人单位应当自成立之日起三十日内凭营业执照、登记证书或者单位印章，向当地社会保险经办机构申请办理社会保险登记。社会保险经办机构应当自收到申请之日起十五日内予以审核，发给社会保险登记证件。

用人单位的社会保险登记事项发生变更或者用人单位依法终止的，应当自变更或者终止之日起三十日内，到社会保险经办机构办理变更或者注销社会保险登记。

市场监督管理部门、民政部门和机构编制管理机关应当及时向社会保险经办机构通报用人单位的成立、终止情况，公安机关应当及时向社会保险经办机构通报个人的出生、死亡以及户口登记、迁移、注销等情况。

第五十八条　用人单位应当自用工之日起三十日内为其职工向社会保险经办机构申请办理社会保险登记。未办理社会保险登记的，由社会保险经办机构核定其应当缴纳的社会保险费。

自愿参加社会保险的无雇工的个体工商户、未在用人单位参加社会保险的非全日制从业人员以及其他灵活就业人员，应当向社会保险经办机构申请办理社会保险登记。

国家建立全国统一的个人社会保障号码。个人社会保障号码为公民身份号码。

第五十九条　县级以上人民政府加强社会保险费的征收工作。

社会保险费实行统一征收，实施步骤和具体办法由国务院规定。

第六十条　用人单位应当自行申报、按时足额缴纳社会保险费，非因不可抗力等法定事由不得缓缴、减免。职工应当缴纳的社会保险费由用人单位代扣代缴，用人单位应当按月将缴纳社会保险费的明细情况告知本人。

无雇工的个体工商户、未在用人单位参加社会保险的非全日制从业人员以及其他灵活就业人员，可以直接向社会保险费征收机构缴纳社会保险费。

第六十一条　社会保险费征收机构应当依法按时足额征收社会保险费，并将缴费情况定期告知用人单位和个人。

第六十二条　用人单位未按规定申报应当缴纳的社会保险费数额的，按照该单位上月缴费额的百分之一百一十确定应当缴纳数额；缴费单位补办申报手续后，由社会保险费征收机构按照规定结算。

第六十三条　用人单位未按时足额缴纳社会保险费的，由社会保险费征收机构责令其限期缴纳或者补足。

用人单位逾期仍未缴纳或者补足社会保险费的，社会保险费征收机构可以向银行和其他金融机构查询其存款账户；并可以申请县级以上有关行政部门作出划拨社会保险费的决定，书面通知其开户银行或者其他金融机构划拨社会保险费。用人单位账户余额少于应当缴纳的社会保险费的，社会保险费征收机构可以要求该用人单位提供担保，签订延期缴费协议。

用人单位未足额缴纳社会保险费且未提供担保的，社会保险费征收机构可以申请人民法院扣押、查封、拍卖其价值相当于应当缴纳社会保险费的财产，以拍卖所得抵缴社会保险费。

第八章 社会保险基金

第六十四条 社会保险基金包括基本养老保险基金、基本医疗保险基金、工伤保险基金、失业保险基金和生育保险基金。除基本医疗保险基金与生育保险基金合并建账及核算外，其他各项社会保险基金按照社会保险险种分别建账，分账核算。社会保险基金执行国家统一的会计制度。

社会保险基金专款专用，任何组织和个人不得侵占或者挪用。

基本养老保险基金逐步实行全国统筹，其他社会保险基金逐步实行省级统筹，具体时间、步骤由国务院规定。

第六十五条 社会保险基金通过预算实现收支平衡。

县级以上人民政府在社会保险基金出现支付不足时，给予补贴。

第六十六条 社会保险基金按照统筹层次设立预算。除基本医疗保险基金与生育保险基金预算合并编制外，其他社会保险基金预算按照社会保险项目分别编制。

第六十七条 社会保险基金预算、决算草案的编制、审核和批准，依照法律和国务院规定执行。

第六十八条 社会保险基金存入财政专户，具体管理办法由国务院规定。

第六十九条 社会保险基金在保证安全的前提下，按照国务院规定投资运营实现保值增值。

社会保险基金不得违规投资运营，不得用于平衡其他政府预算，不得用于兴建、改建办公场所和支付人员经费、运行费用、管理费用，或者违反法律、行政法规规定挪作其他用途。

第七十条 社会保险经办机构应当定期向社会公布参加社会保险情况以及

社会保险基金的收入、支出、结余和收益情况。

第七十一条 国家设立全国社会保障基金，由中央财政预算拨款以及国务院批准的其他方式筹集的资金构成，用于社会保障支出的补充、调剂。全国社会保障基金由全国社会保障基金管理运营机构负责管理运营，在保证安全的前提下实现保值增值。

全国社会保障基金应当定期向社会公布收支、管理和投资运营的情况。国务院财政部门、社会保险行政部门、审计机关对全国社会保障基金的收支、管理和投资运营情况实施监督。

第九章 社会保险经办

第七十二条 统筹地区设立社会保险经办机构。社会保险经办机构根据工作需要，经所在地的社会保险行政部门和机构编制管理机关批准，可以在本统筹地区设立分支机构和服务网点。

社会保险经办机构的人员经费和经办社会保险发生的基本运行费用、管理费用，由同级财政按照国家规定予以保障。

第七十三条 社会保险经办机构应当建立健全业务、财务、安全和风险管理制度。

社会保险经办机构应当按时足额支付社会保险待遇。

第七十四条 社会保险经办机构通过业务经办、统计、调查获取社会保险工作所需的数据，有关单位和个人应当及时、如实提供。

社会保险经办机构应当及时为用人单位建立档案，完整、准确地记录参加社会保险的人员、缴费等社会保险数据，妥善保管登记、申报的原始凭证和支付结算的会计凭证。

社会保险经办机构应当及时、完整、准确地记录参加社会保险的个人缴费和用人单位为其缴费，以及享受社会保险待遇等个人权益记录，定期将个人权益记录单免费寄送本人。

用人单位和个人可以免费向社会保险经办机构查询、核对其缴费和享受社会保险待遇记录，要求社会保险经办机构提供社会保险咨询等相关服务。

第七十五条 全国社会保险信息系统按照国家统一规划，由县级以上人民政府按照分级负责的原则共同建设。

第十章　社会保险监督

第七十六条 各级人民代表大会常务委员会听取和审议本级人民政府对社会保险基金的收支、管理、投资运营以及监督检查情况的专项工作报告，组织对本法实施情况的执法检查等，依法行使监督职权。

第七十七条 县级以上人民政府社会保险行政部门应当加强对用人单位和个人遵守社会保险法律、法规情况的监督检查。

社会保险行政部门实施监督检查时，被检查的用人单位和个人应当如实提供与社会保险有关的资料，不得拒绝检查或者谎报、瞒报。

第七十八条 财政部门、审计机关按照各自职责，对社会保险基金的收支、管理和投资运营情况实施监督。

第七十九条 社会保险行政部门对社会保险基金的收支、管理和投资运营情况进行监督检查，发现存在问题的，应当提出整改建议，依法作出处理决定或者向有关行政部门提出处理建议。社会保险基金检查结果应当定期向社会公布。

社会保险行政部门对社会保险基金实施监督检查，有权采取下列措施：

（一）查阅、记录、复制与社会保险基金收支、管理和投资运营相关的资料，对可能被转移、隐匿或者灭失的资料予以封存；

（二）询问与调查事项有关的单位和个人，要求其对与调查事项有关的问题作出说明、提供有关证明材料；

（三）对隐匿、转移、侵占、挪用社会保险基金的行为予以制止并责令改正。

第八十条 统筹地区人民政府成立由用人单位代表、参保人员代表，以及工会代表、专家等组成的社会保险监督委员会，掌握、分析社会保险基金的收支、管理和投资运营情况，对社会保险工作提出咨询意见和建议，实施社会监督。

社会保险经办机构应当定期向社会保险监督委员会汇报社会保险基金的收支、管理和投资运营情况。社会保险监督委员会可以聘请会计师事务所对社会保险基金的收支、管理和投资运营情况进行年度审计和专项审计。审计结果应当向社会公开。

社会保险监督委员会发现社会保险基金收支、管理和投资运营中存在问题的，有权提出改正建议；对社会保险经办机构及其工作人员的违法行为，有权向有关部门提出依法处理建议。

第八十一条　社会保险行政部门和其他有关行政部门、社会保险经办机构、社会保险费征收机构及其工作人员，应当依法为用人单位和个人的信息保密，不得以任何形式泄露。

第八十二条　任何组织或者个人有权对违反社会保险法律、法规的行为进行举报、投诉。

社会保险行政部门、卫生行政部门、社会保险经办机构、社会保险费征收机构和财政部门、审计机关对属于本部门、本机构职责范围的举报、投诉，应当依法处理；对不属于本部门、本机构职责范围的，应当书面通知并移交有权处理的部门、机构处理。有权处理的部门、机构应当及时处理，不得推诿。

第八十三条　用人单位或者个人认为社会保险费征收机构的行为侵害自己合法权益的，可以依法申请行政复议或者提起行政诉讼。

用人单位或者个人对社会保险经办机构不依法办理社会保险登记、核定社会保险费、支付社会保险待遇、办理社会保险转移接续手续或者侵害其他社会保险权益的行为，可以依法申请行政复议或者提起行政诉讼。

个人与所在用人单位发生社会保险争议的，可以依法申请调解、仲裁，提起诉讼。用人单位侵害个人社会保险权益的，个人也可以要求社会保险行政部门或者社会保险费征收机构依法处理。

第十一章　法律责任

第八十四条　用人单位不办理社会保险登记的，由社会保险行政部门责令限期改正；逾期不改正的，对用人单位处应缴社会保险费数额一倍以上三倍以下的罚款，对其直接负责的主管人员和其他直接责任人员处五百元以上三千元以下的罚款。

第八十五条　用人单位拒不出具终止或者解除劳动关系证明的，依照《中华人民共和国劳动合同法》的规定处理。

第八十六条　用人单位未按时足额缴纳社会保险费的，由社会保险费征收机构责令限期缴纳或者补足，并自欠缴之日起，按日加收万分之五的滞纳金；逾期仍不缴纳的，由有关行政部门处欠缴数额一倍以上三倍以下的罚款。

第八十七条　社会保险经办机构以及医疗机构、药品经营单位等社会保险服务机构以欺诈、伪造证明材料或者其他手段骗取社会保险基金支出的，由社会保险行政部门责令退回骗取的社会保险金，处骗取金额二倍以上五倍以下的罚款；属于社会保险服务机构的，解除服务协议；直接负责的主管人员和其他直接责任人员有执业资格的，依法吊销其执业资格。

第八十八条　以欺诈、伪造证明材料或者其他手段骗取社会保险待遇的，由社会保险行政部门责令退回骗取的社会保险金，处骗取金额二倍以上五倍以下的罚款。

第八十九条　社会保险经办机构及其工作人员有下列行为之一的，由社会保险行政部门责令改正；给社会保险基金、用人单位或者个人造成损失的，依法承担赔偿责任；对直接负责的主管人员和其他直接责任人员依法给予处分：

（一）未履行社会保险法定职责的；

（二）未将社会保险基金存入财政专户的；

（三）克扣或者拒不按时支付社会保险待遇的；

（四）丢失或者篡改缴费记录、享受社会保险待遇记录等社会保险数据、个人权益记录的；

（五）有违反社会保险法律、法规的其他行为的。

第九十条　社会保险费征收机构擅自更改社会保险费缴费基数、费率，导致少收或者多收社会保险费的，由有关行政部门责令其追缴应当缴纳的社会保险费或者退还不应当缴纳的社会保险费；对直接负责的主管人员和其他直接责任人员依法给予处分。

第九十一条　违反本法规定，隐匿、转移、侵占、挪用社会保险基金或者违规投资运营的，由社会保险行政部门、财政部门、审计机关责令追回；有违法所得的，没收违法所得；对直接负责的主管人员和其他直接责任人员依法给予处分。

第九十二条　社会保险行政部门和其他有关行政部门、社会保险经办机构、社会保险费征收机构及其工作人员泄露用人单位和个人信息的，对直接负责的主管人员和其他直接责任人员依法给予处分；给用人单位或者个人造成损失的，应当承担赔偿责任。

第九十三条　国家工作人员在社会保险管理、监督工作中滥用职权、玩忽职守、徇私舞弊的，依法给予处分。

第九十四条　违反本法规定，构成犯罪的，依法追究刑事责任。

第十二章　附　则

第九十五条　进城务工的农村居民依照本法规定参加社会保险。

第九十六条　征收农村集体所有的土地，应当足额安排被征地农民的社会保险费，按照国务院规定将被征地农民纳入相应的社会保险制度。

第九十七条　外国人在中国境内就业的，参照本法规定参加社会保险。

第九十八条　本法自 2011 年 7 月 1 日起施行。

附件 2   工伤保险条例

(2003 年 4 月 27 日中华人民共和国国务院令第 375 号公布   根据 2010 年
12 月 20 日《国务院关于修改〈工伤保险条例〉的决定》修订)

第一章   总则

第一条   为了保障因工作遭受事故伤害或者患职业病的职工获得医疗救治
和经济补偿，促进工伤预防和职业康复，分散用人单位的工伤风险，制定本
条例。

第二条   中华人民共和国境内的企业、事业单位、社会团体、民办非企业
单位、基金会、律师事务所、会计师事务所等组织和有雇工的个体工商户（以
下称用人单位）应当依照本条例规定参加工伤保险，为本单位全部职工或者雇
工（以下称职工）缴纳工伤保险费。

中华人民共和国境内的企业、事业单位、社会团体、民办非企业单位、基
金会、律师事务所、会计师事务所等组织的职工和个体工商户的雇工，均有依
照本条例的规定享受工伤保险待遇的权利。

第三条   工伤保险费的征缴按照《社会保险费征缴暂行条例》关于基本养
老保险费、基本医疗保险费、失业保险费的征缴规定执行。

第四条   用人单位应当将参加工伤保险的有关情况在本单位内公示。

用人单位和职工应当遵守有关安全生产和职业病防治的法律法规，执行安
全卫生规程和标准，预防工伤事故发生，避免和减少职业病危害。

职工发生工伤时，用人单位应当采取措施使工伤职工得到及时救治。

第五条   国务院社会保险行政部门负责全国的工伤保险工作。

县级以上地方各级人民政府社会保险行政部门负责本行政区域内的工伤保
险工作。

社会保险行政部门按照国务院有关规定设立的社会保险经办机构（以下称经办机构）具体承办工伤保险事务。

第六条　社会保险行政部门等部门制定工伤保险的政策、标准，应当征求工会组织、用人单位代表的意见。

第二章　工伤保险基金

第七条　工伤保险基金由用人单位缴纳的工伤保险费、工伤保险基金的利息和依法纳入工伤保险基金的其他资金构成。

第八条　工伤保险费根据以支定收、收支平衡的原则，确定费率。

国家根据不同行业的工伤风险程度确定行业的差别费率，并根据工伤保险费使用、工伤发生率等情况在每个行业内确定若干费率档次。行业差别费率及行业内费率档次由国务院社会保险行政部门制定，报国务院批准后公布施行。

统筹地区经办机构根据用人单位工伤保险费使用、工伤发生率等情况，适用所属行业内相应的费率档次确定单位缴费费率。

第九条　国务院社会保险行政部门应当定期了解全国各统筹地区工伤保险基金收支情况，及时提出调整行业差别费率及行业内费率档次的方案，报国务院批准后公布施行。

第十条　用人单位应当按时缴纳工伤保险费。职工个人不缴纳工伤保险费。

用人单位缴纳工伤保险费的数额为本单位职工工资总额乘以单位缴费费率之积。

对难以按照工资总额缴纳工伤保险费的行业，其缴纳工伤保险费的具体方式，由国务院社会保险行政部门规定。

第十一条　工伤保险基金逐步实行省级统筹。

跨地区、生产流动性较大的行业，可以采取相对集中的方式异地参加统筹地区的工伤保险。具体办法由国务院社会保险行政部门会同有关行业的主管部门制定。

第十二条 工伤保险基金存入社会保障基金财政专户，用于本条例规定的工伤保险待遇，劳动能力鉴定，工伤预防的宣传、培训等费用，以及法律、法规规定的用于工伤保险的其他费用的支付。

工伤预防费用的提取比例、使用和管理的具体办法，由国务院社会保险行政部门会同国务院财政、卫生行政、安全生产监督管理等部门规定。

任何单位或者个人不得将工伤保险基金用于投资运营、兴建或者改建办公场所、发放奖金，或者挪作其他用途。

第十三条 工伤保险基金应当留有一定比例的储备金，用于统筹地区重大事故的工伤保险待遇支付；储备金不足支付的，由统筹地区的人民政府垫付。储备金占基金总额的具体比例和储备金的使用办法，由省、自治区、直辖市人民政府规定。

第三章 工伤认定

第十四条 职工有下列情形之一的，应当认定为工伤：

（一）在工作时间和工作场所内，因工作原因受到事故伤害的；

（二）工作时间前后在工作场所内，从事与工作有关的预备性或者收尾性工作受到事故伤害的；

（三）在工作时间和工作场所内，因履行工作职责受到暴力等意外伤害的；

（四）患职业病的；

（五）因工外出期间，由于工作原因受到伤害或者发生事故下落不明的；

（六）在上下班途中，受到非本人主要责任的交通事故或者城市轨道交通、客运轮渡、火车事故伤害的；

（七）法律、行政法规规定应当认定为工伤的其他情形。

第十五条 职工有下列情形之一的，视同工伤：

（一）在工作时间和工作岗位，突发疾病死亡或者在48小时之内经抢救无效死亡的；

（二）在抢险救灾等维护国家利益、公共利益活动中受到伤害的；

（三）职工原在军队服役，因战、因公负伤致残，已取得革命伤残军人证，到用人单位后旧伤复发的。

职工有前款第（一）项、第（二）项情形的，按照本条例的有关规定享受工伤保险待遇；职工有前款第（三）项情形的，按照本条例的有关规定享受除一次性伤残补助金以外的工伤保险待遇。

第十六条　职工符合本条例第十四条、第十五条的规定，但是有下列情形之一的，不得认定为工伤或者视同工伤：

（一）故意犯罪的；

（二）醉酒或者吸毒的；

（三）自残或者自杀的。

第十七条　职工发生事故伤害或者按照职业病防治法规定被诊断、鉴定为职业病，所在单位应当自事故伤害发生之日或者被诊断、鉴定为职业病之日起30日内，向统筹地区社会保险行政部门提出工伤认定申请。遇有特殊情况，经报社会保险行政部门同意，申请时限可以适当延长。

用人单位未按前款规定提出工伤认定申请的，工伤职工或者其近亲属、工会组织在事故伤害发生之日或者被诊断、鉴定为职业病之日起1年内，可以直接向用人单位所在地统筹地区社会保险行政部门提出工伤认定申请。

按照本条第一款规定应当由省级社会保险行政部门进行工伤认定的事项，根据属地原则由用人单位所在地的设区的市级社会保险行政部门办理。

用人单位未在本条第一款规定的时限内提交工伤认定申请，在此期间发生符合本条例规定的工伤待遇等有关费用由该用人单位负担。

第十八条　提出工伤认定申请应当提交下列材料：

（一）工伤认定申请表；

（二）与用人单位存在劳动关系（包括事实劳动关系）的证明材料；

（三）医疗诊断证明或者职业病诊断证明书（或者职业病诊断鉴定书）。

工伤认定申请表应当包括事故发生的时间、地点、原因以及职工伤害程度等基本情况。

工伤认定申请人提供材料不完整的，社会保险行政部门应当一次性书面告知工伤认定申请人需要补正的全部材料。申请人按照书面告知要求补正材料后，社会保险行政部门应当受理。

第十九条 社会保险行政部门受理工伤认定申请后，根据审核需要可以对事故伤害进行调查核实，用人单位、职工、工会组织、医疗机构以及有关部门应当予以协助。职业病诊断和诊断争议的鉴定，依照职业病防治法的有关规定执行。对依法取得职业病诊断证明书或者职业病诊断鉴定书的，社会保险行政部门不再进行调查核实。

职工或者其近亲属认为是工伤，用人单位不认为是工伤的，由用人单位承担举证责任。

第二十条 社会保险行政部门应当自受理工伤认定申请之日起 60 日内作出工伤认定的决定，并书面通知申请工伤认定的职工或者其近亲属和该职工所在单位。

社会保险行政部门对受理的事实清楚、权利义务明确的工伤认定申请，应当在 15 日内作出工伤认定的决定。

作出工伤认定决定需要以司法机关或者有关行政主管部门的结论为依据的，在司法机关或者有关行政主管部门尚未作出结论期间，作出工伤认定决定的时限中止。

社会保险行政部门工作人员与工伤认定申请人有利害关系的，应当回避。

第四章　劳动能力鉴定

第二十一条 职工发生工伤，经治疗伤情相对稳定后存在残疾、影响劳动能力的，应当进行劳动能力鉴定。

第二十二条 劳动能力鉴定是指劳动功能障碍程度和生活自理障碍程度的等级鉴定。

劳动功能障碍分为十个伤残等级，最重的为一级，最轻的为十级。

生活自理障碍分为三个等级：生活完全不能自理、生活大部分不能自理和生活部分不能自理。

劳动能力鉴定标准由国务院社会保险行政部门会同国务院卫生行政部门等部门制定。

第二十三条 劳动能力鉴定由用人单位、工伤职工或者其近亲属向设区的市级劳动能力鉴定委员会提出申请，并提供工伤认定决定和职工工伤医疗的有关资料。

第二十四条 省、自治区、直辖市劳动能力鉴定委员会和设区的市级劳动能力鉴定委员会分别由省、自治区、直辖市和设区的市级社会保险行政部门、卫生行政部门、工会组织、经办机构代表以及用人单位代表组成。

劳动能力鉴定委员会建立医疗卫生专家库。列入专家库的医疗卫生专业技术人员应当具备下列条件：

（一）具有医疗卫生高级专业技术职务任职资格；

（二）掌握劳动能力鉴定的相关知识；

（三）具有良好的职业品德。

第二十五条 设区的市级劳动能力鉴定委员会收到劳动能力鉴定申请后，应当从其建立的医疗卫生专家库中随机抽取3名或者5名相关专家组成专家组，由专家组提出鉴定意见。设区的市级劳动能力鉴定委员会根据专家组的鉴定意见作出工伤职工劳动能力鉴定结论；必要时，可以委托具备资格的医疗机构协助进行有关的诊断。

设区的市级劳动能力鉴定委员会应当自收到劳动能力鉴定申请之日起60日内作出劳动能力鉴定结论，必要时，作出劳动能力鉴定结论的期限可以延长30日。劳动能力鉴定结论应当及时送达申请鉴定的单位和个人。

第二十六条 申请鉴定的单位或者个人对设区的市级劳动能力鉴定委员会作出的鉴定结论不服的，可以在收到该鉴定结论之日起15日内向省、自治区、直辖市劳动能力鉴定委员会提出再次鉴定申请。省、自治区、直辖市劳动能力鉴定委员会作出的劳动能力鉴定结论为最终结论。

第二十七条 劳动能力鉴定工作应当客观、公正。劳动能力鉴定委员会组成人员或者参加鉴定的专家与当事人有利害关系的，应当回避。

第二十八条 自劳动能力鉴定结论作出之日起 1 年后，工伤职工或者其近亲属、所在单位或者经办机构认为伤残情况发生变化的，可以申请劳动能力复查鉴定。

第二十九条 劳动能力鉴定委员会依照本条例第二十六条和第二十八条的规定进行再次鉴定和复查鉴定的期限，依照本条例第二十五条第二款的规定执行。

第五章　工伤保险待遇

第三十条 职工因工作遭受事故伤害或者患职业病进行治疗，享受工伤医疗待遇。

职工治疗工伤应当在签订服务协议的医疗机构就医，情况紧急时可以先到就近的医疗机构急救。

治疗工伤所需费用符合工伤保险诊疗项目目录、工伤保险药品目录、工伤保险住院服务标准的，从工伤保险基金支付。工伤保险诊疗项目目录、工伤保险药品目录、工伤保险住院服务标准，由国务院社会保险行政部门会同国务院卫生行政部门、食品药品监督管理部门等部门规定。

职工住院治疗工伤的伙食补助费，以及经医疗机构出具证明，报经办机构同意，工伤职工到统筹地区以外就医所需的交通、食宿费用从工伤保险基金支付，基金支付的具体标准由统筹地区人民政府规定。

工伤职工治疗非工伤引发的疾病，不享受工伤医疗待遇，按照基本医疗保险办法处理。

工伤职工到签订服务协议的医疗机构进行工伤康复的费用，符合规定的，从工伤保险基金支付。

第三十一条 社会保险行政部门作出认定为工伤的决定后发生行政复议、行政诉讼的，行政复议和行政诉讼期间不停止支付工伤职工治疗工伤的医疗费用。

第三十二条 工伤职工因日常生活或者就业需要，经劳动能力鉴定委员会确认，可以安装假肢、矫形器、假眼、假牙和配置轮椅等辅助器具，所需费用按照国家规定的标准从工伤保险基金支付。

第三十三条 职工因工作遭受事故伤害或者患职业病需要暂停工作接受工伤医疗的，在停工留薪期内，原工资福利待遇不变，由所在单位按月支付。

停工留薪期一般不超过 12 个月。伤情严重或者情况特殊，经设区的市级劳动能力鉴定委员会确认，可以适当延长，但延长不得超过 12 个月。工伤职工评定伤残等级后，停发原待遇，按照本章的有关规定享受伤残待遇。工伤职工在停工留薪期满后仍需治疗的，继续享受工伤医疗待遇。

生活不能自理的工伤职工在停工留薪期需要护理的，由所在单位负责。

第三十四条 工伤职工已经评定伤残等级并经劳动能力鉴定委员会确认需要生活护理的，从工伤保险基金按月支付生活护理费。

生活护理费按照生活完全不能自理、生活大部分不能自理或者生活部分不能自理 3 个不同等级支付，其标准分别为统筹地区上年度职工月平均工资的50%、40%或者30%。

第三十五条 职工因工致残被鉴定为一级至四级伤残的，保留劳动关系，退出工作岗位，享受以下待遇：

（一）从工伤保险基金按伤残等级支付一次性伤残补助金，标准为：一级伤残为 27 个月的本人工资，二级伤残为 25 个月的本人工资，三级伤残为 23 个月的本人工资，四级伤残为 21 个月的本人工资；

（二）从工伤保险基金按月支付伤残津贴，标准为：一级伤残为本人工资的 90%，二级伤残为本人工资的 85%，三级伤残为本人工资的 80%，四级伤残为本人工资的 75%。伤残津贴实际金额低于当地最低工资标准的，由工伤保险基金补足差额；

（三）工伤职工达到退休年龄并办理退休手续后，停发伤残津贴，按照国家有关规定享受基本养老保险待遇。基本养老保险待遇低于伤残津贴的，由工伤保险基金补足差额。

职工因工致残被鉴定为一级至四级伤残的，由用人单位和职工个人以伤残津贴为基数，缴纳基本医疗保险费。

第三十六条 职工因工致残被鉴定为五级、六级伤残的，享受以下待遇：

（一）从工伤保险基金按伤残等级支付一次性伤残补助金，标准为：五级伤残为 18 个月的本人工资，六级伤残为 16 个月的本人工资；

（二）保留与用人单位的劳动关系，由用人单位安排适当工作。难以安排工作的，由用人单位按月发给伤残津贴，标准为：五级伤残为本人工资的 70%，六级伤残为本人工资的 60%，并由用人单位按照规定为其缴纳应缴纳的各项社会保险费。伤残津贴实际金额低于当地最低工资标准的，由用人单位补足差额。

经工伤职工本人提出，该职工可以与用人单位解除或者终止劳动关系，由工伤保险基金支付一次性工伤医疗补助金，由用人单位支付一次性伤残就业补助金。一次性工伤医疗补助金和一次性伤残就业补助金的具体标准由省、自治区、直辖市人民政府规定。

第三十七条 职工因工致残被鉴定为七级至十级伤残的，享受以下待遇：

（一）从工伤保险基金按伤残等级支付一次性伤残补助金，标准为：七级伤残为 13 个月的本人工资，八级伤残为 11 个月的本人工资，九级伤残为 9 个月的本人工资，十级伤残为 7 个月的本人工资；

（二）劳动、聘用合同期满终止，或者职工本人提出解除劳动、聘用合同的，由工伤保险基金支付一次性工伤医疗补助金，由用人单位支付一次性伤残就业补助金。一次性工伤医疗补助金和一次性伤残就业补助金的具体标准由省、自治区、直辖市人民政府规定。

第三十八条 工伤职工工伤复发，确认需要治疗的，享受本条例第三十条、第三十二条和第三十三条规定的工伤待遇。

第三十九条 职工因工死亡，其近亲属按照下列规定从工伤保险基金领取丧葬补助金、供养亲属抚恤金和一次性工亡补助金：

（一）丧葬补助金为 6 个月的统筹地区上年度职工月平均工资；

（二）供养亲属抚恤金按照职工本人工资的一定比例发给由因工死亡职工生前提供主要生活来源、无劳动能力的亲属。标准为：配偶每月40%，其他亲属每人每月30%，孤寡老人或者孤儿每人每月在上述标准的基础上增加10%。核定的各供养亲属的抚恤金之和不应高于因工死亡职工生前的工资。供养亲属的具体范围由国务院社会保险行政部门规定；

（三）一次性工亡补助金标准为上一年度全国城镇居民人均可支配收入的20倍。

伤残职工在停工留薪期内因工伤导致死亡的，其近亲属享受本条第一款规定的待遇。

一级至四级伤残职工在停工留薪期满后死亡的，其近亲属可以享受本条第一款第（一）项、第（二）项规定的待遇。

第四十条　伤残津贴、供养亲属抚恤金、生活护理费由统筹地区社会保险行政部门根据职工平均工资和生活费用变化等情况适时调整。调整办法由省、自治区、直辖市人民政府规定。

第四十一条　职工因工外出期间发生事故或者在抢险救灾中下落不明的，从事故发生当月起3个月内照发工资，从第4个月起停发工资，由工伤保险基金向其供养亲属按月支付供养亲属抚恤金。生活有困难的，可以预支一次性工亡补助金的50%。职工被人民法院宣告死亡的，按照本条例第三十九条职工因工死亡的规定处理。

第四十二条　工伤职工有下列情形之一的，停止享受工伤保险待遇：

（一）丧失享受待遇条件的；

（二）拒不接受劳动能力鉴定的；

（三）拒绝治疗的。

第四十三条　用人单位分立、合并、转让的，承继单位应当承担原用人单位的工伤保险责任；原用人单位已经参加工伤保险的，承继单位应当到当地经办机构办理工伤保险变更登记。

用人单位实行承包经营的，工伤保险责任由职工劳动关系所在单位承担。

职工被借调期间受到工伤事故伤害的，由原用人单位承担工伤保险责任，但原用人单位与借调单位可以约定补偿办法。

企业破产的，在破产清算时依法拨付应当由单位支付的工伤保险待遇费用。

第四十四条 职工被派遣出境工作，依据前往国家或者地区的法律应当参加当地工伤保险的，参加当地工伤保险，其国内工伤保险关系中止；不能参加当地工伤保险的，其国内工伤保险关系不中止。

第四十五条 职工再次发生工伤，根据规定应当享受伤残津贴的，按照新认定的伤残等级享受伤残津贴待遇。

第六章 监督管理

第四十六条 经办机构具体承办工伤保险事务，履行下列职责：

（一）根据省、自治区、直辖市人民政府规定，征收工伤保险费；

（二）核查用人单位的工资总额和职工人数，办理工伤保险登记，并负责保存用人单位缴费和职工享受工伤保险待遇情况的记录；

（三）进行工伤保险的调查、统计；

（四）按照规定管理工伤保险基金的支出；

（五）按照规定核定工伤保险待遇；

（六）为工伤职工或者其近亲属免费提供咨询服务。

第四十七条 经办机构与医疗机构、辅助器具配置机构在平等协商的基础上签订服务协议，并公布签订服务协议的医疗机构、辅助器具配置机构的名单。具体办法由国务院社会保险行政部门分别会同国务院卫生行政部门、民政部门等部门制定。

第四十八条 经办机构按照协议和国家有关目录、标准对工伤职工医疗费用、康复费用、辅助器具费用的使用情况进行核查，并按时足额结算费用。

第四十九条 经办机构应当定期公布工伤保险基金的收支情况，及时向社会保险行政部门提出调整费率的建议。

第五十条　社会保险行政部门、经办机构应当定期听取工伤职工、医疗机构、辅助器具配置机构以及社会各界对改进工伤保险工作的意见。

第五十一条　社会保险行政部门依法对工伤保险费的征缴和工伤保险基金的支付情况进行监督检查。

财政部门和审计机关依法对工伤保险基金的收支、管理情况进行监督。

第五十二条　任何组织和个人对有关工伤保险的违法行为，有权举报。社会保险行政部门对举报应当及时调查，按照规定处理，并为举报人保密。

第五十三条　工会组织依法维护工伤职工的合法权益，对用人单位的工伤保险工作实行监督。

第五十四条　职工与用人单位发生工伤待遇方面的争议，按照处理劳动争议的有关规定处理。

第五十五条　有下列情形之一的，有关单位或者个人可以依法申请行政复议，也可以依法向人民法院提起行政诉讼：

（一）申请工伤认定的职工或者其近亲属、该职工所在单位对工伤认定申请不予受理的决定不服的；

（二）申请工伤认定的职工或者其近亲属、该职工所在单位对工伤认定结论不服的；

（三）用人单位对经办机构确定的单位缴费费率不服的；

（四）签订服务协议的医疗机构、辅助器具配置机构认为经办机构未履行有关协议或者规定的；

（五）工伤职工或者其近亲属对经办机构核定的工伤保险待遇有异议的。

第七章　法律责任

第五十六条　单位或者个人违反本条例第十二条规定挪用工伤保险基金，构成犯罪的，依法追究刑事责任；尚不构成犯罪的，依法给予处分或者纪律处分。被挪用的基金由社会保险行政部门追回，并入工伤保险基金；没收的违法所得依法上缴国库。

第五十七条 社会保险行政部门工作人员有下列情形之一的，依法给予处分；情节严重，构成犯罪的，依法追究刑事责任：

（一）无正当理由不受理工伤认定申请，或者弄虚作假将不符合工伤条件的人员认定为工伤职工的；

（二）未妥善保管申请工伤认定的证据材料，致使有关证据灭失的；

（三）收受当事人财物的。

第五十八条 经办机构有下列行为之一的，由社会保险行政部门责令改正，对直接负责的主管人员和其他责任人员依法给予纪律处分；情节严重，构成犯罪的，依法追究刑事责任；造成当事人经济损失的，由经办机构依法承担赔偿责任：

（一）未按规定保存用人单位缴费和职工享受工伤保险待遇情况记录的；

（二）不按规定核定工伤保险待遇的；

（三）收受当事人财物的。

第五十九条 医疗机构、辅助器具配置机构不按服务协议提供服务的，经办机构可以解除服务协议。

经办机构不按时足额结算费用的，由社会保险行政部门责令改正；医疗机构、辅助器具配置机构可以解除服务协议。

第六十条 用人单位、工伤职工或者其近亲属骗取工伤保险待遇，医疗机构、辅助器具配置机构骗取工伤保险基金支出的，由社会保险行政部门责令退还，处骗取金额 2 倍以上 5 倍以下的罚款；情节严重，构成犯罪的，依法追究刑事责任。

第六十一条 从事劳动能力鉴定的组织或者个人有下列情形之一的，由社会保险行政部门责令改正，处 2000 元以上 1 万元以下的罚款；情节严重，构成犯罪的，依法追究刑事责任：

（一）提供虚假鉴定意见的；

（二）提供虚假诊断证明的；

（三）收受当事人财物的。

第六十二条　用人单位依照本条例规定应当参加工伤保险而未参加的，由社会保险行政部门责令限期参加，补缴应当缴纳的工伤保险费，并自欠缴之日起，按日加收万分之五的滞纳金；逾期仍不缴纳的，处欠缴数额 1 倍以上 3 倍以下的罚款。

依照本条例规定应当参加工伤保险而未参加工伤保险的用人单位职工发生工伤的，由该用人单位按照本条例规定的工伤保险待遇项目和标准支付费用。

用人单位参加工伤保险并补缴应当缴纳的工伤保险费、滞纳金后，由工伤保险基金和用人单位依照本条例的规定支付新发生的费用。

第六十三条　用人单位违反本条例第十九条的规定，拒不协助社会保险行政部门对事故进行调查核实的，由社会保险行政部门责令改正，处 2000 元以上 2 万元以下的罚款。

第八章　附　则

第六十四条　本条例所称工资总额，是指用人单位直接支付给本单位全部职工的劳动报酬总额。

本条例所称本人工资，是指工伤职工因工作遭受事故伤害或者患职业病前 12 个月平均月缴费工资。本人工资高于统筹地区职工平均工资 300% 的，按照统筹地区职工平均工资的 300% 计算；本人工资低于统筹地区职工平均工资 60% 的，按照统筹地区职工平均工资的 60% 计算。

第六十五条　公务员和参照公务员法管理的事业单位、社会团体的工作人员因工作遭受事故伤害或者患职业病的，由所在单位支付费用。具体办法由国务院社会保险行政部门会同国务院财政部门规定。

第六十六条　无营业执照或者未经依法登记、备案的单位以及被依法吊销营业执照或者撤销登记、备案的单位的职工受到事故伤害或者患职业病的，由该单位向伤残职工或者死亡职工的近亲属给予一次性赔偿，赔偿标准不得低于本条例规定的工伤保险待遇；用人单位不得使用童工，用人单位使用童工造成童工伤残、死亡的，由该单位向童工或者童工的近亲属给予一次性赔偿，赔偿标准不得低于本条例规定的工伤保险待遇。具体办法由国务院社会保险行政部门规定。

前款规定的伤残职工或者死亡职工的近亲属就赔偿数额与单位发生争议的，以及前款规定的童工或者童工的近亲属就赔偿数额与单位发生争议的，按照处理劳动争议的有关规定处理。

第六十七条 本条例自 2004 年 1 月 1 日起施行。本条例施行前已受到事故伤害或者患职业病的职工尚未完成工伤认定的，按照本条例的规定执行。

附件 3　失业保险条例

（1999 年 1 月 22 日国务院令第 258 号发布，自发布之日起施行。根据 2019 年 3 月 24 日《国务院关于修改部分行政法规的决定》修订）

第一章　总则

第一条　为了保障失业人员失业期间的基本生活，促进其再就业，制定本条例。

第二条　城镇企业事业单位、城镇企业事业单位职工依照本条例的规定，缴纳失业保险费。

城镇企业事业单位失业人员依照本条例的规定，享受失业保险待遇。

本条所称城镇企业，是指国有企业、城镇集体企业、外商投资企业、城镇私营企业以及其他城镇企业。

第三条　国务院劳动保障行政部门主管全国的失业保险工作。县级以上地方各级人民政府劳动保障行政部门主管本行政区域内的失业保险工作。劳动保障行政部门按照国务院规定设立的经办失业保险业务的社会保险经办机构依照本条例的规定，具体承办失业保险工作。

第四条　失业保险费按照国家有关规定征缴。

第二章　失业保险基金

第五条　失业保险基金由下列各项构成：

（一）城镇企业事业单位、城镇企业事业单位职工缴纳的失业保险费；

（二）失业保险基金的利息；

（三）财政补贴；

（四）依法纳入失业保险基金的其他资金。

第六条 城镇企业事业单位按照本单位工资总额的百分之二缴纳失业保险费。城镇企业事业单位职工按照本人工资的百分之一缴纳失业保险费。城镇企业事业单位招用的农民合同制工人本人不缴纳失业保险费。

第七条 失业保险基金在直辖市和设区的市实行全市统筹；其他地区的统筹层次由省、自治区人民政府规定。

第八条 省、自治区可以建立失业保险调剂金。

失业保险调剂金以统筹地区依法应当征收的失业保险费为基数，按照省、自治区人民政府规定的比例筹集。

统筹地区的失业保险基金不敷使用时，由失业保险调剂金调剂、地方财政补贴。

失业保险调剂金的筹集、调剂使用以及地方财政补贴的具体办法，由省、自治区人民政府规定。

第九条 省、自治区、直辖市人民政府根据本行政区域失业人员数量和失业保险基金数额，报经国务院批准，可以适当调整本行政区域失业保险费的费率。

第十条 失业保险基金用于下列支出：

（一）失业保险金；

（二）领取失业保险金期间的医疗补助金；

（三）领取失业保险金期间死亡的失业人员的丧葬补助金和其供养的配偶、直系亲属的抚恤金；

（四）领取失业保险金期间接受职业培训、职业介绍的补贴，补贴的办法和标准由省、自治区、直辖市人民政府规定；

（五）国务院规定或者批准的与失业保险有关的其他费用。

第十一条 失业保险基金必须存入财政部门在国有商业银行开设的社会保障基金财政专户，实行收支两条线管理，由财政部门依法进行监督。

存入银行和按照国家规定购买国债的失业保险基金，分别按照城乡居民同期存款利率和国债利息计息。失业保险基金的利息并入失业保险基金。

失业保险基金专款专用，不得挪作他用，不得用于平衡财政收支。

第十二条 失业保险基金收支的预算、决算，由统筹地区社会保险经办机构编制，经同级劳动保障行政部门复核、同级财政部门审核，报同级人民政府审批。

第十三条 失业保险基金的财务制度和会计制度按照国家有关规定执行。

第三章 失业保险待遇

第十四条 具备下列条件的失业人员，可以领取失业保险金：

（一）按照规定参加失业保险，所在单位和本人已按照规定履行缴费义务满1年的；

（二）非因本人意愿中断就业的；

（三）已办理失业登记，并有求职要求的。

失业人员在领取失业保险金期间，按照规定同时享受其他失业保险待遇。

第十五条 失业人员在领取失业保险金期间有下列情形之一的，停止领取失业保险金，并同时停止享受其他失业保险待遇：

（一）重新就业的；

（二）应征服兵役的；

（三）移居境外的；

（四）享受基本养老保险待遇的；

（五）被判刑收监执行或者被劳动教养的；

（六）无正当理由，拒不接受当地人民政府指定的部门或者机构介绍的工作的；

（七）有法律、行政法规规定的其他情形的。

第十六条 城镇企业事业单位应当及时为失业人员出具终止或者解除劳动关系的证明，告知其按照规定享受失业保险待遇的权利，并将失业人员的名单自终止或者解除劳动关系之日起7日内报社会保险经办机构备案。

城镇企业事业单位职工失业后，应当持本单位为其出具的终止或者解除劳动关系的证明，及时到指定的社会保险经办机构办理失业登记。失业保险金自办理失业登记之日起计算。

失业保险金由社会保险经办机构按月发放。社会保险经办机构为失业人员开具领取失业保险金的单证，失业人员凭单证到指定银行领取失业保险金。

第十七条 失业人员失业前所在单位和本人按照规定累计缴费时间满 1 年不足 5 年的，领取失业保险金的期限最长为 12 个月；累计缴费时间满 5 年不足 10 年的，领取失业保险金的期限最长为 18 个月；累计缴费时间 10 年以上的，领取失业保险金的期限最长为 24 个月。重新就业后，再次失业的，缴费时间重新计算，领取失业保险金的期限可以与前次失业应领取而尚未领取的失业保险金的期限合并计算，但是最长不得超过 24 个月。

第十八条 失业保险金的标准，按照低于当地最低工资标准、高于城市居民最低生活保障标准的水平，由省、自治区、直辖市人民政府确定。

第十九条 失业人员在领取失业保险金期间患病就医的，可以按照规定向社会保险经办机构申请领取医疗补助金。医疗补助金的标准由省、自治区、直辖市人民政府规定。

第二十条 失业人员在领取失业保险金期间死亡的，参照当地对在职职工的规定，对其家属一次性发给丧葬补助金和抚恤金。

第二十一条 单位招用的农民合同制工人连续工作满 1 年，本单位并已缴纳失业保险费，劳动合同期满未续订或者提前解除劳动合同的，由社会保险经办机构根据其工作时间长短，对其支付一次性生活补助。补助的办法和标准由省、自治区、直辖市人民政府规定。

第二十二条 城镇企业事业单位成建制跨统筹地区转移，失业人员跨统筹地区流动的，失业保险关系随之转迁。

第二十三条 失业人员符合城市居民最低生活保障条件的，按照规定享受城市居民最低生活保障待遇。

第四章 管理和监督

第二十四条 劳动保障行政部门管理失业保险工作，履行下列职责：

（一）贯彻实施失业保险法律、法规；

（二）指导社会保险经办机构的工作；

（三）对失业保险费的征收和失业保险待遇的支付进行监督检查。

第二十五条 社会保险经办机构具体承办失业保险工作，履行下列职责：

（一）负责失业人员的登记、调查、统计；

（二）按照规定负责失业保险基金的管理；

（三）按照规定核定失业保险待遇，开具失业人员在指定银行领取失业保险金和其他补助金的单证；

（四）拨付失业人员职业培训、职业介绍补贴费用；

（五）为失业人员提供免费咨询服务；

（六）国家规定由其履行的其他职责。

第二十六条 财政部门和审计部门依法对失业保险基金的收支、管理情况进行监督。

第二十七条 社会保险经办机构所需经费列入预算，由财政拨付。

第五章 罚 则

第二十八条 不符合享受失业保险待遇条件，骗取失业保险金和其他失业保险待遇的，由社会保险经办机构责令退还；情节严重的，由劳动保障行政部门处骗取金额 1 倍以上 3 倍以下的罚款。

第二十九条 社会保险经办机构工作人员违反规定向失业人员开具领取失业保险金或者享受其他失业保险待遇单证，致使失业保险基金损失的，由劳动保障行政部门责令追回；情节严重的，依法给予行政处分。

第三十条 劳动保障行政部门和社会保险经办机构的工作人员滥用职权、徇私舞弊、玩忽职守，造成失业保险基金损失的，由劳动保障行政部门追回损失的失业保险基金；构成犯罪的，依法追究刑事责任；尚不构成犯罪的，依法给予行政处分。

第三十一条　任何单位、个人挪用失业保险基金的，追回挪用的失业保险基金；有违法所得的，没收违法所得，并入失业保险基金；构成犯罪的，依法追究刑事责任；尚不构成犯罪的，对直接负责的主管人员和其他直接责任人员依法给予行政处分。

第六章　附　则

第三十二条　省、自治区、直辖市人民政府根据当地实际情况，可以决定本条例适用于本行政区域内的社会团体及其专职人员、民办非企业单位及其职工、有雇工的城镇个体工商户及其雇工。

第三十三条　本条例自发布之日起施行。1993 年 4 月 12 日国务院发布的《国有企业职工待业保险规定》同时废止。

附件 4　社会保险费征缴暂行条例

（1999 年 1 月 22 日国务院令第 259 号发布，自发布之日起实施。根据 2019 年 3 月 24 日《国务院关于修改部分行政法规的决定》修订）

第一章　总　则

第一条　为了加强和规范社会保险费征缴工作，保障社会保险金的发放，制定本条例。

第二条　基本养老保险费、基本医疗保险费、失业保险费（以下统称社会保险费）的征收、缴纳，适用本条例。

本条例所称缴费单位、缴费个人，是指依照有关法律、行政法规和国务院的规定，应当缴纳社会保险费的单位和个人。

第三条　基本养老保险费的征缴范围：国有企业、城镇集体企业、外商投资企业、城镇私营企业和其他城镇企业及其职工，实行企业化管理的事业单位及其职工。

基本医疗保险费的征缴范围：国有企业、城镇集体企业、外商投资企业、城镇私营企业和其他城镇企业及其职工，国家机关及其工作人员，事业单位及其职工，民办非企业单位及其职工，社会团体及其专职人员。

失业保险费的征缴范围：国有企业、城镇集体企业、外商投资企业、城镇私营企业和其他城镇企业及其职工，事业单位及其职工。

省、自治区、直辖市人民政府根据当地实际情况，可以规定将城镇个体工商户纳入基本养老保险、基本医疗保险的范围，并可以规定将社会团体及其专职人员、民办非企业单位及其职工以及有雇工的城镇个体工商户及其雇工纳入失业保险的范围。

社会保险费的费基、费率依照有关法律、行政法规和国务院的规定执行。

241

第四条　缴费单位、缴费个人应当按时足额缴纳社会保险费。

征缴的社会保险费纳入社会保险基金，专款专用，任何单位和个人不得挪用。

第五条　国务院劳动保障行政部门负责全国的社会保险费征缴管理和监督检查工作。县级以上地方各级人民政府劳动保障行政部门负责本行政区域内的社会保险费征缴管理和监督检查工作。

第六条　社会保险费实行三项社会保险费集中、统一征收。社会保险费的征收机构由省、自治区、直辖市人民政府规定，可以由税务机关征收，也可以由劳动保障行政部门按照国务院规定设立的社会保险经办机构（以下简称社会保险经办机构）征收。

第二章　征缴管理

第七条　缴费单位必须向当地社会保险经办机构办理社会保险登记，参加社会保险。

登记事项包括：单位名称、住所、经营地点、单位类型、法定代表人或者负责人、开户银行账号以及国务院劳动保障行政部门规定的其他事项。

第八条　企业在办理登记注册时，同步办理社会保险登记。

前款规定以外的缴费单位应当自成立之日起 30 日内，向当地社会保险经办机构申请办理社会保险登记。

社会保险登记证件不得伪造、变造。

社会保险登记证件的样式由国务院劳动保障行政部门制定。

第九条　缴费单位的社会保险登记事项发生变更或者缴费单位依法终止的，应当自变更或者终止之日起 30 日内，到社会保险经办机构办理变更或者注销社会保险登记手续。

第十条　缴费单位必须按月向社会保险经办机构申报应缴纳的社会保险费数额，经社会保险经办机构核定后，在规定的期限内缴纳社会保险费。

缴费单位不按规定申报应缴纳的社会保险费数额的，由社会保险经办机构暂按该单位上月缴费数额的百分之一百一十确定应缴数额；没有上月缴费数额的，由社会保险经办机构暂按该单位的经营状况、职工人数等有关情况确定应缴数额。缴费单位补办申报手续并按核定数额缴纳社会保险费后，由社会保险经办机构按照规定结算。

第十一条 省、自治区、直辖市人民政府规定由税务机关征收社会保险费的，社会保险经办机构应当及时向税务机关提供缴费单位社会保险登记、变更登记、注销登记以及缴费申报的情况。

第十二条 缴费单位和缴费个人应当以货币形式全额缴纳社会保险费。

缴费个人应当缴纳的社会保险费，由所在单位从其本人工资中代扣代缴。

社会保险费不得减免。

第十三条 缴费单位未按规定缴纳和代扣代缴社会保险费的，由劳动保障行政部门或者税务机关责令限期缴纳；逾期仍不缴纳的，除补缴欠缴数额外，从欠缴之日起，按日加收千分之二的滞纳金。滞纳金并入社会保险基金。

第十四条 征收的社会保险费存入财政部门在国有商业银行开设的社会保障基金财政专户。

社会保险基金按照不同险种的统筹范围，分别建立基本养老保险基金、基本医疗保险基金、失业保险基金。各项社会保险基金分别单独核算。

社会保险基金不计征税、费。

第十五条 省、自治区、直辖市人民政府规定由税务机关征收社会保险费的，税务机关应当及时向社会保险经办机构提供缴费单位和缴费个人的缴费情况；社会保险经办机构应当将有关情况汇总，报劳动保障行政部门。

第十六条 社会保险经办机构应当建立缴费记录，其中基本养老保险、基本医疗保险并应当按照规定记录个人账户。社会保险经办机构负责保存缴费记录，并保证其完整、安全。社会保险经办机构应当至少每年向缴费个人发送一次基本养老保险、基本医疗保险个人账户通知单。

缴费单位、缴费个人有权按照规定查询缴费记录。

第三章　监督检查

第十七条　缴费单位应当每年向本单位职工公布本单位全年社会保险费缴纳情况，接受职工监督。

社会保险经办机构应当定期向社会公告社会保险费征收情况，接受社会监督。

第十八条　按照省、自治区、直辖市人民政府关于社会保险费征缴机构的规定，劳动保障行政部门或者税务机关依法对单位缴费情况进行检查时，被检查的单位应当提供与缴纳社会保险费有关的用人情况、工资表、财务报表等资料，如实反映情况，不得拒绝检查，不得谎报、瞒报。劳动保障行政部门或者税务机关可以记录、录音、录像、照相和复制有关资料；但是，应当为缴费单位保密。

劳动保障行政部门、税务机关的工作人员在行使前款所列职权时，应当出示执行公务证件。

第十九条　劳动保障行政部门或者税务机关调查社会保险费征缴违法案件时，有关部门、单位应当给予支持、协助。

第二十条　社会保险经办机构受劳动保障行政部门的委托，可以进行与社会保险费征缴有关的检查、调查工作。

第二十一条　任何组织和个人对有关社会保险费征缴的违法行为，有权举报。劳动保障行政部门或者税务机关对举报应当及时调查，按照规定处理，并为举报人保密。

第二十二条　社会保险基金实行收支两条线管理，由财政部门依法进行监督。

审计部门依法对社会保险基金的收支情况进行监督。

第四章　罚　则

第二十三条　缴费单位未按照规定办理社会保险登记、变更登记或者注销登记，或者未按照规定申报应缴纳的社会保险费数额的，由劳动保障行政部门责令限期改正；情节严重的，对直接负责的主管人员和其他直接责任人员可以处1000元以上5000元以下的罚款；情节特别严重的，对直接负责的主管人员和其他直接责任人员可以处5000元以上10000元以下的罚款。

第二十四条 缴费单位违反有关财务、会计、统计的法律、行政法规和国家有关规定，伪造、变造、故意毁灭有关账册、材料，或者不设账册，致使社会保险费缴费基数无法确定的，除依照有关法律、行政法规的规定给予行政处罚、纪律处分、刑事处罚外，依照本条例第十条的规定征缴；迟延缴纳的，由劳动保障行政部门或者税务机关依照第十三条的规定决定加收滞纳金，并对直接负责的主管人员和其他直接责任人员处5000元以上20000元以下的罚款。

第二十五条 缴费单位和缴费个人对劳动保障行政部门或者税务机关的处罚决定不服的，可以依法申请复议；对复议决定不服的，可以依法提起诉讼。

第二十六条 缴费单位逾期拒不缴纳社会保险费、滞纳金的，由劳动保障行政部门或者税务机关申请人民法院依法强制征缴。

第二十七条 劳动保障行政部门、社会保险经办机构或者税务机关的工作人员滥用职权、徇私舞弊、玩忽职守，致使社会保险费流失的，由劳动保障行政部门或者税务机关追回流失的社会保险费；构成犯罪的，依法追究刑事责任；尚不构成犯罪的，依法给予行政处分。

第二十八条 任何单位、个人挪用社会保险基金的，追回被挪用的社会保险基金；有违法所得的，没收违法所得，并入社会保险基金；构成犯罪的，依法追究刑事责任；尚不构成犯罪的，对直接负责的主管人员和其他直接责任人员依法给予行政处分。

第五章　附　则

第二十九条 省、自治区、直辖市人民政府根据本地实际情况，可以决定本条例适用于本行政区域内工伤保险费和生育保险费的征收、缴纳。

第三十条　税务机关、社会保险经办机构征收社会保险费，不得从社会保险基金中提取任何费用，所需经费列入预算，由财政拨付。

第三十一条　本条例自发布之日起施行。

附件5　全国社会保障基金条例

（2016年3月10日国务院令第667号发布，自2016年5月1日起施行。）

第一章　总　则

第一条　为了规范全国社会保障基金的管理运营，加强对全国社会保障基金的监督，在保证安全的前提下实现保值增值，根据《中华人民共和国社会保险法》，制定本条例。

第二条　国家设立全国社会保障基金。

全国社会保障基金由中央财政预算拨款、国有资本划转、基金投资收益和以国务院批准的其他方式筹集的资金构成。

第三条　全国社会保障基金是国家社会保障储备基金，用于人口老龄化高峰时期的养老保险等社会保障支出的补充、调剂。

第四条　国家根据人口老龄化趋势和经济社会发展状况，确定和调整全国社会保障基金规模。

全国社会保障基金的筹集和使用方案，由国务院确定。

第五条　国务院财政部门、国务院社会保险行政部门负责拟订全国社会保障基金的管理运营办法，报国务院批准后施行。

全国社会保障基金理事会负责全国社会保障基金的管理运营。

第二章　全国社会保障基金的管理运营

第六条　全国社会保障基金理事会应当审慎、稳健管理运营全国社会保障基金，按照国务院批准的比例在境内外市场投资运营全国社会保障基金。

全国社会保障基金理事会投资运营全国社会保障基金，应当坚持安全性、收益性和长期性原则，在国务院批准的固定收益类、股票类和未上市股权类等

247

资产种类及其比例幅度内合理配置资产。

第七条 全国社会保障基金理事会制定全国社会保障基金的资产配置计划、确定重大投资项目，应当进行风险评估，并集体讨论决定。

全国社会保障基金理事会应当制定风险管理和内部控制办法，在管理运营的各个环节对风险进行识别、衡量、评估、监测和应对，有效防范和控制风险。风险管理和内部控制办法应当报国务院财政部门、国务院社会保险行政部门备案。

全国社会保障基金理事会应当依法制定会计核算办法，并报国务院财政部门审核批准。

第八条 全国社会保障基金理事会应当定期向国务院财政部门、国务院社会保险行政部门报告全国社会保障基金管理运营情况，提交财务会计报告。

第九条 全国社会保障基金理事会可以将全国社会保障基金委托投资或者以国务院批准的其他方式投资。

第十条 全国社会保障基金理事会将全国社会保障基金委托投资的，应当选择符合法定条件的专业投资管理机构、专业托管机构分别担任全国社会保障基金投资管理人、托管人。

全国社会保障基金理事会应当按照公开、公平、公正的原则选聘投资管理人、托管人，发布选聘信息、组织专家评审、集体讨论决定并公布选聘结果。

全国社会保障基金理事会应当制定投资管理人、托管人选聘办法，并报国务院财政部门、国务院社会保险行政部门备案。

第十一条 全国社会保障基金理事会应当与聘任的投资管理人、托管人分别签订委托投资合同、托管合同，并报国务院财政部门、国务院社会保险行政部门、国务院外汇管理部门、国务院证券监督管理机构、国务院银行业监督管理机构备案。

第十二条 全国社会保障基金理事会应当制定投资管理人、托管人考评办法，根据考评办法对投资管理人投资、托管人保管全国社会保障基金的情况进行考评。考评结果作为是否继续聘任的依据。

第十三条　全国社会保障基金投资管理人履行下列职责：

（一）运用全国社会保障基金进行投资；

（二）按照规定提取全国社会保障基金投资管理风险准备金；

（三）向全国社会保障基金理事会报告投资情况；

（四）法律、行政法规和国务院有关部门规章规定的其他职责。

第十四条　全国社会保障基金托管人履行下列职责：

（一）安全保管全国社会保障基金财产；

（二）按照托管合同的约定，根据全国社会保障基金投资管理人的投资指令，及时办理清算、交割事宜；

（三）按照规定和托管合同的约定，监督全国社会保障基金投资管理人的投资；

（四）执行全国社会保障基金理事会的指令，并报告托管情况；

（五）法律、行政法规和国务院有关部门规章规定的其他职责。

第十五条　全国社会保障基金财产应当独立于全国社会保障基金理事会、投资管理人、托管人的固有财产，独立于投资管理人投资和托管人保管的其他财产。

第十六条　全国社会保障基金投资管理人、托管人不得有下列行为：

（一）将全国社会保障基金财产混同于其他财产投资、保管；

（二）泄露因职务便利获取的全国社会保障基金未公开的信息，利用该信息从事或者明示、暗示他人从事相关交易活动；

（三）法律、行政法规和国务院有关部门规章禁止的其他行为。

第十七条　全国社会保障基金按照国家规定享受税收优惠。

第三章　全国社会保障基金的监督

第十八条　国家建立健全全国社会保障基金监督制度。

任何单位和个人不得侵占、挪用或者违规投资运营全国社会保障基金。

第十九条　国务院财政部门、国务院社会保险行政部门按照各自职责对全国社会保障基金的收支、管理和投资运营情况实施监督；发现存在问题的，应当依法处理；不属于本部门职责范围的，应当依法移送国务院外汇管理部门、国务院证券监督管理机构、国务院银行业监督管理机构等有关部门处理。

第二十条 国务院外汇管理部门、国务院证券监督管理机构、国务院银行业监督管理机构按照各自职责对投资管理人投资、托管人保管全国社会保障基金情况实施监督；发现违法违规行为的，应当依法处理，并及时通知国务院财政部门、国务院社会保险行政部门。

第二十一条 对全国社会保障基金境外投资管理人、托管人的监督，由国务院证券监督管理机构、国务院银行业监督管理机构按照与投资管理人、托管人所在国家或者地区有关监督管理机构签署的合作文件的规定执行。

第二十二条 审计署应当对全国社会保障基金每年至少进行一次审计。审计结果应当向社会公布。

第二十三条 全国社会保障基金理事会应当通过公开招标的方式选聘会计师事务所，对全国社会保障基金进行审计。

第二十四条 全国社会保障基金理事会应当通过其官方网站、全国范围内发行的报纸每年向社会公布全国社会保障基金的收支、管理和投资运营情况，接受社会监督。

第四章 法律责任

第二十五条 全国社会保障基金境内投资管理人、托管人违反本条例第十六条、第十八条第二款规定的，由国务院证券监督管理机构、国务院银行业监督管理机构责令改正，没收违法所得，并处违法所得1倍以上5倍以下罚款；没有违法所得或者违法所得不足100万元的，并处10万元以上100万元以下罚款；对直接负责的主管人员和其他直接责任人员给予警告，暂停或者撤销有关从业资格，并处3万元以上30万元以下罚款；构成犯罪的，依法追究刑事责任。

第二十六条 全国社会保障基金理事会违反本条例规定的，由国务院财政部门、国务院社会保险行政部门责令改正；对直接负责的主管人员和其他直接责任人员依法给予处分；构成犯罪的，依法追究刑事责任。

第二十七条 国家工作人员在全国社会保障基金管理运营、监督工作中滥用职权、玩忽职守、徇私舞弊的，依法给予处分；构成犯罪的，依法追究刑事责任。

第二十八条 违反本条例规定，给全国社会保障基金造成损失的，依法承担赔偿责任。

第五章 附 则

第二十九条 经国务院批准，全国社会保障基金理事会可以接受省级人民政府的委托管理运营社会保险基金；受托管理运营社会保险基金，按照国务院有关社会保险基金投资管理的规定执行。

第三十条 本条例自 2016 年 5 月 1 日起施行。

附件6 与社会保险法相关的部门规章

鉴于与社会保险法相关的部门规章与政策性文件极多，在此，只列出主管部门发布的部门规章。在现行社会保险制度实践中，由于社会保险法与相关法规的规制过于原则，实际上作为制度依据的还有国务院、国务院办公厅与主管部门发布的政策性文件，以及地方制定的相关地方性法规、地方政府规章与政策性文件。

1.《失业保险金申领发放办法》（2000年10月26日劳动和社会保障部令第8号公布 根据2018年12月14日《人力资源社会保障部关于修改部分规章的决定》第一次修订 根据2019年12月9日《人力资源社会保障部关于修改部分规章的决定》第二次修订）。

2.《香港澳门台湾居民在内地（大陆）参加社会保险暂行办法》（2019年11月29日人力资源和社会保障部、国家医疗保障局令第41号公布，自2020年1月1日起施行）。

3.《关于废止〈社会保险登记管理暂行办法〉的决定》（2019年4月28日人力资源和社会保障部令第39号公布，自公布之日起生效）。

4.《社会保险基金先行支付暂行办法》（2011年6月29日人力资源和社会保障部令第15号公布，根据2018年12月14日《人力资源社会保障部关于修改部分规章的决定》修订）。

5.《工伤保险辅助器具配置管理办法》（2016年2月16日人力资源和社会保障部、民政部、国家卫生和计划生育委员会令第27号公布，根据2018年12月14日《人力资源社会保障部关于修改部分规章的决定》修订）。

6.《工伤职工劳动能力鉴定管理办法》（2014年2月20日人力资源和社会保障部、国家卫生和计划生育委员会令第21号公布，根据2018年12月14日《人力资源社会保障部关于修改部分规章的决定》修订）。

7.《失业保险金申领发放办法》(2000 年 10 月 26 日劳动和社会保障部令第 8 号公布，根据 2018 年 12 月 14 日《人力资源社会保障部关于修改部分规章的决定》修订)。

8.《企业年金办法》(2017 年 12 月 20 日人力资源社会保障部、财政部第 36 号公布，自 2018 年 2 月 1 日起施行)。

9.《企业年金基金管理办法》(2011 年 2 月 12 日人力资源社会保障部、银监会、证监会、保监会令第 11 号公布，根据 2015 年 4 月 30 日《人力资源社会保障部关于修改部分规章的决定》修订)。

10.《社会保险费申报缴纳管理规定》(2013 年 9 月 26 日人力资源社会保障部令第 20 号公布，自 2013 年 11 月 1 日起施行)。

11.《在中国境内就业的外国人参加社会保险暂行办法》(2011 年 9 月 6 日人力资源和社会保障部令第 16 号公布，自 2011 年 10 月 15 日起施行)。

12.《社会保险个人权益记录管理办法》(2011 年 6 月 29 日人力资源和社会保障部第 14 号公布，自 2011 年 7 月 1 日起施行)。

13.《实施〈中华人民共和国社会保险法〉若干规定》(2011 年 6 月 29 日人力资源和社会保障部令第 13 号公布，自 2011 年 7 月 1 日起施行)。

14.《部分行业企业工伤保险费缴纳办法》(2010 年 12 月 31 日人力资源和社会保障部令第 10 号公布，自 2011 年 1 月 1 日起施行)。

15.《非法用工单位伤亡人员一次性赔偿办法》(2010 年 12 月 31 日人力资源和社会保障部令第 9 号公布，自 2011 年 1 月 1 日起施行。劳动和社会保障部 2003 年 9 月 23 日颁布的《非法用工单位伤亡人员一次性赔偿办法》同时废止)。

16.《工伤认定办法》(2010 年 12 月 31 日人力资源和社会保障部令第 8 号公布，自 2011 年 1 月 1 日起施行。劳动和社会保障部 2003 年 9 月 23 日颁布的《工伤认定办法》同时废止)。

17.《人力资源社会保障行政复议办法》(2010 年 3 月 16 日人力资源社会保障部令第 6 号公布，自发布之日起施行)。

18.《社会保险业务档案管理规定（试行）》（2009 年 7 月 23 日人力资源和社会保障部、国家档案局令公布，自 2009 年 9 月 1 日起施行）。

19.《关于实施〈劳动保障监察条例〉若干规定》（2004 年 12 月 31 日劳动和社会保障部令第 25 号公布，自 2005 年 2 月 1 日起施行）。

20.《企业年金基金管理机构资格认定暂行办法》（2004 年 12 月 31 日劳动和社会保障部令第 24 号公布，自 2005 年 3 月 1 日起施行）。

21.《企业年金试行办法》（2004 年 1 月 6 日劳动和社会保障部令第 20 号公布，自 2004 年 5 月 1 日起施行）。

22.《因工死亡职工供养亲属范围规定》（2003 年 9 月 23 日劳动和社会保障部令第 18 号公布，自 2004 年 1 月 1 日施行）。

23.《社会保险稽核办法》（2003 年 2 月 27 日劳动和社会保障部令第 16 号公布，自 2003 年 4 月 1 日起施行）。

24.《社会保险行政争议处理办法》（2001 年 5 月 27 日劳动和社会保障部令第 13 号公布，自发布之日起施行）。

25.《社会保险基金行政监督办法》（2001 年 5 月 18 日劳动和社会保障部令第 12 号公布，自发布之日起施行）。

26.《社会保险基金监督举报工作管理办法》（2001 年 5 月 18 日劳动和社会保障部令第 11 号公布，自发布之日起施行）。

27.《社会保险费征缴监督检查办法》（1999 年 3 月 19 日劳动和社会保障部令第 3 号公布，自发布之日起施行）。

28.《社会保险审计暂行规定》（1995 年 8 月 24 日劳动部、审计署，劳部发〔1995〕329 号公布，自 1995 年 10 月 1 日起施行）。

29.《企业职工生育保险试行办法》（1994 年 12 月 14 日劳部发〔1994〕504 号公布，自 1995 年 1 月 1 日起试行）。